国家教育部　全国高等学校体育教学指导委员会审定

全国高等学校公共体育课教材

Physical Education and Wellness

体育与健康

主　编　季　浏
副主编　孙麒麟
主　审　林志超

华东师范大学出版社
·上海·

图书在版编目(CIP)数据

体育与健康/季浏主编. —上海:华东师范大学出版社,
2000.6
ISBN 978 - 7 - 5617 - 2302 - 9

Ⅰ.体… Ⅱ.季… Ⅲ.体育锻炼－关系－健康－高等
学校－教材 Ⅳ.G806

中国版本图书馆 CIP 数据核字(2000)第 63444 号

全国高等学校公共体育课教材

体育与健康

主　　编　季　浏
副 主 编　孙麒麟
责任编辑　陈长华
责任校对　乔惠文
版式设计　蒋　克

出版发行　华东师范大学出版社
社　　址　上海市中山北路3663号　邮编200062
网　　址　www.ecnupress.com.cn
电　　话　021-60821666　行政传真 021-62572105
客服电话　021-62865537　门市(邮购)电话 021-62869887
地　　址　上海市中山北路3663号华东师范大学校内先锋路口
网　　店　http://hdsdcbs.tmall.com

印 刷 者　上海市崇明县裕安印刷厂
开　　本　787毫米×1092毫米　1/16
印　　张　17
字　　数　385千字
版　　次　2001年6月第二版
印　　次　2025年8月第三十六次
书　　号　ISBN 978-7-5617-2302-9/G·1081
定　　价　35.00元

出 版 人　王　焰

(如发现本版图书有印订质量问题,请寄回本社客服中心调换或电话 021-62865537 联系)

前　言

一

　　古往今来，无论哪个时代，何种民族，均将健康视为人生的第一需要。早在 2400 年前，医学之父苏格拉底就曾说，健康是人生最可贵的。马克思认为，健康是人的第一权利。世界卫生组织曾指出，健康是基本人权，尽可能达到健康水平，是世界范围内的一项重要的社会性目标。可见，健康成为人类永恒的话题和共同追求的目标。随着社会的发展、科学技术的进步以及物质水平的提高，人类存在的许多种疾病得到了解除，人们的健康水平也在不断提高。但同时也带来了新的问题，即人们的生活虽然越来越舒适和方便，但身体活动的时间却愈来愈少：洗衣机、洗碗机、电视机等，只要站着或坐着，动动手指，按按键钮；上楼乘电梯，出门乘出租车等等。所有这些都使人们身体活动的机会和日常生活中的体力活动大大减少。同时，由于食物构成的改善，人们从食物中摄取的营养越来越多，从而造成营养过剩。在这样的生活方式下，身体的机能难以得到充分的使用，久而久之，便会退化，各种"富贵病"（如心脏病、高血压、糖尿病、肥胖症和癌症等）应运而生，这就是现代舒适生活的代价。常言道："经常运动，百病难碰"；"烈火炼真钢，运动保健康"。我们只有坚持身体锻炼，才能获得良好的体能，以抵抗疾病的侵袭和应对工作的压力，达到延年益寿之目的。

　　大学生是未来祖国现代化建设的栋梁之才，担负着我国在 21 世纪伟大复兴的历史重任。只有体魄强健，才能精力充沛地从事学习和工作，也才能为国家作出更大的贡献，因此，牢牢树立健康的意识，养成锻炼的习惯，形成良好的生活方式对祛病健体、增进健康和生活幸福等具有长远的重要影响。

　　本书是你的良师益友，告诉你科学锻炼的方法以及许多有关健康和营养方面的知识，定会使你终身受益。

二

　　党的二十大报告从全面建设社会主义现代化国家和全面推进中华民族伟大复兴的战略全局高度，首次对教育、科技、人才作出一体部署，强调要加快建设教育强国、人才强国，办好人民满意的教育，落实立德树人根本任务，培养德智体美劳全面发展的社会主义建设者和接班人。报告同时提出，要加强青少年体育工作，促进群众体育和竞技体育全面发展，加快建设体育强国，推进健康中国建设。党的二十大为新时代学校体育高质量发展指明了方向，确立了行动指南。因此，每一个体育教育工作者应义不容辞地为学生现在和将来的健康考虑，在体育教学过程中切实将增进学生的身心健康放在首位。基于上述国家的要求和我们的考虑，我们尝试编写了全国高等院校公共体育课《体育与健康》这本可教可学的教材。概括起来，该教材具有以下几个鲜明的特点：

1．体系新。本书与以往出版的几十种大学公共体育课的教材在体系上迥然不同，给人以全新的概念。本书彻底摒弃学校体育中"竞技体育"的指导思想，牢牢树立"健康第一"的观念，紧紧围绕体育与健康这一问题进行叙述和分析。同时，我们认为，在讨论体育与健康关系时，如果不叙述营养问题，这将是严重的不足之处。在本书中，除每一章涉及到与具体内容有关的营养知识外，还另辟两章专门解释"营养与体能和健康"以及"体育锻炼、饮食与体重控制"等问题。因此，学生在学完这本书后，可以懂得许多有关健康和营养的知识，了解体育锻炼、营养与健康的关系，掌握科学锻炼的方法。

2．科学性强。我们强烈地感到，作为一本大学生的教材，应以科学研究的事实为依据，尽量避免一般的描述和空洞的说教。没有科学研究的事实来支持教材中的理论描述，会使人觉得这些描述仅仅是一种观点或推测。总之，学生在学完这本书后，会感到我们的解释和分析言之有理，论之有据。

3．内容新。本书贯彻"洋为中用"和"他山之石，可以攻玉"的思想，参阅了美国、日本等国家最新版本的大学生公共体育课理论教材，吸收了许多先进的理论和方法，例如，怎样才算健康？何谓体能？如何评价自己的体能与健康？体育锻炼对预防癌症有何作用？等等。同时，我们又从建设有中国特色的大学体育与健康教材这一角度出发，努力使本书的内容适用于中国的学生。

4．应用性强。本书特别注重理论联系实际，努力使学生学以致用，这是本书最显著的一个特点。在本书中，大多数章节的最后都有一些有关体能和健康的自评量表，这有助于学生基本了解自己的体能水平和健康状况；还告诉学生如何配置适合自己的运动处方才能达到最佳健康效果；怎样饮食才合理科学等等。

5．形式新。为了增加吸引力和可读性，本书力求通俗易懂、图文并茂、结构新颖，例如，每章的开头均列出该章的具体学习目标；每章的最后则附有小结和思考题；书中不但有图表和方框，还有照片；凡是每章的营养知识和精读内容均放入方框中，使读者一目了然；有关体能和健康的自评量表统一放在每章的最后等等，这样的写作风格和形式在国内的体育教材中是非常有新意的。

三

本教材是在国家教育部全国高等学校体育教学指导委员会的指导下编写而成的。参与本教材编写的成员中，绝大多数是获得博士、硕士学位的中青年教师，或在读博士生、硕士生，他们外语水平高、基础知识厚、专业能力强，这就使本教材无论在体系、内容还是写作风格上与以往的同类教材相比有较大的突破。然而，我们深深地感到，没有前人或同时代学者辛勤的劳动与所累积的充满睿智的研究成果，我们就不可能编写这样一本全新的教材。因此，我们对在书中直接或间接引用到他们的理论和方法（包括许多的评定量表和照片等）

的专家表示最诚挚的谢意！此外，由于本教材主要用于公共体育课的理论课教学，我们没有一一标明所有被引用者的姓名和论著的出处，在此，也深表歉意，并同样表示感谢！我们希望本教材确实是在他们的基础上提高了一步。然而，由于水平和能力有限，本教材仍会存在许多不足之处，我们希望读者将这本书当成一本试用教材，带着自己的思考和经验去批判性地阅读这本书。当然，我们会一如既往地保持探索的精神与开放的态度，来正视所有的教师和学生所提出的各种宝贵意见，以便我们今后对本教材进行修订，并逐步加以完善。

由于公共体育课的理论教学时数不多，而教材的内容又较多，故教师可选择一些内容进行讲解，其他的内容可让学生课余阅读。但是，我们希望所有学生通读这本教材，因为书中的许多理论和方法无疑对你现在或将来的健康都具有直接的帮助。要说明的是，本教材也可成为体育教育专业的教学用书、继续教育的培训教材以及普通人的健身和健康指导书。

四

本教材是在听取了多方面意见后，本着不断进取、精益求精的精神，对原版作重新修订而成的。本教材新版增加了一章的内容，即"体育锻炼与社会健康"，从而使健康的三维观得到充分的体现。同时，又按不同的主线将十六章分成五篇，使全书的脉络更清晰，层次更分明，教师更好教，学生更易学。当然，本教材也对原版的一些内容和文字作了修改。

本教材的整体构思由季浏和孙麒麟负责。参加编写的成员有：季浏（第一章），吕晓昌、平杰（第二章），倪刚、蔡庚（第三章），田中、王方椽（第四章），毛丽娟、孙润兴（第五章），朱伟强、徐持忍（第六章），张钧、金其荣（第七章），丁树哲、左从现（第八章），唐征宇、汪晓赞（第九章），杨剑、黄宏康（第十章），史为临、汤寿桂（第十一章），衣雪吉、王跃（第十二章），李世昌、张春美（第十三章），韩晓丽、徐波（第十四章），秦劭斐、孙麒麟（第十五章），戴国斌、倪伟（第十六章）等。另外，李世昌、汪晓赞、徐波、张洪潭和倪耀华分别对有关章节的内容进行了修改；朱伟强对全书的版式、图表等进行了设计和制作；国家教育部体卫艺司对全书的体系和内容提出了许多宝贵的建议；季浏对全书进行了统稿。最后，该书稿送高等学校体育教材审查委员会审查，并由国家教育部全国高等学校体育教学指导委员会公共体育学科组组长林志超教授终审定稿。

本教材得到全国许多高校同行们的指导和帮助，也得到了华东师范大学出版社领导和编辑们的大力支持，在此，我们一并表示衷心的感谢。

编　者
2023 年 5 月

目 录

第一篇　体能与健康

第二篇　体育锻炼与体能

第三篇　体育锻炼、营养与健康

第四篇　体育锻炼与心理、社会和环境

第五篇　体育锻炼与疾病防治

第一篇 体能与健康

摘自:《体育世界》（2000，光盘），日本富尔特科技股份有限公司

体能与健康的关系十分密切。人的体能状况如何直接影响其健康水平，而良好的体能是通过坚持不懈的体育锻炼获得的。体能分为与健康有关的体能和与动作技能有关的体能，如果你是想增进自己的身心健康，就应该重点发展与健康有关的体能，如心肺耐力等。本篇的第一章将告诉你有关体能和健康的知识。

要增强自己的体能，你就必须科学地进行体育锻炼，否则，体育锻炼不仅不能增强你的体能，反而会有损于你的健康。因此，你很有必要掌握体能的自我评价方法，这有助于你了解自己的体能状况，并设置合理的锻炼目标，促使你坚持体育锻炼；你也需要懂得科学锻炼的原则和方法，这将帮助你有效地增强体能，避免伤害。本篇的第二章和第三章将使你了解体能的自我评价方法以及科学锻炼的原则和方法。

第一章 绪论

学习目标

当学完这一章后，你应该能够解释以下的关键概念和重要问题

关 键 概 念

- 生活方式
- 体能
- 心肺耐力
- 柔韧性
- 肌肉力量
- 肌肉耐力
- 身体成分
- 完美状态
- 锻炼动机

重 要 问 题

- 健康三维观
- 健康五要素说
- 身心之间的关系
- 体育锻炼对健康的益处
- 与健康有关的体能和与动作技能有关的体能
- 体能对健康的作用
- 锻炼目标设置的重要性

健康是生命的象征，幸福的保证。人人需要健康，向往长寿，因为健康有利于你我他。人的健康受到多种因素的影响，但体育锻炼对健康的影响最大，法国思想家伏尔泰有句名言："生命在于运动"，我国也有许多有关的谚语，如"强身之道，锻炼为妙"，"长流的水不腐，常

练的人健康"等等。现代医学和体育科学的研究也表明，体育锻炼是增进健康之法宝。

究竟什么是健康？何谓体能？体育锻炼对健康的益处表现在哪些方面？在实施一项锻炼计划前，你需要做哪些准备工作？本章将对这些问题进行讨论和叙述。

第一节　健康的定义

一、健康三维观

何谓健康？亘古及今，人们对其有不同的解释。以往，由于受传统观念和世俗文化的影响，往往将健康单纯理解为"无病、无残、无伤"。早在古希腊时代，医生就相信健康是身体的完全平衡。我国《辞海》中，将健康定义为"人体各器官系统发育良好，功能正常，体质健壮，精力充沛，并且具有劳动效能的状态。通常用人体测量、体格检查和各种生理指标来测量"。在美国也有类似的叙述，健康专家贝克尔认为，健康是"一个有机体或有机体的部分处于安宁状态，它的特征是机体有正常的功能，以及没有疾病"。

然而，随着社会的发展和科学技术的进步，人们完全突破了原先的思维模式，对健康的概念有了新的认识。世界卫生组织对健康提出了一个明确和全面的定义："健康是指在身体、心理和社会各方面都完美的状态，而不仅是没有疾病和虚弱。"从而使对健康的评价不仅基于医学生物学的范畴，而且扩大到心理和社会学的领域。由此可见，一个人只有在身体和心理上保持健康的状态，并具有良好的社会适应能力，才算得上真正的健康。

上述三个方面的有机结合，可构成人的生命质量。在人的生命这个三维立方体中，身体、心理和社会三种属性的面积越大，则生命立方体的体积越大，在自然和社会中所占的位置也越高，与社会的接触面也越大，显示出该个体的生命质量也越高。反之，如果这三种属性的面积过小，则个体与社会的接触面也越小，生命质量就越低。许多健康者的经验告诉我们，生命体的质量越高，则健康长寿的可能性就越大。相反，个体如果心理压抑和自我封闭，则极易产生疾病，缩短寿命。这也说明，一个人只有从生物、心理和社会三个方面着手，才能有

表1-1　8种健康三维模型

类　型	标　志	身体方面	心理方面	社会方面
1	正常健康	健　康	健　康	健　康
2	悲　观	健　康	不健康	健　康
3	社会方面不健康	健　康	健　康	不健康
4	患疑难病症	健　康	不健康	不健康
5	身体不健康	不健康	健　康	健　康
6	长期受疾病折磨	不健康	不健康	健　康
7	乐　观	不健康	健　康	健　康
8	严重疾病	不健康	不健康	健　康

注：表1-1选自奥林斯,F.D.《健康社会学》，1992年。

效地保证其健康幸福的生活，并提高生命的质量。

美国学者奥林斯提出了一种三维健康模式，强调从生物、心理和社会三个方面来评价人的生命状态。每个方面均包含着健康和疾病两极，由此得出关于人的健康状况的三维表象。根据这种表象所确定的方案，可以大致区分出普通人的8种健康模型（见表1-1）。

二、健康五要素说

美利坚大学的国家健康中心提出了一个与健康三维观相似的健康定义，即个体只有身体、情绪、智力、精神和社会等五个方面都健康（也称健康五要素）（见图1-1），才称得上真正的健康，或称之为完美状态。目前，也常用完美一词来替代健康。

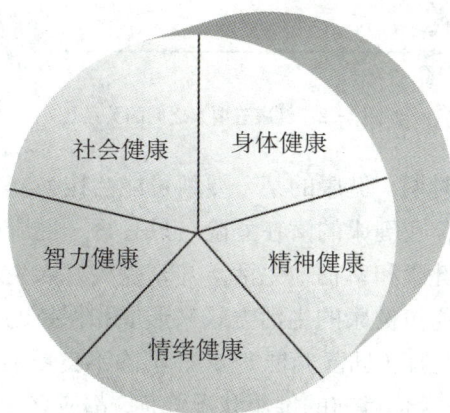

图1-1　健康五要素

（一）身体健康

身体健康不仅指无病，而且还包括体能，后者是一种满足生活需要和有足够的能量完成各种活动任务的能力。你具备这种能力，就可以预防疾病，增进健康，提高生活质量。

（二）情绪健康

情绪涉及到我们对自己的感受和对他人的感受。情绪健康的主要标志是情绪的稳定性，所谓情绪稳定性是指个体应对日常生活中人际关系和环境压力的能力。当然，生活中偶尔情绪高涨或情绪低落均属正常，关键是在生活的大部分时间里要保持情绪稳定。

（三）智力健康

智力健康指在长期的学习和生活中，你的大脑始终保持活跃状态。有许多方法可以使你的大脑活跃敏捷，如听课、与朋友讨论问题和阅读报刊书籍等等。努力学习和勤于思考还能使你有一种成就感和满足感。

（四）精神健康

精神健康对于不同宗教、文化和国籍的人意味着不同的内容，主要包括理解生活基本目的的能力，以及关心和尊重所有生命体的能力。

（五）社会健康

社会健康指个体与他人及社会环境相互作用，具有和谐的人际关系和实现社会角色的能力。此能力将使你在交往中有自信感和安全感，少生烦恼，心情舒畅。

健康的五个要素相互联系、相互影响（见图1-2），例如，身体不健康会导致情绪不健康；缺乏精神上的健康会引起身体、情绪和智力的不健康等。

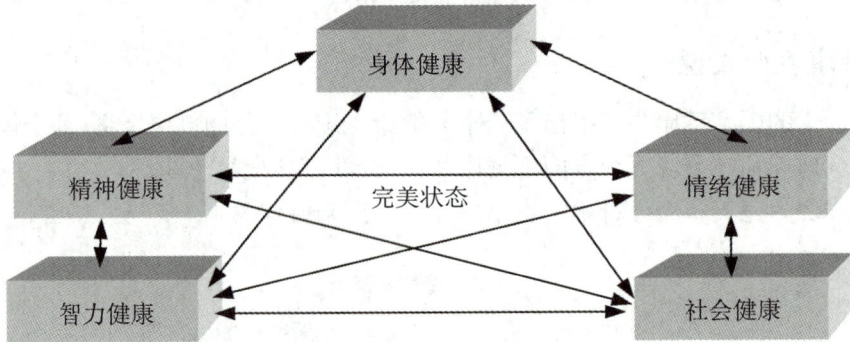

图1-2　健康五要素之间的关系

在人的生命长河的不同时期，健康的某一要素可能会比另一些要素起更重要的作用，但持久地忽视某一要素就可能存在健康的潜在危险。只有每一健康要素平衡地发展，人才称得上处于完美状态，才能真正健康和幸福地生活，并享受美好人生。

完美状态或健康状态是通过健康的生活方式来形成和保持的（见细节透视1-1），后者包括有规律的体育锻炼、营养适宜（见营养框1-1）、消除不良习惯（如抽烟、酗酒和滥用药物等）以及控制精神压力等。不管你目前的健康状况如何，都应该逐步形成健康的生活方式，从而达到完美状态。怎样才能形成健康的生活方式呢？首先，你应该清楚自己目前的生活方式（本章最后的自评量表1-1将使你了解影响自己健康的潜在危险因素），然后再通过自己的努力去改变生活方式中的不良之处。

细节透视1-1

生活方式与健康

生活方式是指人们长期受一定文化、民族、经济、社会、风俗、家庭等影响而形成的一系列生活习惯、生活制度和生活意识。人类在漫长的发展过程中，虽然很早就认识到生活方式与健康有关，但由于人们一直认为危害人类生命的各种传染病是人类死亡的主要原因，从而忽视了生活方式对健康的影响。直到19世纪60年代后，人们才逐步发现生活方式在全部死因中的比重越来越大。例如，1976年美国年死亡人数中，50%与不良生活方式有关。可见，形成良好的生活方式对于健康至关重要。

三、身心关系

不管是健康三维观，还是健康五要素说，概括地讲，健康诸因素之间的关系实际上是身心之间的关系。近30年来的研究表明，人的生理和心理之间存在着相互作用的关系。生理健康（即身体健康）有助于心理健康，例如，塔科（Turker）1990年的研究显示，生理健康水平较高的被试其心理抑郁水平较低。同样，人体生理方面的疾病或异常情况会引起心理或行为方面的病症。例如，由于病菌的侵入使得大脑中枢神经受到损伤，患者会神智不清，对空间、时间和人物的定向能力将大为减退，记忆、推理和计算能力出现明显下降。再如，甲状腺的主要功能是控制人体的新陈代谢，甲状腺素分泌过多，使得人体的新陈代谢速度加快，个体便会产生紧张反应，表现为肢体颤动、情绪激动、注意力难以集中、焦虑不安和失眠等等。反之，当甲状腺素分泌不足时，使得新陈代谢的速度减慢，患者的心理活动趋于迟钝，具体表现为反应缓慢、记忆力减退，且有抑郁倾向。

心理健康也同样影响着生理健康，古人云：怒伤肝，喜伤心，忧伤肺，恐伤肾，思伤脾。我国著名的心理学家潘菽教授曾指出："事实表明，不仅有害的物质因素能造成各种各样的身

营养框 1-1　营养与体能、健康的关系

适宜的营养是保持体能和健康的关键

适宜的营养对于增强体能和保持健康状态具有重要的作用，它可以促进人体生长发育和修复机体组织，还可以满足人们每日身体活动所需的能量。

营养吸收太少会削弱体能和引起疾病，因此，保持足够的营养应引起每个人的重视。然而，营养吸收又不能过分，暴饮或暴食会导致肥胖症，肥胖症可引起心脏病、糖尿病等等。在以下的绝大多数章节中，我们均会涉及到有关营养的问题。此外，第七章还专门讨论营养与体能和健康之间的关系。第八章专门讨论体育锻炼、饮食与体重控制之间的关系。

体疾病和精神疾病，有害的心理因素也同样可以起到这样的作用。所谓心身疾病或心理生理疾病或如大家所熟悉的医源性疾病，就是明显的不良心理因素造成的。"据美国某综合性医院门诊部对前来就诊的病人进行研究的报告发现，65%的病人的疾病与社会逆境引起的压抑有关，35%的病人在很大程度上是由于情绪不好而引起疾病的。英国的一位医生曾调查了250名癌症患者，发现其中有156人在患病前经受过重大的精神打击，由此得出结论：压抑情绪易生癌。

综上所述，生理健康与心理健康的确是相互影响、相互作用的，生理健康是心理健康的基础，心理健康有助于生理健康。只有这两个方面保持和谐统一，才能真正达到健康的状态。

体育锻炼既是一种身体活动，也是一种心理活动，因此，体育锻炼不仅有助于身体健康，而且对心理健康也有着积极的作用。

第二节　体能的类别

体能也叫体适能(Physical Fitness)，主要通过体育锻炼而获得。保持良好的体能可以使我

们的身体更健康、精力更旺盛、生活更美好、寿命能延长、生命更有价值。

　　每个人要获得健康都需要有一定的体能，但每个人所需的体能水平不尽相同，一个人良好的体能与其年龄、性别、体型、职业和生理上的缺陷（如糖尿病、哮喘病等等）等因素有关。一般来说，个体对体能的要求与其活动的目的有关，例如，运动员必须不懈地花大力、流大汗去提高力量、耐力、柔韧和速度等体能，才能提高运动成绩；而普通人只需用一般性的身体活动来维持这些方面的体能，就可以增进健康。另外，即使对同一个人而言，不同的时间、不同的环境所需的体能水平也迥然不同。

　　良好体能的保持与长期的锻炼密不可分，如果一个人的锻炼半途而废，那么，他的体能水平就不能保持，甚至还会下降。

　　身体锻炼是提高体能水平必不可少的重要途径，但需注意的是，良好的体能并不是完全靠身体锻炼就可以达到的，还与科学的饮食方法、良好的口腔卫生、足够时间的休息和放松等方面有关。

　　体能可分为两类：与健康有关的体能和与动作技能有关的体能。前者包括心肺耐力、柔韧性、肌肉力量、肌肉耐力、身体成分等，后者是指从事运动所需的速度、力量、灵敏性、协调性、平衡和反应等。

一、与健康有关的体能

（一）心肺耐力

　　心肺耐力指一个人持续身体活动的能力。心肺和血管的功能对于氧和营养物的分配、清除体内垃圾具有重要的作用，尤其是在进行有一定强度的活动时，良好的心肺功能则显得更加重要。心肺功能越强，走、跑、学习和工作就会越轻松，进行各种活动保持的时间也会越长。

（二）柔韧性

　　柔韧性是指身体各个关节的活动幅度以及跨过关节的肌肉、肌腱、韧带、皮肤和其他组织的弹性和伸展能力，可以通过经常性的身体练习而得到提高。柔韧性是绝大多数的锻炼项目所必需的体能成分之一，对于提高身体活动水平、预防肌肉紧张以及保持良好的体态等具有重要作用。

（三）肌肉力量

　　肌肉力量是一块肌肉或肌肉群一次竭尽全力从事抵抗阻力的活动能力，所有的身体活动均需要使用力量。肌肉强壮有助于预防关节的扭伤、肌肉的疼痛和身体的疲劳。如果腹肌力量较差，往往会导致驼背现象。需注意的是，不应在强调某一肌肉群发展的同时而忽视另一肌肉群的发展，否则会影响身体的结构和形态。

（四）肌肉耐力

　　肌肉耐力指一块肌肉或肌肉群在一段时间内重复进行肌肉收缩的能力，与肌肉力量密切相关。一个肌肉强壮和耐力好的人更易抵御疲劳的发生，因为这样的人只需花很少的力气就可以重复收缩肌肉。

（五）身体成分

身体成分包括肌肉、骨骼、脂肪和其他等。体能与体内脂肪比例之间的关系最为密切，脂肪过多者是不健康的，其在活动时比其他人需要消耗更多的能量，心肺功能的负担也更重，因此，心脏病和高血压发生的可能性更大。另外肥胖也会使人的心理健康水平下降，故寿命就会缩短。要维持适宜的体内脂肪，就必须注意能量吸收和能量消耗之间的平衡，体育锻炼是控制脂肪增加的重要手段。

二、与动作技能有关的体能

（一）速度

速度指快速移动的能力，即在最短的时间内移动一定的距离。在许多竞技运动项目中，速度对于个人取得优异成绩至关重要。

（二）力量

力量指短时间内克服阻力的能力。举重、投铅球、掷标枪等项目均能显示一个人的力量大小。

（三）灵敏性

灵敏性指在活动过程中，既快速又准确地变化身体移动方向的能力。灵敏性在很大程度上依赖于神经肌肉的协调性和反应时间，可以通过提高这两方面的能力来改善人的灵敏性。

（四）神经肌肉协调性

神经肌肉协调性主要反映一个人的视觉、听觉和平衡觉与熟练的动作技能相结合的能力。在球类运动中，这种体能成分显得尤为重要。

（五）平衡

平衡指当运动或静止站立时保持身体稳定性的能力。滑冰、滑雪、体操、舞蹈等项目对于提高平衡能力是很好的运动，闭目单足站立练习也有相当好的效果。

（六）反应时

反应时指对某些外部刺激作出生理反应的时间。反应快速是许多项目优秀运动员的特征，特别是在短跑的起跑阶段，反应时的作用更大。

与健康有关的和与动作技能有关的体能成分有重叠之处，例如，心肺耐力、肌肉力量、肌肉耐力、柔韧性和身体成分等体能成分无论是对健康还是对技能性要求较高的运动都是十分重要的，但是，从事不同活动的人对体能的每一成分发展程度的要求是不一样的，要达到较高的、与动作技能有关的体能水平，就必须使上述的每一成分都得到充分的发展。

当设计一种提高体能的锻炼方案时，首先应确立自己的目标，然后选择那些最终有助于达到目标的体能成分进行针对性的练习。例如，一个55岁的人要达到良好体能的目标可能在某些方面与一个想在体操项目比赛中成功的20岁的年轻运动员相同，但他们在发展体能的成分方面完全不一。55岁的人更关心像心肺耐力、柔韧性、肌肉耐力和身体成分等与健康有关的体能成分，在这四个方面的改善会使其精力充沛地从事每日的活动。相反，20岁的体操运动员不但要重视上述四个成分的发展，而且更要提高力量、速度、平衡和灵敏等体能，如果不特别重视这些体能成分，他就不可能在比赛中取得好成绩。

第三节　体育锻炼的健康益处

为何要锻炼？几乎每个人都会这样回答：锻炼有益于健康（见细节透视 1 - 2）。事实表明，参与有规律的锻炼会使你身体棒、感觉爽，精力充沛地完成各项工作和任务。体育锻炼的最大作用在于全面增进你的健康，具体表现简述如下。

一、预防心血管病

心血管病是当今世界上危及人类生命的头号杀手，据报道，在美国每死去的两个人中就有一个是心血管病患者，在我国，死于心血管病的人亦居首位。大量研究表明，参与有规律的体育锻炼可以显著地降低心血管病形成和发生的危险性。本书的第十二章对这一问题作了详细的讨论。

二、改善呼吸系统的功能

人在体育锻炼过程中呼吸过程加深，会吸进更多的氧气，排出更多的二氧化碳，从而使得肺活量增大，残气量减少，肺功能增强。经常锻炼的人由于身体适应能力较强，其呼吸显得平稳、深沉、匀和，频率也较慢，平均每分钟呼吸 6～8 次，而不锻炼的人平均每分钟呼吸 12～15 次。

三、提高消化系统的功能

体育锻炼会增强体内营养物质的消耗，使整个机体的代谢增强，从而提高食欲。另外，体育锻炼还会促进胃肠蠕动和消化液分泌，改善肝脏、胰腺的功能，从而使整个消化系统的功能得到提高，为人的健康和长寿提供良好的物质保证。

四、改善神经系统的功能

人的活动是在神经系统支配下的协调活动，坚持锻炼的人（特别是中老年人）常表现为机体灵活、耳聪目明、精力充沛，这正是神经系统功能健壮的表现。

五、降低糖尿病发生的危险性

糖尿病的特征之一是人的血糖水平很高，如果病人不加控制，还会引起许多其他健康问题，如视力减弱和肾亏等。有规律的体育锻炼由于能控制血糖水平的提高，从而使个体产生糖尿病的可能性大大减小。详细的解释见本书的第十六章。

六、预防骨裂

骨质疏松会引起骨裂，骨裂在各个年龄层次的人群中均会发生，在老年人（特别是老年女性）中比较普遍。

细节透视 1－2

没有运动就没有生命

　　有人曾在动物身上做过一个实验：将兔子、乌鸦和夜莺很小时就关进笼子，从外表上看，这些动物长大后似乎发育正常。然而，当将它们放出笼子后，不堪入目的情景出现了：兔子刚跑几步便倒下死去；乌鸦在天空飞了半圈就一头栽下；夜莺欢唱了几句就死去。实验者对这些动物死亡的原因进行了解剖分析，发现兔子和夜莺死于心脏破裂，乌鸦则死于动脉撕裂。显而易见，这是由于它们长期不运动导致内脏器官发育不良，一旦激烈运动就不能适应的结果。

　　国外对人也做过类似的实验：将若干20～30岁的健康男子分成两组，要求第一组被试在20天里一直躺着，不许他们起坐、站立。第二组被试也接受同样的规定，所不同的是该组被试每天除保持躺着的姿势外，还可以在专门的器械上锻炼4次。20天的实验结束后，第一组的被试感到头昏眼花、四肢乏力、心慌气短、肌肉酸痛和不要吃饭。第二组被试依然有一定的活动能力，身体反应也没有第一组被试那样剧烈。

　　动物和人的实验均表明，人如果没有运动就没有生命，运动得少，生命力就弱。要保持旺盛的生命力，就应该进行有规律的体育锻炼。

　　研究表明，有规律的体育锻炼可以通过提高骨质密度和骨的强度达到预防骨裂之目的。当然，体育锻炼对于骨质疏松病人也具有积极的治疗作用。

七、保持身体活动的能力

　　人类老化的主要特征之一是身体活动能力的逐步衰退，尤其是60岁以后，身体活动能力的退步尤为明显。我国有句谚语："老年勤锻炼，拐杖当宝剑。"事实表明，有规律的体育锻炼能使老年人身体活动能力的退化减慢。

八、控制体重与改变体型

　　众所周知，过分肥胖会影响人的正常生理功能，尤其是容易造成心脏负担加重，寿命缩短。如果一个人的皮下脂肪超过正常标准的15%～25%，那么，他的死亡危险率会增至30%。俗话说："长练筋长三分，不练肉厚一寸。"由于体育锻炼能减少脂肪，增强肌肉力量，保持关节柔韧性，故可以控制体重，改善体型和外表。详细的分析见本书的第八章。

九、减缓心理应激

　　体育锻炼有助于缓解人的心理应激。应激是对外部环境的一种身心反应，来自我们生活中的方方面面，如工作、学习、人际关系、生活等等，体育锻炼则可使人忘却烦恼，心理放松。第九章详细告诉你如何通过体育锻炼控制应激。

十、延年益寿

　　俗话说："身体锻炼好，八十不算老；身体锻炼差，四十长白发。"大量的研究表明，有规律的体育锻炼可以延年益寿。有一项持续30年的研究显示，不锻炼的人比经常锻炼的人早逝的可能性为31%。那么，为什么有规律的体育锻炼有助于延年益寿呢？主要原因在于有规律的体育锻炼可以预防心脏病和癌症的发生。详细解释见本书的第十二章和第十三章。

第四节　体育锻炼前应注意的几个问题

在你计划实施一项锻炼方案前，关注以下三个问题对于你强化锻炼动机、坚持不懈地锻炼以及取得良好的锻炼效果等具有重要的作用。

一、知晓自己的体能和健康状况

在开始体育锻炼前，你有必要了解自己的体能水平，这有助于你通过一定的方法和手段来改善体能方面的不足之处，有助于体现锻炼所带来的益处，从而树立自己坚持锻炼的信心。在本书的第二章中，有许多体能水平的自我评价方法可供你选用。

在准备参与体育锻炼前也很有必要了解自己的健康状况。如果你身患疾病（高血压、心脏病、糖尿病等等），则需要咨询医生或体育保健专家，这样，才能科学地进行锻炼，否则，体育锻炼不仅无益于健康，而且还可能造成生命危险。自评量表1-2会使你清楚地了解自己的疾病史；自评量表1-3能使你根据自己的健康状况来掌握运动量。

二、了解自己的锻炼动机强度

在开始实施体育锻炼计划前，检查自己参与锻炼的动机强度很有必要。动机是维持你坚持锻炼的内部驱动力，个人参加锻炼的动机强度对于你形成和保持良好的体能水平起着重要的作用。当然，每个人参与锻炼的动机重点不尽相同，一些人参与锻炼是为了增强体能，增进健康；另一些人参与锻炼是为了交友；还有一些人参与锻炼是为了减缓心理压力。这一章最后的自评量表1-4不仅帮助你识别自己参与锻炼的动机强度，而且有助于你达到锻炼的最终目标。

要强化自己的锻炼动机，就需设置锻炼目标，这可促使你通过努力一步一步地去实现目标，例如，如果设置的目标是一个月后减轻体重5千克（短期目标）和半年后减轻体重10千克（长期目标），你的动机就会加强，你就会通过努力和科学有效的锻炼方式去实现这样的目标。

细节透视1-3告诉你如何设置自己的锻炼目标。请注意设置短期和长期的目标非常重要，因为短期的目标在较短的时间内就能实现，而短期目标的实现将使你产生满足感和成就感，这种积极的感觉又会促进你不断努力，去完成长期的目标。有关锻炼目标设置的方法详见第三章。

正确选择能实现锻炼目标的活动项目也有助于你强化锻炼的动机，例如，如果你的目标是增强耐力，你就应该选择慢跑或游泳等活动项目；如果你的目标是减轻体重，你就需要选择能消耗热量的活动；如果想要发展自己肩部的力量，你就应该采用举重一类的练习方式。

三、坚持体育锻炼

要提高自己的体能水平非一日之功，需要时间、努力和耐性。俗话说，贵在坚持。遗憾的是，许多人一时兴起，参与了体育锻炼，但由于以下一些原因半途而退，不能坚持体育锻炼。一般来说，如果有规律地坚持体育锻炼，你的体能和健康水平一定会大有提高。

细节透视 1－3

设置锻炼目标的关键

1. 设置可达到的目标。
2. 写下锻炼目标，并放在你每天可以看到的地方。
3. 设置短期和长期的目标。
4. 设置的目标应是可测量的。
5. 设置达到目标的具体日期。
6. 当你实现一个目标后，要设置另一个可达到的目标。
7. 当完成每一个目标后，应奖赏自己。

1. 过去很少锻炼的人在活动后会肌肉酸痛而放弃锻炼，但这种酸痛感属正常反应，数日后就会自行消失。

2. 最初锻炼时，你的力量、心肺耐力和柔韧性提高迅速，但两三周后，这些方面的进步是缓慢的。只有坚持下去，锻炼的效果才能显示出来。

3. 开始锻炼几周后，你由于某一原因难于在某一特定的时间内进行锻炼。在这种情况下，你可以选择适合于你的锻炼时间。

4. 如果因其他重要的事情使正常锻炼的内容受到影响时，你应该选择其他的活动项目。

只要能够正确认识和处理上述四个问题，你就会持之以恒地锻炼身体。读完这本书后，将会获得许多促使你坚持锻炼的建议（细节透视 1－4）。

细节透视 1－4

帮助你坚持锻炼的方法

1. 与有锻炼习惯的人一起进行身体练习，他会鼓励你坚持锻炼。
2. 从事有助于你达到目标的多种锻炼方法，单一的活动内容会使你产生厌恶感。
3. 当体会到体能水平提高时，应奖赏自己，如买一套新衣服或外出旅游等。
4. 如果体育锻炼的益处不明显时，请别灰心丧气，因为体能水平的提高是一个渐进的过程。
5. 锻炼的计划应适合于你的兴趣和生活的风格，应将锻炼看成是生活中必不可少的重要组成部分。

总之，增强体能无捷径，你不应该指望体能水平的提高在数小时或数日内就能获得。当有规律的锻炼后，你会体验到体能水平有提高，只要坚持下去，就会达到体能水平的"高原期"，这时虽不能体验到体能的增强，但体能也不会减弱，这是正常现象。如果你毫不气馁，继续锻炼，一段时间后，你的体能将会有新的飞跃。一旦获得了良好的体能，你会有好的感受，也会精力充沛地从事学习和工作。但如果半途而废，放弃锻炼，你的体能会降到原来的水平,你也极易产生疲劳感和疾病,健康水平会明显下降。常言道:"体强人欺病,体弱病欺人。"

小 结

1. 目前,对健康的定义有两种权威的解释,第一种解释是:健康指身体、心理和社会各方面都完美的状态,而不仅是没有疾病和虚弱;第二种解释是:人只有身体、情绪、智力、精神和社交等五个方面都健康,才称得上真正的健康,或称之为完美状态。

2. 身体健康与心理健康相互影响,身体健康是心理健康的基础,心理健康也有助于身体健康。

3. 体育锻炼的最大作用是预防疾病、增进健康、延年益寿。

4. 体能也叫体适能,是一种满足生活需要和有足够的能量完成各种活动任务的能力。保持良好的体能可以使人的身体更健康、精力更旺盛、生活更美好、寿命能延长、生命更有价值。

5. 良好的体能主要通过体育锻炼而获得,但也与科学的饮食方法、良好的口腔卫生、足够时间的休息和放松有关。

6. 体能可分为与健康有关的体能和与动作技能有关的体能,前者包括心肺耐力、柔韧性、肌肉力量、肌肉耐力和身体成分等;后者包括从事运动所需的速度、力量、灵敏性、协调性、平衡和反应等。

7. 在准备参与体育锻炼前有必要了解自己的体能水平和健康状况,这有助于你科学地进行锻炼,并看到锻炼所带来的益处,从而树立自己坚持锻炼的信心。

8. 动机是维持你坚持体育锻炼的内部驱动力。设置具体的短期和长期目标以及选择能实现锻炼目标的运动项目有助于你强化锻炼的动机。

9. 提高体能水平非一日之功,需要时间、努力和耐性。

思 考 题

一、你打算怎样增强自己的体能?
二、如果你有不良的生活习惯,你准备如何矫正?

1-1

生活方式自评量表

以下的评定量表可以使你了解自己的生活方式。注意:这个量表分六部分,每个题目共三个选择,请你在符合你的情况的数字上画圈,并在每一部分最后的横线上填上你的分数。

	一直	有时	从未
一、 吸烟			
1. 我避免吸烟。	2	1	0
2. 我偶尔吸烟，且仅吸低焦油和低尼古丁的香烟	2	1	0
你的吸烟分数：_____			
二、 酒精和药物			
1. 我避免喝酒。	4	1	0
2. 我一天喝酒不超过一次。	2	1	0
3. 当服某些药（如安眠药、止痛药、感冒药等）时，我不喝酒。	2	1	0
4. 当我服药时，我遵循医嘱。	2	1	0
你的酒精和药物分数：_____			
三、 饮食习惯			
1. 我每日吃各种食物。	4	1	0
2. 我少吃高脂肪的食物。	2	1	0
3. 我少吃盐含量高的食物。	2	1	0
4. 我避免吃太多的甜食。	2	1	0
你的饮食习惯分数：_____			
四、 锻炼和体能			
1. 我保持理想的体重，避免过重或太轻。	3	1	0
2. 我一周至少进行三次有氧练习（如跑步、游泳、散步等），每次15~30分钟。	3	1	0
3. 我一周至少进行三次以提高力量为主的运动（如健美操、各种力量练习等），每次15~30分钟。	2	1	0
4. 我常利用余暇时间参与个人的、家庭的或集体的活动（如打保龄球、球类运动等）。	2	1	0
你的锻炼和体能分数：_____			
五、 应激控制			
1. 我喜欢学习或其他工作。	2	1	0
2. 我发现自己容易放松和自在地表达情感。	2	1	0
3. 我常对可能有压力的事件和情景早作准备。	2	1	0
4. 我有亲密的朋友、亲戚，能与他们谈论隐私，并在需要时请求他们的帮助。	2	1	0
5. 我常参与集体活动。	2	1	0
你的应激控制分数：_____			
六、 安全			
1. 我睡觉前会检查门是否关好。	2	1	0
2. 我骑自行车或开车时不追求速度。	2	1	0
3. 我不乱穿马路。	2	1	0
4. 当使用有害物质或产品（如电线板开关、灭蚊子的药水等）时，我会很小心。	2	1	0
5. 我从不在床上吸烟。	2	1	0
你的安全分数：_____			

注：自评量表 1-1 选自 Prentice, W.E. Fitness and Wellness for Life, 1999。

分数解释:

9～10分　说明你意识到某一方面对你健康的重要性，并已注意保持良好的生活习惯。

6～8分　　说明你在某一方面有良好的生活习惯，但仍有一些需要改进的地方。

3～5分　　说明你存在健康方面的问题,需要咨询医生如何减少健康方面存在的潜在危险。需要注意的是,对于吸烟这一部分而言,3～4分说明你保持着良好的生活习惯。

0～2分　　说明你存在着健康方面的潜在危险，但你可能并没有意识到危险的存在。对于吸烟这部分来说，0～1分意味着你有健康方面的潜在危险。

1-2

疾病史自评量表

你在正式决定参与体育锻炼前，很有必要了解自己的健康状况，这样可以避免体育锻炼给你带来副作用。请在适合你情况的空栏中打"√"。

疾病类型	是	否
冠心病	———	———
胸痛	———	———
肩和颌痛	———	———
心律不齐	———	———
高血压	———	———
呼吸短促	———	———
心脏病遗传史	———	———
风湿病	———	———
高胆固醇	———	———
哮喘病	———	———
慢性咳嗽	———	———
糖尿病	———	———
镰形血球贫血症	———	———
头晕目眩或意识模糊	———	———
痉挛	———	———
严重头痛	———	———
肥胖症	———	———
关节炎	———	———
骨头、关节或肌肉严重受损	———	———
背下部疼痛	———	———
你吸烟吗?	———	———
你正在使用药物处方吗?	———	———
你有其他身体问题吗?	———	———

注: 自评量表1－2选自 Prentice,W.E. Fitness and Wellness for Life, 1999。

不管哪一个问题，你只要回答"是"，就应该在正式参与体育锻炼前咨询一下医生。

适合健康状况运动量的自评量表

1-3

如果你打算在以后的体育锻炼中增加运动量，请首先回答以下七个问题。如果你的年龄在15～69岁之间，该量表的最后结果会告诉你是否应咨询一下医生；如果你的年龄在69岁以上，你的运动量不应再增加。

仔细阅读以下每一个问题，并在符合你的情况的小方格中打"√"。

	是	否
1. 医生曾说过，你的心脏有问题，但你仍从事医生并未推荐的体育活动方式吗？	□	□
2. 当你进行体育锻炼时，你感到胸痛吗？	□	□
3. 在上一个月中，你不从事体育活动时胸痛吗？	□	□
4. 你因眩晕而昏倒过吗？	□	□
5. 在体育锻炼时，你的骨头或关节有问题吗？	□	□
6. 医生为你的血压或心脏问题开过药方吗？	□	□
7. 你不知道不应该进行体育锻炼的其他原因吗？	□	□

如果你有一个或几个问题回答"是"，请询问一下医生是否可以增大运动量；如果对所有问题的回答都是"否"，你就完全可以增加运动量，但应遵循循序渐进的原则。此外，应注意的是，如果暂时身体不适或有病（如感冒或发烧），请停止体育锻炼，直到你的身体完全恢复后再开始活动。

如果你的回答都是"否"，请在开始从事大强度的运动（特别是竞技性运动项目）前，进一步回答以下五个问题。

	是	否
1. 你计划参加一个有组织的运动队吗？	□	□
2. 你曾经在身体接触的运动中由于冲撞而昏倒过吗？	□	□
3. 由于以前肌肉受伤，你现在活动时还痛吗？	□	□
4. 由于以前背部受伤，你现在活动时还痛吗？	□	□
5. 在体育活动时，你有其他不健康的症状吗？	□	□

注：自评量表 1－3 选自 Prentice,W.E. Fitness and Wellness for Life, 1999。

如果你有一个问题回答"是"，请询问一下医生，以确定你是否能从事大强度的运动。

1-4

体育锻炼动机强度自评量表

回答以下问题可以使你了解自己有关体育锻炼的动机强度。每一个问题共分五个等级，请你在适合自己情况的方格中打"√"。

因　素	评　价				
	很强 5	强 4	较强 3	弱 2	很弱 1
减轻体重	□	□	□	□	□
感觉好	□	□	□	□	□
降低心脏病发生的危险性	□	□	□	□	□
有良好的自我表象	□	□	□	□	□
在运动方面获得成功	□	□	□	□	□
有力量	□	□	□	□	□
减缓压力	□	□	□	□	□
提高学习和工作的效率	□	□	□	□	□
提高睡眠质量	□	□	□	□	□
降低紧张水平	□	□	□	□	□
增加能量	□	□	□	□	□
有良好的体型	□	□	□	□	□
增进健康	□	□	□	□	□
抵御疾病	□	□	□	□	□
改善心肺功能	□	□	□	□	□
提高柔韧性	□	□	□	□	□
改善体态和外表	□	□	□	□	□
改善人生观	□	□	□	□	□
增加社会交往	□	□	□	□	□
发泄情绪	□	□	□	□	□
总分:	___	___	___	___	___

注：自评量表 1 - 4 选自 Prentice,W.E. Fitness and Wellness for Life,1999。

分数解释：

  85～100 分　体育锻炼的动机很强。

  70～84 分　　体育锻炼的动机强。

  50～69 分　　体育锻炼的动机较强。

  35～49 分　　体育锻炼的动机弱。

  20～34 分　　体育锻炼的动机很弱。

第二章　体能的自我评价

学习目标

当学完这一章后，你应该能够解释以下的关键概念和重要问题

关键概念

- ✎ 运动心电图
- ✎ 台阶测试
- ✎ 1RM测试
- ✎ 体块指数
- ✎ 腰围与臀围比例

重要问题

- 📖 心肺功能适应能力的评价
- 📖 肌肉力量的评价
- 📖 肌肉耐力的评价
- 📖 柔韧性的评价
- 📖 身体成分的评价

　　在实施一项体育锻炼方案之前，你有必要评价自己的体能和健康状况，这有助于你设置合理的体育锻炼目标，也会促使你更科学地进行锻炼。你可以最初的体能状况测试结果作为基础值，并与以后测试的结果相比较，由此使你看到体育锻炼带来的益处，从而坚定自己坚持体育锻炼的决心和信心。

　　本章主要介绍了一组体能状况的自测方法，这些方法简便易行，非常实用，你完全可以自行掌握。自测的主要内容包括与健康有关的体能成分：心肺耐力、肌肉力量、肌肉耐力、柔韧性和身体成分等。要说明的是，本章主要介绍国内的有关体能的评价方法和标准，然而，有些体能成分的评价标准国内尚未制定，故也介绍国外的一些评价标准，仅供参考。

第一节　评价身体健康状况

在实施体育锻炼方案前需要体格检查吗？健康的大学生回答：不需要。虽然每个人应经常体检，但29岁以下的大多数人无须体检就可参与中低强度的身体练习。如果你对自己的健康状况有疑问，在参与体育锻炼之前就应去医院接受体检。本章后面的自评量表2-1是对参与体育锻炼的各年龄段人的调查，在表中对任何一个问题作肯定回答的，说明其健康状况存在问题，需要进行全面的体检。

30岁以上的人在参与体育锻炼前是否需要体检？回答应是肯定的，特别是对于肥胖者或脑力劳动者来说更需要如此。因此，请你在参与锻炼前注意以下几点建议：

1. 18～29岁（男、女）：在参与锻炼前两年内应进行体检，并完成自评量表2-1。

2. 30～39岁（男）、30～44岁（女）：在参与锻炼前一年内应进行体检，并完成自评量表2-1。

3. 40岁和40岁以上（男）或45岁和45岁以上（女）：在参与锻炼前一年内应进行体检，并接受在医生指导下的重点测试（见细节透视2-1）。

细节透视2-1

运动心电图

心电图(简称ECG，或称EKG)是一种普通的测试心脏电活动并用来诊断几种类型心脏病的医疗测试方法。尽管心电图对测试在休息时人的心脏功能是有用的，但在诊断较隐蔽的某些心脏问题时，就需要在运动期间进行心电图测试，因为心脏异常常出现在情绪波动和有运动负荷的时期。运动心电图通常称为运动负荷测试，一般是在跑台上进行，由医生检测被测者的心率、血压和心电图。开始测试时，被测者应做简短的准备活动，并逐渐提高运动强度，直到不能进行运动或医生因某种原因要求其停止测试。通常测试持续时间的长短可以反映被测者的体能和健康水平。例如，身体状况较差的人仅能做10～12分钟的运动，而身体状况较好的人能运动25～30分钟。因此，运动负荷测试不仅能反映被测者的心血管健康状况，而且也能提供被测者呼吸功能的有关信息。

第二节　评价心肺功能适应能力

心肺功能适应能力是与健康有关的体能的主要成分，也是进行耐力运动（如长跑、游泳等）的基础，测量心肺功能适应能力最精确的方法是对人体的最大吸氧量（又称最大耗氧量）进行评价。由于直接测量最大吸氧量（VO_2max）需要昂贵的实验设备、且费时，因此，研究人员设计了许多简便易行的实地测试方法来测量 VO_2max。下面仅介绍两种测试方法。

一、12分钟跑测试

12分钟跑测试是目前国内外最简单评价心肺功能适应能力的方法之一。运动生理学的研究表明，在12分钟内心肺功能适应能力强的人比适应能力弱的人跑的距离更长。心肺功能适应能力也表示全身耐力的水平。

测试的方法最好是在400米的跑道上进行。测试前要充分做好准备活动，在跑的过程中尽量快跑，如感到呼吸困难，应减慢速度，及时调整呼吸。但在开始和结束时，应避免全速跑和冲刺跑。

表2-1 用12分钟跑测试评价心肺功能适应能力的参考性标准（千米）

适 应 能力等级	年 龄（岁）					
	13～19	20～29	30～39	40～49	50～59	60＋
男						
很差	<2.08	<1.95	<1.89	<1.82	<1.65	<1.39
较差	2.08～2.18	1.95～2.10	1.89～2.08	1.82～1.99	1.65～1.86	1.39～1.63
一般	2.19～2.49	2.11～2.39	2.09～2.32	2.00～2.22	1.87～2.08	1.64～1.92
较好	2.50～2.75	2.40～2.62	2.33～2.50	2.23～2.45	2.09～2.30	1.93～2.11
良好	2.76～2.97	2.63～2.82	2.51～2.70	2.46～2.64	2.31～2.53	2.12～2.49
优秀	>2.98	>2.83	>2.71	>2.65	>2.54	>2.50
女						
很差	<1.60	<1.54	<1.50	<1.41	<1.34	<1.25
较差	1.60～1.89	1.54～1.78	1.50～1.68	1.41～1.57	1.34～1.49	1.25～1.38
一般	1.90～2.06	1.79～1.95	1.69～1.89	1.58～1.78	1.50～1.68	1.39～1.57
较好	2.07～2.29	1.96～2.14	1.90～2.06	1.79～1.98	1.69～1.89	1.58～1.74
良好	2.30～2.41	2.15～2.32	2.07～2.22	1.99～2.14	1.90～2.08	1.75～1.89
优秀	>2.42	>2.33	>2.23	>2.15	>2.09	>1.90

注：表2-1选自刘纪清等《实用运动处方》，1993年。

12分钟跑测试对积极参与体育锻炼的大学生最合适。然而，由于其运动强度较大，故不适合于30岁以上的脑力劳动者、身体条件较差者、关节病患者和肥胖者。

12分钟跑步测试最好安排在温度适宜的季节进行，避开非常冷或非常热的天气。对体能状况较好的人来说，他可以快跑也可以慢跑12分钟；对于体能状况较差的人来说，这种测试就成了慢跑或走的测试。本章后面的自评量表2-2提供了进行测试和打分的指导。

解释测试结果很简单，表2-1是12分钟跑测试结果的参考性的标准。根据你的性别、年龄和完成时间，在表格的左面就可以发现你的心肺功能适应能力处于哪一等级。例如，张某某，21岁，男，12分钟跑完了2.35千米，心肺功能适应能力属于一般。

二、台阶测试

另一种评价心肺功能适应能力的方法称台阶测试。研究表明：心肺功能适应能力强的人比心肺功能适应能力弱的人在运动后3分钟恢复期内心跳频率低。台阶测试虽然不是最好的评价心肺功能适应状况的方法，但它的优越性在于：可以在室内进行，能适合不同程度身体条件的人，且不需要昂贵的设施，并可以在很短的时间内完成。

男台阶高度为30 cm，女台阶高度是25 cm，根据男女身高的不同，台阶还可做适当的调整。测试可按下列步骤进行。

（一）测试时找一个同伴，他将帮助你保持适当的踏跳节奏。节奏为每分钟踏30次（上下），共3分钟，你可以让同伴用节拍器或声音提示你。因此，你需要2秒钟上、下各踏一次（也就是说，把节拍器设置为每分钟60拍，每响一下踏一次）。在测试时你应左右腿轮换做，每次上下台阶后上体和双腿必须伸直，不能屈膝（见图2-1）。

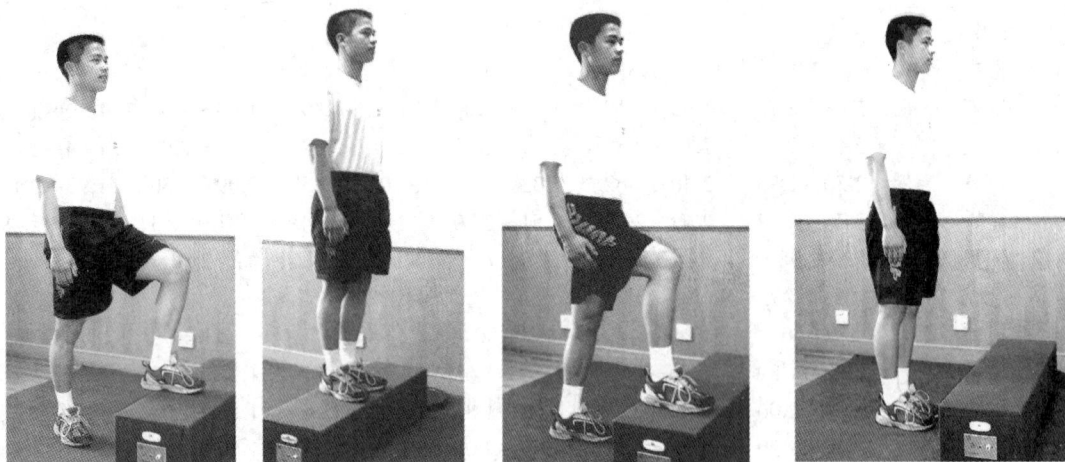

图2-1　台阶测试

（二）测试后，你应立即坐下，并测量运动后1分钟至1分30秒、2分钟至2分30秒、3分钟至3分30秒等3个恢复期的心率。

你的同伴帮助你计时，并记录运动后心跳次数。测试的准确性在于你必须每分钟踏完30次，这样运动后恢复期内的心跳频率测量才是有效的。自评量表2-3可以记录你运动后心跳频率的次数和心肺功能适应情况。评定指数计算公式如下：

评定指数＝登台阶运动持续时间（S）×100/2×（恢复期3次心率之和）

表2-2为18～25岁年龄段台阶测试的参考性标准。例如一位男性评定指数为52.5次，他的心肺功能适应能力属于较差（即2分）。

表2-2　用台阶测试评价心肺功能适应能力的参考性标准

适应能力等级	三分钟台阶测试的评定指数	
	男	女
1分（差）	45.0～48.5	44.6～48.5
2分（较差）	48.6～53.5	48.6～53.2
3分（一般）	53.6～62.4	53.3～62.4
4分（较强）	62.5～70.8	62.5～70.2
5分（强）	＞70.9	＞70.3

注：表2-2选自中国成年人体质测定组《中国成年人体质测定标准手册》，1996年。

三、如何评价心肺功能适应能力

当完成了心脏功能适应能力测试后，你应对自己的测试结果作出评价，并确立提高自己心肺功能适应能力的目标。与同年龄段的其他人相比，如果你的心肺功能适应能力被列在"1分"或"2分"等级中，说明你目前的心肺功能适应能力低于平均水平，属于差或较差；如果你被列在"4分"等级中，那么你的心肺功能适应能力就高于同性别、同年龄段人的平均水平，属于较强；"5分"等级是指你的心肺功能适应能力位于同年龄组前15%的人，属于强者。然而，不管你目前心肺功能适应状况如何，你应坚持有规律的身体锻炼来提高自己这方面的适应能力。

第三节　评价肌肉力量

肌肉力量不仅能提高运动成绩，而且对普通人做日常工作也很有用。评价肌肉力量可采用一次重复最大量（1RM）测试，即测试一次被举起的最大重量。

一、一次重复最大量测试

虽然这种测试肌肉力量的方法能被广泛接受，但对上了年纪的或身体条件较差的人是不适宜的。由于这种测试会导致损伤，被测者应在经过几周力量练习，并在技术和力量方面都有所提高的情况下进行测试，以免受伤。年纪较大或脑力劳动者需进行6周的力量练习，而大学生只需1到2周的力量练习便可参加1RM测试。

1RM测试旨在测验选定了的肌肉群的力量，测试方法如下：

先做5～10分钟有关肌肉群的准备活动，然后，你选择毫不费力举起的重量进行练习，并逐渐增加重量直到只能举起一次。真正的1RM测试是测一次能够举起的最大量。

图2-2至2-5显示了4种测试肌肉力量的方法，其中3种（负重屈肘、肩上举和仰卧推举）测上体肌肉群力量，第四种（坐蹲腿）测腿肌力。

图2-2 负重屈肘

图2-3 肩上举

图2-4 仰卧推举

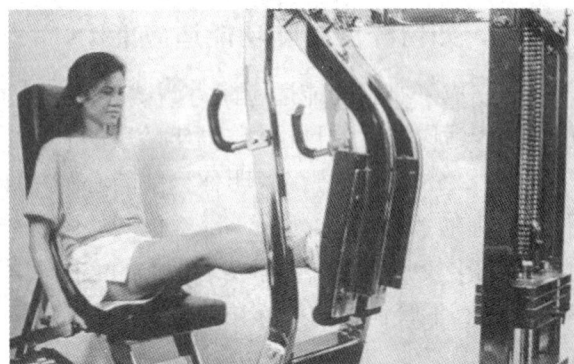

图2-5 坐蹲腿

表2-3是大学生年龄段的测试成绩参考性标准,计算测试成绩的方法是:你的1RM重量除以体重再乘以100,即为你的肌肉力量。例如,假定一位68千克的男子,他的仰卧推举为

表2-3 一次重复最大量测试中肌肉力量得分的参考性标准

练习方式	力量等级					
	很差	较差	一般	较好	好	优秀
男						
仰卧推举	<50	50~99	101~110	111~130	131~149	>149
负重屈肘	<30	30~40	41~54	55~60	61~79	>79
肩 上 举	<40	41~50	51~67	68~80	81~110	>110
坐 蹲 腿	<160	161~199	200~209	210~229	230~239	>239
女						
仰卧推举	<40	41~69	70~74	75~80	81~99	>99
负重屈肘	<15	15~34	35~39	40~55	56~59	>59
肩 上 举	<20	20~46	47~54	55~59	60~79	>79
坐 蹲 腿	<100	100~130	131~144	145~174	175~189	>189

注: 表2-3选自 Powers, S.K. Total Fitness, 1999。

80千克，那么他的肌肉力量分数为：

肌肉力量分数 = 1RM 重量 / 体重 × 100　即：肌肉力量分数 = 80 ÷ 68 × 100 ≈ 117.7

根据表2-3，这位男大学生仰卧推举的肌肉力量为117.7，属"较好"的等级。他可在自评量表2-4中记录下自己的肌肉力量成绩。

二、如何评价肌肉力量

在测试完肌肉力量后，应对结果作出评价。如果你目前肌肉力量处于一般水平以下，不要灰心，只要坚持有规律的锻炼，你完全能够提高自己的肌肉力量。当最初的力量测试完成后，你应设置短期和长期的目标，在坚持练习6到12周后，重新测试肌肉力量。当实现了短期目标后，你的自信心会增强，你就能坚持力量练习，并最终实现长期目标。

第四节　评价肌肉耐力

在日常生活中，某个人有足够的力量把一个沉重的箱子放到卡车上，但他却不一定有足够的肌肉耐力多次完成这一动作。由于每天有许多工作需要肌肉的重复收缩，所以提高肌肉耐力对你的工作和健康都有好处。

有许多方法可测量肌肉耐力，其中俯卧撑、仰卧起坐和仰卧起身是三种简单易行的方法。俯卧撑测量的是肩部、臂部和胸部的肌肉耐力，而仰卧起坐或仰卧起身则主要测量腹肌的耐力。

一、俯卧撑测试

标准的俯卧撑测试（见图2-6）应按下面的方法进行：首先，你的身体呈俯卧姿势，并用两手撑地，手指向前，两手间距与肩同宽，两腿向后伸直，用脚尖撑地。然后屈臂使身体平直下降，使肩与肘接近同一平面，躯干、臀部和下肢要挺直。当胸部离地2.5～5 cm时，撑起恢复到预备姿势为完成一次。俯卧撑测试步骤如下：

（一）找一同伴为你计数、计时（60″）。测试前，先作一些俯卧撑练习来热身，休息2～

图2-6　标准俯卧撑

3分钟后正式开始。

（二）听到"开始"的口令后，开始做俯卧撑。同伴要高声地数俯卧撑的次数，并提示剩余时间（每隔15″）。只有完成正确的动作，才能被计入总数，因此，要正确完成每一个俯卧撑动作。

（三）完成测试后，根据表2-4评价你的肌肉耐力等级，并在自评量表2-5中记下你的完成次数和耐力等级。

表2-4　俯卧撑测试评价肌肉耐力的参考性标准（男）

年龄组（岁）	根据1分钟俯卧撑的次数判定肌肉耐力的等级				
	1分（差）	2分（一般）	3分（较好）	4分（好）	5分（优秀）
18～20	4～11	12～19	20～29	30～39	>40
21～25	3～9	10～16	17～25	26～33	>34
26～30	2～8	9～15	16～22	23～29	>30
31～35	2～6	7～12	13～19	20～27	>28
36～40	2～6	7～11	12～19	20～25	>26

注：表2-4选自中国成年人体质测定组《中国成年人体质测定标准手册》，1996年。

二、仰卧起坐测试

仰卧起坐测试是应用最广泛的评价腹肌耐力的实地测试。测试时，你仰卧于垫上，两腿稍分开，屈膝成90度，两手交叉置与脑后，同伴压住你两踝关节处。起坐时，以两肘触及或超过两膝为完成一次。仰卧时，两肩胛必须触垫（见图2-7）。

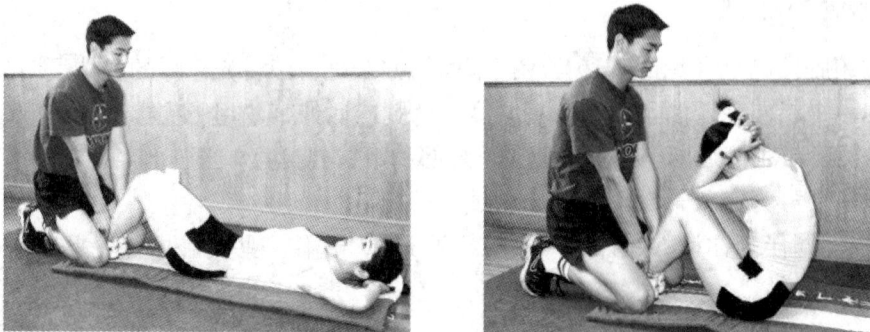

图2-7　仰卧起坐

在仰卧起坐过程中主要是腹肌在起作用，然而腿部肌肉（如髋部屈肌）也参与了工作，因此这种测试既评价了腹肌的耐力，也测量了髋部肌肉的耐力。一般认为，仰卧起坐是比较安全的体能测试，但测量时需要注意三点：首先，在起身阶段应避免对颈部产生过大的压力，也就是说，应腹肌用力而不是颈部用力；其次，在恢复原位的时候，应避免头后部敲击地面；最后，禁止使用肘部撑垫或借助臀部上挺和下落的力量起坐，到1分钟时，你虽然坐起，但两肘还未触及或超过两膝时，不计该次数。仰卧起坐测试的步骤如下：

（一）找一个同伴计时、计数，同伴压住你的踝部，固定在地板上。

（二）首先做几个仰卧起坐来热身，休息2～3分钟后开始。听到"开始"口令后，即做仰卧起坐并坚持60″。同伴高声计数并提示剩余时间（每隔15″）。只有完成正确的动作才能被计入总数。

（三）完成测试后，根据表2-5评价你的肌肉耐力等级，并在自评量表2-5中记下得分。

表2-5　1分钟仰卧起坐测试评价肌肉耐力的参考性标准（女）

年龄组（岁）	根据1分钟仰卧起坐的次数判定肌肉耐力等级				
	1分（差）	2分（一般）	3分（较好）	4分（好）	5分（优秀）
18～20	3～7	8～16	17～28	29～35	>36
21～25	1～6	7～15	16～22	22～29	>30
26～30	1～3	4～11	12～19	20～27	>28
31～35	1～2	3～9	10～17	18～23	>24
36～40	1～2	3～7	8～14	15～21	>22

注：表2-5选自中国成年人体质测定组《中国成年人体质测定标准手册》，1996年。

三、仰卧起身测试

前已述及，仰卧起坐主要测试腹部肌肉力量，然而在向上移动身体时，腿部肌肉同样也参加了工作。通过完成一个不完整的仰卧起坐（即仰卧起身），腿部肌肉的利用将被排除。仰卧起身与仰卧起坐的不同之处在于：第一，前者在上升阶段时，上体与垫子的角度不超过40度（即肩部抬起大约15～25 cm，见图2-8）；第二，仰卧起身避免了背部承受过大的压力。因此，仰卧起身在国外正逐渐取代仰卧起坐，成为更常用的评价腹肌耐力的方法。

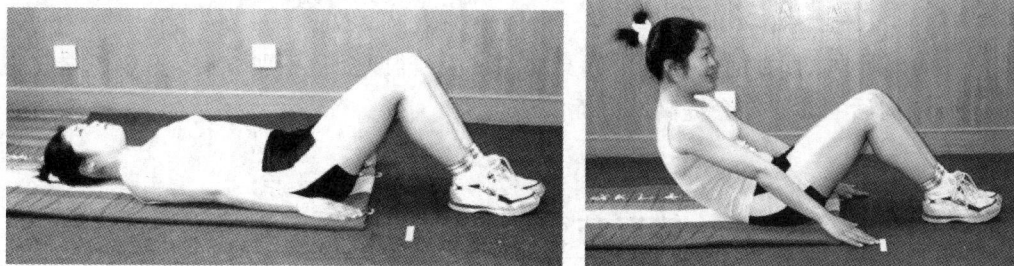

图2-8　仰卧起身

仰卧起身测试方法是：仰卧于垫上，两腿稍分开，屈膝成90度，两臂伸直，在指尖处贴一胶带，靠近脚的方向再贴一条平行于第一条的胶带（间距为8 cm）。仰卧起身就是抬起你的上体使指尖触到第二条胶带，再返回原来的位置。仰卧起身的测试步骤如下：

（一）找一个同伴帮你计数，你屈腿90度躺在垫子上。

（二）仰卧起身测试没有时间限制，但要在一个较慢的、每分钟20个动作的节奏下完成，这个节奏由每分钟40次敲击的节拍器引导（身体起升时一次敲击，下落时紧接着一次敲击）。

（三）听到"开始"的口令后，按照节奏完成仰卧起身的动作，请尽量达到75次的目标。

（四）根据表2-6判定你肌肉耐力的等级，并在自评量表2-5中记下得分。

表2-6　仰卧起身测试评价肌肉耐力的参考性标准

年龄组（岁）	根据完成仰卧起身次数判定肌肉耐力的等级				
	差	一般	较好	好	优秀
男					
<35	15	30	45	60	75
35~44	10	25	40	50	60
≥45	5	15	25	40	50
女					
<35	10	25	40	50	60
35~44	6	15	25	40	50
≥45	4	10	15	30	40

注：表2-6选自 Powers, S.K. Total Fitness, 1999。

四、如何评价肌肉耐力

肌肉耐力的等级范围由差到优秀或由1分至5分。如果测试的成绩是"差"（或1分）或"一般"（或2分），说明你现在的肌肉耐力水平要低于同龄人的平均值；如果测试成绩是"较好"（或3分），则意味着你目前肌肉耐力的水平要高于平均值；如果测试成绩是"好"（或4分），则显示了你的肌肉耐力水平相当出众；最后，15%的个体才能达到"优秀"（或5分）的等级。

即使你的俯卧撑、仰卧起坐和仰卧起身的测试成绩很差，也不要气馁，只要树立信心，坚持练习，3~4周后，你一定会提高这方面的能力。

第五节　评价柔韧性

进行柔韧性测试，可以了解自身各关节的柔韧性程度。柔韧性程度越好，关节的活动幅度越大，人的关节灵活性就越强。一般来说，年龄越小，柔韧性越好，随着年龄的增大，柔韧性越来越差。加强柔韧性的练习，对不同年龄的人都是非常重要的。要保持良好的柔韧性需经常进行牵拉练习（详见第六章）。

每个人对柔韧性的需要是不同的。一些运动员（例如健美运动员）为了完成复杂的动作和提高运动成绩需要有很好的柔韧性，而普通人对柔韧性的要求相对低些。但是为了满足日常生活或休闲的需要，普通人也应具有一定水平的柔韧性。

柔韧性的好坏与特定的关节相关，也就是说，一个人的某一关节具有良好的柔韧性，但另一关节的柔韧性可能会较差。迄今为止，没有单一的测试方法来描述整个人体的柔韧性，通常采用测量躯干和肩部柔韧性的方法。

一、躯干柔韧性测试

坐位体前屈测试主要是评价躯干弯曲的能力，这一方法牵拉的是背部浅层肌肉和大腿后部肌肉。图2-9说明了坐位体前屈测试的方法：上体垂直坐着，两腿伸直，脚跟并拢，脚尖分开约10~15 cm，用整个脚底面顶着盒子。然后两手并拢，两臂和手伸直，渐渐使上体前屈，并尽可能地用两手指尖轻轻地推动标尺上的游标向前滑动，直到不能继续前移为止，保持这一姿势3秒钟。测量3次，取最好成绩，记录的成绩以cm为单位，数值精确到小数点后1位。

图2-9　坐位体前屈测试

特别需要注意的是，在测试前，你应做短时间的牵拉练习作为热身活动。为了减少受伤，你应避免在测试中快速运动。此外，还应有一个同伴帮助你保持腿直和记录得分。完成测试后，查看表2-7，确定你柔韧性的等级，负值表明你不能摸到自己的脚趾，而正值显示你手指可超过脚趾。最后在自评量表2-6中记下你的得分。

二、肩部柔韧性测试

肩部柔韧性测试评价的是肩关节的活动范围。测试方法是：你站直后，举起右手，前臂向体后下方弯曲，并尽量向下伸展，同时，用你的左手在体后去触及右手，尽可能地使两手手指重叠（见图2-10）。你完成右手在上的测试后，以相反的方向进行测试（即左手在上）。一般总是一侧的柔韧性要好于另一侧。

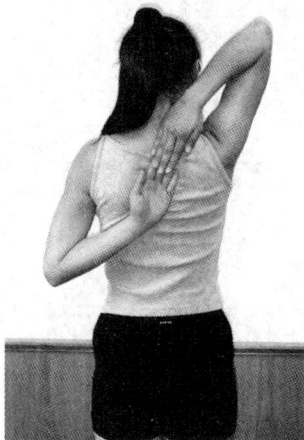

图2-10　肩关节柔韧性测试

你两手手指所重叠的距离就是肩部柔韧性测试的得分（单位为cm）。测量你手指重叠的距离应取近似值，比如，某一重叠距离为1.9 cm，应记为2.5 cm；如果你的两手手指不能重叠，得分应记为－2.5 cm；如果你的两手手指刚好碰到，得分应为0。

在肩关节柔韧性测试前，你应有一个短时间的牵拉练习作为热身活动，并且为了预防受伤，应避免在测试中快速移动。完成测试后，根据表2-8确定你的肩关节柔韧性等级，并在自评量表2-6中记下得分和等级。

表2-7　坐位体前屈测试评价躯干柔韧性的参考性标准

年龄组（岁）	柔韧性的等级				
	1分（差）	2分（一般）	3分（较好）	4分（好）	5分（优秀）
男					
18～20	-0.2～4.4	4.5～9.9	10.0～17.3	17.4～22.7	>22.8
21～25	-3.2～2.4	2.5～8.3	8.4～16.3	16.4～21.9	>22.0
26～30	-3.6～0.5	0.6～6.0	6.1～14.4	14.5～19.9	>20.0
31～35	-7.0～-0.9	-8.0～4.9	5.0～12.9	13.0～18.7	>18.8
36～40	-8.3～-2.1	-2.0～4.3	4.4～12.4	12.5～17.5	>17.6
41～45	-9.4～-3.3	-3.2～2.6	2.7～11.0	11.1～17.1	>17.2
46～50	-10.5～-5.1	-5.0～1.4	1.5～9.9	10.0～15.4	>15.5
51～55	-11.5～-6.4	-6.3～0.9	1.0～8.8	8.9～14.6	>14.7
56～60	-13.2～-7.7	-7.6～-0.1	0～7.9	8.0～13.4	>13.5
女					
18～20	-0.6～3.7	3.8～8.9	9.0～16.1	16.2～20.9	>21.0
21～25	-3.0～2.4	2.5～7.4	7.5～14.5	14.6～18.0	>18.0
26～30	-3.0～1.9	2.0～6.4	6.5～13.0	13.1～18.0	>18.1
31～35	-4.4～0.9	1.0～6.2	6.3～12.5	12.6～17.8	>17.9
36～40	-5.1～0.4	0.5～5.9	6.0～12.0	12.1～17.5	>17.6
41～45	-6.4～-0.1	0～4.9	5.0～12.0	12.1～17.4	>17.5
46～50	-7.2～-1.1	-1.1～4.4	4.5～11.9	12.0～17.2	>17.3
51～55	-7.5～-1.3	-1.2～4.2	4.3～11.9	12.0～17.0	>17.1

注：表2-7选自中国成年人体质测定组《中国成年人体质测定标准手册》，1996年。

表2-8　评价肩关节柔韧性的参考性标准

右手在上得分	左手在上得分	柔韧性等级
<0	<0	很差
0	0	较差
+2.5	+2.5	一般
+5	+5	较好
+7.5	+7.5	好
+10	+10	优秀

注：表2-8选自Powers, S.K. Total Fitness,1999。

三、如何评价柔韧性

即使你经常参与体育锻炼，你的躯干和肩部柔韧性也可能较差。实际上，只有你经常进行牵拉练习才可能有超过一般水平的柔韧性。因此，不论你目前的柔韧性如何，你都应该确立目标，并经常进行牵拉练习来提高自己的柔韧性。

第六节　　评价身体成分

有许多评价身体成分的实地技术，这些技术既快速又方便。这里仅介绍两种目前广泛使用的技术。

一、腰围—臀围比例测试

这一测试的基本原理是：过多的腹部脂肪与疾病（如心脏病和高血压等）发生是直接相关的。因此，腹部有大量脂肪堆积的人腰围—臀围比例高，他们比腰围—臀围比例低的人更容易患心脏病和高血压。测量腰围—臀围比例的步骤如下：

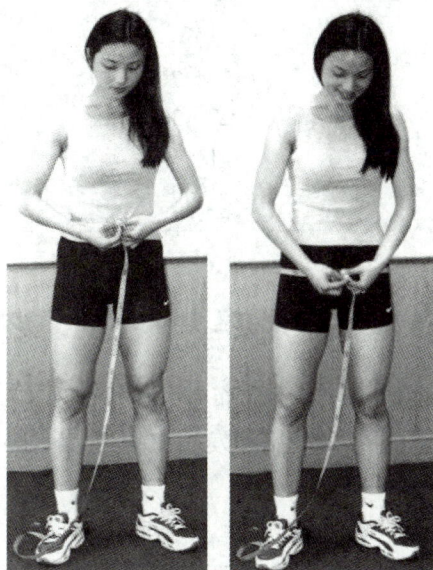

（一）测量工具为无弹性的卷尺。站立，不要穿宽大的衣服，否则，会使测量结果产生偏差。测量时，卷尺紧紧地贴在皮肤上，但不能陷入皮肤，测量数值应精确到毫米。

（二）测量腰围时，把卷尺放置于肚脐水平处（见图2-11a），并在你呼气结束时测量。

（三）测量臀围时，把卷尺放在臀部的最大周长处（见图2-11b）。

（四）完成测量后，用腰围除以臀围，得出腰围—臀围比例。根据表2-9评定腰围—臀围比例的等级，并填写自评量表2-7。

图2-11a　腰围测量　　图2-11b　臀围测量

表2-9　腰围—臀围比例的等级评定

等级（病的危险）	男	女
高　危　险	>1.0	>0.85
较高危险	0.90～1.0	0.80～0.85
较低危险	<0.90	<0.80

注：表2-9选自 Powers, S.K. Total Fitness, 1999。

二、体块指数（Body mass index，BMI）测试

BMI测试是一种辅助性地测定身体成分的方法，容易被大多数人接受。体块指数反映了个人身体成分的状况。其计算公式为体重除以身高平方比值就是BMI：BMI=体重（kg）/身高的平方（m^2）。

比如，如果一个人重64.5千克、身高1.72米，那么此人的BMI比值为：

$$BMI = 64.5 \ kg/(1.72 \ m)^2 = 64.5/2.96 = 21.8$$

计算出你的 BMI 后，用表 2-10 评价你的体脂程度，并填写自评量表 2-7。BMI 测试的原理是：低百分比体脂者的 BMI 也低。根据这一原理，男性和女性的 BMI 分别小于 25 和 27 的属于"不肥胖"类，相比较而言，男性和女性的 BMI 超过 40 的被认为极度肥胖；小于或等于 20 为体重过轻。因此，男、女的标准体重范围分别为 20.1～25 和 20.1～27。

表 2-10   体脂程度的分类

肥胖程度	BMI（体重/身高²）	
	男	女
最佳体脂	<25	<27
较高体脂	25～30	27～30
高 体 脂	31～40	31～40
极高的体脂	>40	>40

注：表 2-10 选自 Powers, S.K. Total Fitness, 1999。

三、如何评价身体成分

研究表明，对男性而言，理想的体脂在 10% 到 20% 范围之内；对女性而言，则是 15% 到 25%。此体脂的范围称最适范围，在这个范围内，与体脂有关的各种疾病的发生率较低。体脂高于最适的范围，就容易产生疾病。

值得注意的是，体脂百分比低于最适范围，同样也是不佳的。事实上，体脂所占比例低也会出现各种健康问题，这是因为体脂所占比例低往往与营养不良和肌肉功能减弱有关。至于饮食结构、体育锻炼和身体成分的关系将在第十六章中详细讨论。

小   结

1. 在开始实施体育锻炼方案之前，你应该首先评价自己的健康状况。

2. 在开始实施体育锻炼方案之前，客观地评价你目前的体能状况是很重要的。另外，定期测试体能状况能给你提供有关锻炼情况的反馈信息。

3. 心肺功能适应能力是进行耐力活动的基础。评价心肺功能适应能力的实地测试方法包括 12 分钟跑测试和台阶测试等。

4. 肌肉力量是指一次肌肉收缩时所产生的最大力量。评价肌肉力量最常用的方法是一次重复最大量（1RM）测试。

5. 俯卧撑测试、仰卧起坐测试和仰卧起身测试是评价肌肉耐力的最常用的方法。

6. 坐位体前屈测试和肩部柔韧性测试是评价柔韧性的两种比较流行的方法。

7. 体脂比例过高会使疾病发生的危险性增大。体块指数测试和腰围—臀围比例测试是两种评价身体成分的方法。

思 考 题

一、对体能进行自我评价有哪些重要作用?

二、你打算怎样提高自己的体能水平?

2-1

健康状况自评量表

如果你对以下任何一个问题作出了肯定的回答, 那么你在开始一项锻炼计划之前应进行全面的体检。

1. 在运动时或运动后, 你是否有胸部疼痛或受压的感觉?

2. 在爬楼梯、迎冷风行走或从事任何体育活动时你是否有胸部不适感?

3. 你的心脏是否曾经不规则地跳动或悸动或早搏?

4. 在无明显原因的情况下, 你是否曾经有过心律突然加快或减慢的经历?

5. 你是否有规律地服用过药物?

6. 医生是否曾经告诉过你, 你的心脏有问题?

7. 你是否有诸如哮喘这样的呼吸疾病, 或在从事轻微的体力活动时是否呼吸短促?

8. 你是否有关节或背部的疾患, 从而使你在运动时感到疼痛?

9. 你是否存在下列心脏病的隐患:

  （a）高血压;

  （b）血液中胆固醇含量过高;

  （c）超过标准体重的 30% 以上;

  （d）长期吸烟;

  （e）近亲（父母亲、兄弟姐妹等）在 55 岁以前曾经有心脏病史。

注: 自评量表 2-1 选自 Powers, S.K. Total Fitness, 1999。

2－2

12分钟跑测试心肺功能适应能力自评量表

此项目实施时，你尽量以最快的速度跑完12分钟。测试前做5～10分钟热身运动。如在测试中过于劳累，可以减慢速度。如果你感到虚弱并有呕吐现象，应马上停止测试。测完后，放松，并记录时间和适应能力（见前表2－1）。

测试 1

日期：＿＿＿＿＿＿＿＿＿

周围条件

＊温度：＿＿＿＿＿＿＿＿＿　　　＊湿度：＿＿＿＿＿＿＿＿＿

完成时间：＿＿＿＿＿＿＿＿＿　　适应能力：＿＿＿＿＿＿＿＿＿

测试 2

日期：＿＿＿＿＿＿＿＿＿

周围条件

＊温度：＿＿＿＿＿＿＿＿＿　　　＊湿度：＿＿＿＿＿＿＿＿＿

完成时间：＿＿＿＿＿＿＿＿＿　　适应能力：＿＿＿＿＿＿＿＿＿

测试 3

日期：＿＿＿＿＿＿＿＿＿

周围条件

＊温度：＿＿＿＿＿＿＿＿＿　　　＊湿度：＿＿＿＿＿＿＿＿＿

完成时间：＿＿＿＿＿＿＿＿＿　　适应能力：＿＿＿＿＿＿＿＿＿

＊记录温度和湿度旨在了解测试中热应激情况，高温度和高湿度可能会给测试成绩带来负面影响。

2-3

台阶测试心肺功能适应能力自评量表

用台阶测试，并在3分钟内完成每分钟上下跳30次。结束后，静坐并计算恢复期的心跳次数。恢复期的时间段指：测试后1～1.5分钟；测试后2～2.5分钟；测试后3～3.5分钟。在下表中记录心跳次数，并在表2-2中确定心肺功能适应能力等级。

测试1

日期：_____

运动后恢复期心跳次数（搏动次数）：_____

1～1.5分钟 _____　　2～2.5分钟 _____

3～3.5分钟 _____

总计：_____（评定指数）

心肺功能适应能力等级：_____

测试2

日期：_____

运动后恢复期心跳次数（搏动次数）：_____

1～1.5分钟 _____　　2～2.5分钟 _____

3～3.5分钟 _____

总计：_____（评定指数）

心肺功能适应能力等级：_____

测试3

日期：_____

运动后恢复期心跳次数（搏动次数）：

1～1.5分钟 _____　　2～2.5分钟 _____

3～3.5分钟 _____

总计：_____（评定指数）

心肺功能适应能力等级：_____

2-4

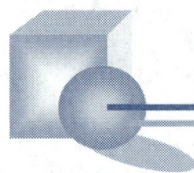

一次重复最大量测试(1RM 测试)自评量表

完成1RM测试后，按公式计算出你的肌肉力量成绩，即：1RM重量/体重×100=肌肉力量分数。在下表中记录你的肌肉力量成绩，确定肌肉力量等级。

体重: _____（千克）

测试 1

日 期: _____

运　动	1RM	肌肉力量分数	肌肉力量等级
仰卧推举	_____	_____	_____
负重屈肘	_____	_____	_____
肩 上 举	_____	_____	_____
坐 蹲 腿	_____	_____	_____

测试 2

日 期: _____

运　动	1RM	肌肉力量分数	肌肉力量等级
仰卧推举	_____	_____	_____
负重屈肘	_____	_____	_____
肩 上 举	_____	_____	_____
坐 蹲 腿	_____	_____	_____

2-5

俯卧撑、仰卧起坐和仰卧起身测试肌肉耐力的自评量表

完成俯卧撑、仰卧起坐和仰卧起身测试后，记录次数，并在表2-4、2-5、2-6中确定你的等级。

测试 1

日期：_____

1分钟俯卧撑的次数：_____ 肌肉耐力等级：_____

1分钟仰卧起坐的次数：_____ 肌肉耐力等级：_____

仰卧起身次数：_____ 肌肉耐力等级：_____

测试 2

日期：_____

1分钟俯卧撑的次数：_____ 肌肉耐力等级：_____

1分钟仰卧起坐的次数：_____ 肌肉耐力等级：_____

仰卧起身次数：_____ 肌肉耐力等级：_____

2-6

躯干和肩部柔韧性的自评量表

在完成坐位体前屈和肩部柔韧性的测试后，记录你的分数，并在表2-7、2-8中确定柔韧性等级。

测试 1

日期：_____

坐位体前屈测试的分数：_____ 柔韧性等级：_____

肩部柔韧性（左）：_____ 柔韧性等级：_____

　　　　　（右）：_____ 柔韧性等级：_____

测试 2

日期: _____

坐位体前屈测试的分数: _____   柔韧性等级: _____

肩部柔韧性（左）: _____   柔韧性等级: _____

（右）: _____   柔韧性等级: _____

2 - 7

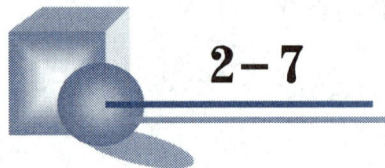

身体成分自评量表

在完成体块指数测试和腰围—臀围比例测试后，在下表中记录有关你身体成分的原始数据，并确定你的身体成分等级。

测试 1

日期: _____

体块指数分数: _____

身体成分等级: _____

腰围—臀围比例: _____

身体成分等级: _____

测试 2

日期: _____

体块指数分数: _____

身体成分等级: _____

腰围—臀围比例: _____

身体成分等级: _____

第三章　增强体能的锻炼原则和方法

学习目标

当学完这一章后，你应该能够解释以下的关键概念和重要问题

关 键 概 念

- ✎ 百分之十规则
- ✎ 过度锻炼
- ✎ 维持方案
- ✎ 运动处方
- ✎ 准备活动
- ✎ 运动强度
- ✎ 整理活动
- ✎ 健康阈
- ✎ 锻炼阈

重 要 问 题

- 📖 超负荷原则的运用
- 📖 循序渐进原则的运用
- 📖 专门性原则的运用
- 📖 恢复性原则的运用
- 📖 锻炼效果的可逆性原则的运用
- 📖 准备活动与整理活动的作用
- 📖 运动处方的组成
- 📖 几种简便有效锻炼法的作用和注意事项

对于参加体育锻炼的人来说，要达到增强体能、增进健康之目的，就必须科学地锻炼，否则，便会伤害身体、有损健康。因此，了解体育锻炼的一般原则，掌握安全有效的锻炼方法，每一位锻炼者应予以重视。本章所叙述的体育锻炼的一般原则适用于任何年龄和任何体能水平的锻炼者。本章所介绍的几种简便有效的锻炼方法可供你选用。

第一节　增强体能的锻炼原则

尽管具体的锻炼手段和方法因人而异，但增强体能的锻炼原则是每一位锻炼者都应该遵循的。下面介绍增强体能的几个原则：超负荷原则，循序渐进原则，专门性原则，恢复性原则，锻炼效果的可逆性原则等。

一、超负荷原则

（一）何谓超负荷原则

超负荷原则是指在进行体育锻炼时身体或特定的肌肉所受到的刺激强于不锻炼时。例如，为了提高骨骼肌力量，应对肌肉施加超过平常状态下的负荷。这可通过提高运动强度（如增加重量）来达到超负荷的锻炼目的。同时，通过延长锻炼的持续时间也可以达到超负荷锻炼的目的。例如，为了提高肌肉耐力水平，肌肉就应该比平时工作更长的时间（通过增加练习的重复次数）。当然，超负荷原则也适用于柔韧性的练习。例如，为了增加关节运动的幅度、提高运动的能力和预防受伤，在锻炼中就应该使肌肉比平时拉伸得更长或增加肌肉拉伸的时间，这样才能有效地提高关节的柔韧性。

尽管超负荷锻炼有利于提高体能水平，但这并不意味着每次锻炼时都练习得筋疲力尽。"不劳无获"这句话并不准确，事实上，即使不进行超负荷的练习，一般性的锻炼也能促进体能水平的提高。

（二）如何运用超负荷原则

超负荷练习中的负荷应适宜，负荷通常包括负荷量与负荷强度。负荷量通常是以练习的次数、时间、距离、重量来表示；负荷强度一般是以练习的速度、负重量、密度、难度或者以速度、负重量、密度、难度的练习占总练习的百分比来表示（见图3-1）。负荷量和负荷强度二者相互影响、相互制约，在强度最大时，负荷量肯定是最小的；如果负荷量很大，强度也不可能达到最高。一般来说，当负荷强度在90%～100%时，负荷

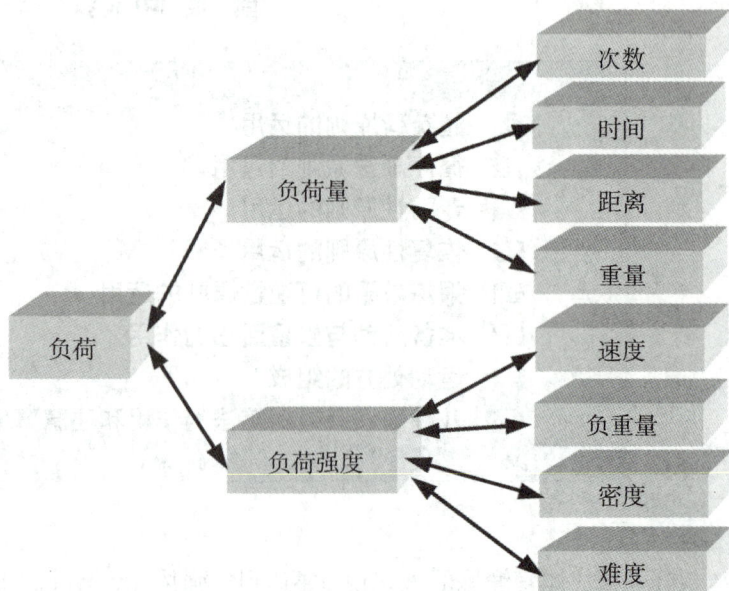

图3-1　负荷的构成

量最小；当负荷强度达到75%～89%时（即次最大强度），那么，负荷量能达到中等；当负荷强度在50%～74%时，负荷量一般来说能达到次最大量。相反，当负荷量最大时，负荷强度也只能是最小强度，即30%～50%的负荷强度。

负荷的增加必须考虑到锻炼者的体能水平。负荷过大或过小都不利，但负荷过大比负荷过小的害处更大。负荷过小，机体得不到必要刺激，也就达不到理想的锻炼效果。负荷加大（即接近人体极限的负荷）能有效地提高人体机能水平。问题是，每个人的适宜负荷总是很难掌握的，需要锻炼者逐渐地摸索。

那么，如何合理地安排锻炼负荷呢？

1. 根据锻炼者所处的锻炼阶段、体能水平、当前的健康状况和身体承担的负荷能力，来恰当地确定锻炼负荷的大小。也就是说，初练者与体能强者、身体健康者与有伤病者，在负荷的安排上应有所不同。

2. 正确理解负荷量和负荷强度的相互关系以及各自的决定因素。

二、循序渐进原则

(一) 何谓循序渐进原则

循序渐进原则是超负荷原则的延伸。该原则是指在实施增强某种体能的锻炼方案时应逐渐增加负荷（见图3-2）。需注意的是，在实施某种锻炼方案的头4到6周内通常应缓慢地增加负荷。在接下来的18到20周的锻炼期间，锻炼者应逐步增大负荷。要想获得最佳的体能状态，增加负荷不易太慢或太快。负荷增加太慢会限制体能水平的提高，增加太快则可能造成

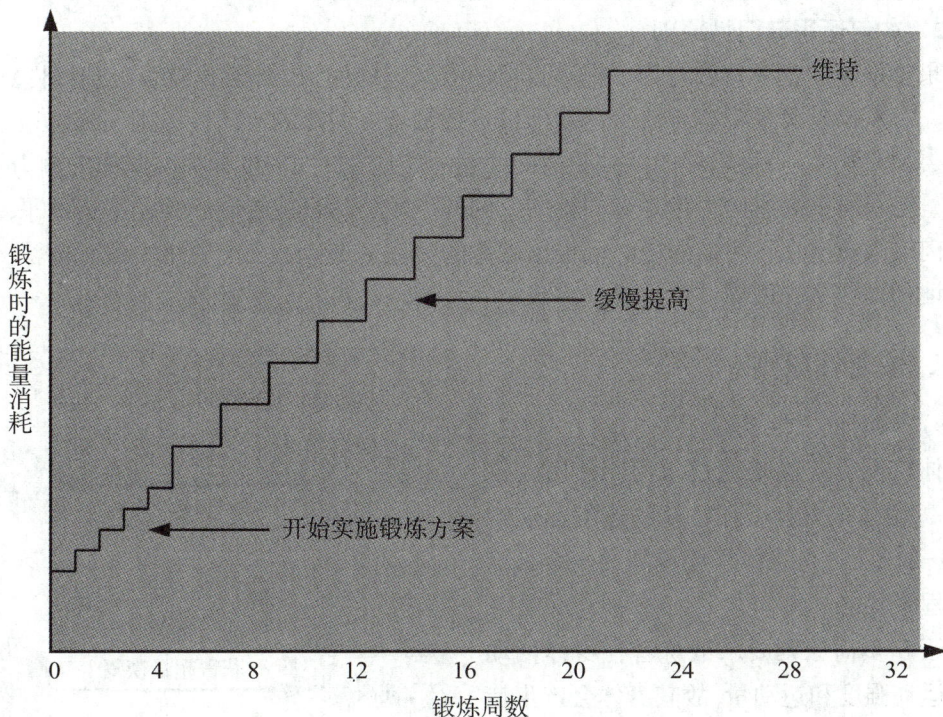

图3-2　在实施某个锻炼方案时负荷应逐步增加

长期的疲劳和损伤。由于运动量太大而引起的肌肉或关节损伤被称为过度锻炼损伤。锻炼引起的损伤可能是由一次短时间高强度的练习造成的，也可能是由一次长时间低强度的锻炼造成的。

（二）如何运用循序渐进原则

在体育锻炼期间，怎样的渐进速率是安全有效的呢？对这个问题不可能有明确的答案，因为每个人对锻炼负荷的忍受水平不尽相同。但是，有种叫做"百分之十规则"可指导锻炼者如何提高体能水平和避免过度锻炼损伤。这个规则的含义是：每周运动强度或持续时间的增加不能超过前一周的10%。例如，一个每天跑步20分钟的锻炼者，在下一周可将每天的跑步时间增加到22分钟。

当锻炼者到达他所希望的体能水平时，就无须再增加运动强度或持续时间。实际上，一旦达到所希望的体能水平后，以某种固定的负荷进行有规律的锻炼，就能保持这种体能水平。为维持某种体能水平而进行的锻炼被称为维持方案。但值得注意的是：体能的锻炼符合"用进废退"的规律，即当你到达所希望的体能水平时，如果停止锻炼，那么你的体能水平就会随时间的推移而回复到锻炼前的水平。

三、专门性原则

（一）何谓专门性原则

专门性原则是指锻炼时针对身体的某一部位或某一机能进行反复的练习。例如，经过10周的举重练习后，你的手臂肌肉力量加强。对某个特殊肌肉群的锻炼被称为神经肌肉专门化锻炼；对某个供能系统的锻炼被称为能量代谢专门化锻炼。

（二）如何运用专门性原则

如果你锻炼的主要目的是为了提高自己的有氧运动能力，那么你就可以选择慢跑、步行、自行车、有氧操以及远距离游泳等运动项目进行锻炼。锻炼的专门性原则同样也适用于肌肉的不同类型。例如，力量练习能增强肌肉的力量，但无法更大程度地提高肌肉的耐力水平，因此，力量练习对提高肌肉力量是专门性的。同样，耐力练习能提高肌肉的耐力水平，而不能改变肌肉的力量。在日常锻炼中，应根据锻炼的目标来选择适当的锻炼手段与方法，这样才能更好地帮助你实现锻炼目标。

四、恢复性原则

（一）何谓恢复性原则

人体机能的提高是通过负荷、疲劳、恢复、提高等这样一个循环往复的过程而实现的。图3-3说明的是人体机能提高的一个最简单的过程模式。

由于超负荷原则要求锻炼者在身体活动时增加运动强度和运动量，故其身体会产生疲劳。因此，要想从锻炼中获得最大收益，在下

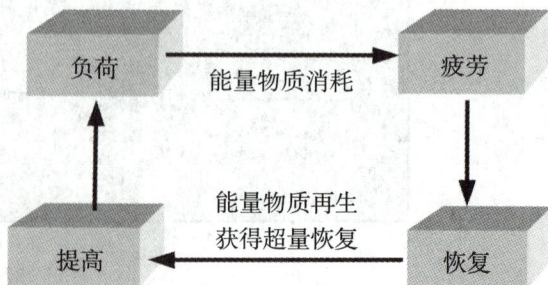

图3-3 人体机能提高的模式

一次锻炼之前必须注意休息，以使体力得以恢复。两次锻炼之间的休息阶段被称为恢复阶段（见图3-4）。

| 身体锻炼期 | → | 足够的休息时间段 | → | 身体锻炼期 |

图3-4　恢复性原则要求在两次锻炼之间有足够时间的休息

（二）如何运用恢复性原则

两次大运动量锻炼之间究竟要休息多少时间呢？对大多数人来说，休息一两天就足够了。如果两次大运动量锻炼之间得不到足够的休息时间，可能会引起过度锻炼的疲劳综合征。

过度锻炼是指在锻炼过程中的总负荷超过了锻炼者的机体所能正常承受的能力。那么，你如何判断自己是否过度锻炼了呢？一般的过度锻炼其表现是在锻炼后的第二天早上，锻炼者肌肉会酸痛僵硬或感到疲劳，有时这被称为"锻炼的延续效应"，这是一种常见的症状。严重的过度锻炼开始会产生一些心理症状，如注意力涣散、容易激动，而后又睡眠不好、夜间盗汗、食欲不振等。

缓解过度锻炼症状的方法是增加两次锻炼之间的休息时间和锻炼时降低运动强度。对于严重的过度锻炼者来说，还需要增加营养、接受理疗和按摩等，使机体得以恢复，否则会导致症状的进一步恶化。尽管运动量过大是引起过度锻炼症状的主要原因，但饮食不平衡也可能引起"锻炼的延续效应"（见营养框3-1）。

营养框3-1　营养与体能、健康的关系

饮食与锻炼的延续效应

饮食质量差会导致疲劳和过度锻炼吗？是的，如果饮食时不吃足够量的糖、脂肪、蛋白质、维生素和矿物质，就会引起慢性疲劳。食物中所含的糖类物质对从事有规律的体育锻炼的人特别重要，因为大运动量锻炼中糖类是主要的能量物质来源。饮食中糖类物质很低会导致肌肉中贮存的糖类耗尽，并产生长期的疲劳感。为了维持肌肉中的糖类贮存，这些营养成分应占饮食总能量的60%。

五、锻炼效果的可逆性原则

锻炼效果的可逆性是指由于停止锻炼而引起体能水平的下降。俗话说："用进废退。"尽管锻炼之间的休息对获得最大锻炼效果至关重要，但休息时间过长（几天或几周）则会降低体能水平，保持体能水平需要通过有规律的锻炼。

那么，如果停止锻炼，体能水平下降会有多快呢？对这一问题的回答取决于你涉及到的体能的哪一种成分，例如，当停止力量练习后，肌肉力量下降相对较慢。相比之下，当你停止耐力练习后，肌肉耐力水平的下降就较快（见图3-5）。研究表明，停止力量练习8周后，肌肉力量仅下降10%，但停止耐力练习8周后，肌肉耐力水平则下降30%～40%。

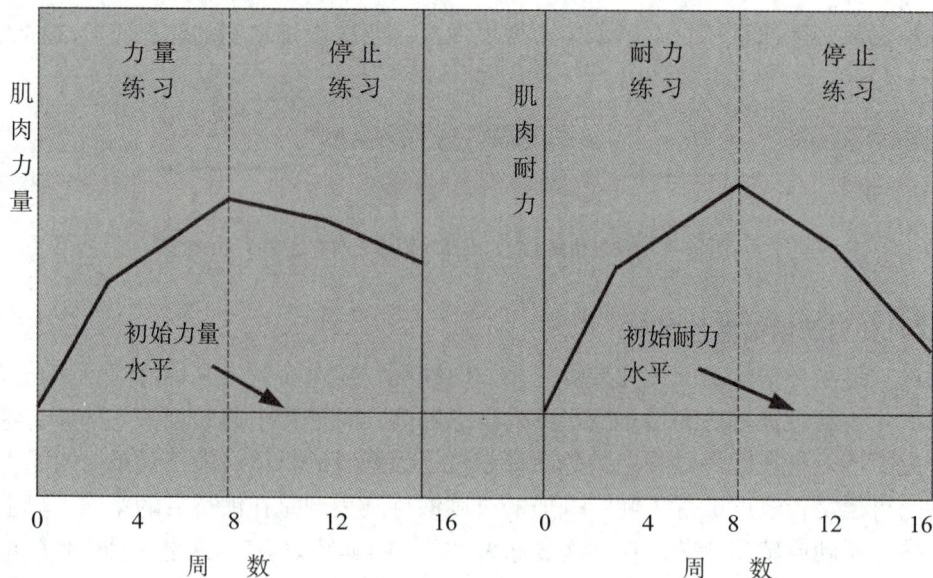

图3-5 停止锻炼后，肌肉力量和肌肉耐力的下降情况

六、大小运动量相结合原则

交叉采用大小运动量不仅能提高锻炼的效果，而且能降低身体受伤的可能。换言之，注意交叉采用大小运动量能使你从一种锻炼方案中获得最大收益。因此，你应该做到：（1）不要连续几天进行高强度运动。（2）高强度运动一周最多只能进行三次。（3）每周安排一次超强度运动，让身体尽全力活动。（4）了解自己身体状况，合理安排活动内容。

如果肌肉疼痛不断或疼痛加剧，应立即停止锻炼。另外，在进行大运动量锻炼时，因逐渐增加运动强度。

第二节 运动处方的制定

医生在每个病人求诊时只有对症下药，才能治愈病人的某种疾病。同样，对每一个锻炼者来说，应有一个合理的运动处方才能有效地提高自己的体能水平。运动处方应适合个体的需要。一份运动处方应包括锻炼目标、准备活动、锻炼模式和整理活动（见图3-6）。

一、运动处方的组成

（一）设置锻炼目标

确立短期和长期目标对设计一份运动处方十分重要，目标能促使你去实施某一个锻炼方案，而达到目标后又能进一步提高你的自信心，从而激励你终身从事有规律的体育锻炼。

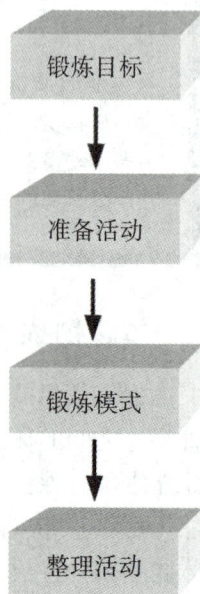

图3-6 运动处方的
组成部分

你可以为与健康有关的体能的各个成分设置锻炼目标。表3-1说明的是一个假设的例子，这个例子讲某人如何通过体能测试来判断他何时达到目标，然后在此基础上设置短期和长期目标。表中的"当前状况"栏是指这个人在开始执行锻炼方案前通过测试所获得的体能水平等级（详见第二章）。然后，他确立了一些短期目标，希望在锻炼的头8周内达到这些目标。值得注意的是，短期目标并非固定不变，它可以随个体的情况而进行调整。他的长期目标是希望在头18个月内达到的体能水平。同样，长期目标也可随个体的需要或环境变化而进行调整。

表 3-1　设置短期和长期锻炼目标

体能成分	当前状况	短期目标	长期目标
心肺功能	差	一般	极好
肌肉力量	差	一般	极好
肌肉耐力	很差	一般	好
柔韧性	差	一般	好
身体成分	高脂肪	较高脂肪	最佳

此外，你还要考虑设置一些坚持锻炼的目标，即设置保证每周专门有几天用来锻炼的目标。坚持锻炼的目标很重要，因为只有你有规律地锻炼，你的体能水平才能维持和提高。

在设置个人的锻炼目标时，请遵循以下几点建议：

1. 确立现实的目标　设置目标最重要的原则是目标必须是现实的，也就是说，要设置一些你能达到的锻炼目标，因为实现不了目标会使人灰心泄气。

你应设置短期和长期的目标。短期目标的实现能激励自己继续进行锻炼。因此，设置一些现实的短期目标很关键。当达到某个锻炼目标后，再设置一个新目标。而长期目标必须对你也是很现实的，长期目标的设置不要建立在其他人得分成绩的基础上。

除短期和长期目标外，还要考虑设置一个体能维持目标。维持目标有助于你终身坚持体育锻炼。

2. 用书面形式写出目标　你应该将设置好的目标写在纸上，然后，把这些目标置于你每天都能看得见的地方，这有助于提醒你目标尚未达到，还应继续努力。此外，应该对目标定期进行评估，如果需要的话，也可对目标进行调整。

3. 识别出达到目标的障碍　首先你应认识到锻炼目标的重要性，否则，你就不会对锻炼目标感兴趣。你在执行锻炼方案前，还应该认识到锻炼中碰到的各种困难均属正常现象，要时刻告诫自己不能打退堂鼓。坚持锻炼，必有收获。

然而，需注意的是，设置目标固然重要，但朝着目标所作出的努力则更加重要。

（二）重视准备活动

准备活动是在锻炼前进行的短暂的练习活动（5～15分钟）。准备活动的内容通常包括小运动量的健美体操、低强度的跑步或伸展性练习等。准备活动的目的是提高肌肉的温度，增加工作肌的血流量。准备活动还可降低大运动量锻炼对心脏的压力以及减小肌肉和肌腱受伤的可能性。

（三）选择锻炼模式

锻炼模式包括锻炼方式、频率、强度和持续时间。锻炼方式指个体从事某种专门性的身体练习活动。每一位想参加体育锻炼的人首先应选择一项适合于自己的运动项目作为锻炼的方式，例如，为了提高心肺功能适应水平，你可以从广泛的锻炼方式中去选择，如跑步、游泳或骑自行车。当你选择某种锻炼方式时应考虑的主要因素是：运动的适用性和受伤的危险性。

根据体育锻炼时施加在关节上的负荷量，可将身体运动划分为高冲击和低冲击两种。对关节施加负荷量大的运动叫高冲击运动，而对关节施加负荷量小的运动叫低冲击运动。由于高冲击的运动方式易使锻炼者受伤，所以许多体能专家建议，初学者或那些易受伤者（例如老年人或身体肥胖者）最好选择低冲击的运动方式。高冲击运动包括跑步、篮球以及节奏很快的有氧操等；低冲击运动包括散步、骑自行车、游泳及节奏较慢的有氧操等。

锻炼频率是指每周锻炼的次数。为提高与健康有关的体能水平，建议你每周锻炼3～5次。

运动强度指锻炼时人体承受的生理负荷量。运动强度应根据锻炼者所进行的不同运动类型来确定。例如，锻炼时心率增加与能量消耗成正比，因而在进行提高心肺功能的锻炼时，测量心率是判断运动强度的标准方法。尽管心率也可用来评价力量练习中的运动强度，但计算肌肉疲劳前练习的重复次数对于评价举重练习时的负荷量作用更大。例如，如果某一锻炼者在肌肉疲劳前仅能举起某一重量5～8次，这说明其进行的是高强度的举重练习。相比较而言，如果这一重量被举起20～30次肌肉都不感到疲劳，那么，说明锻炼者进行的是低强度举重练习。

肌肉伸展超过正常长度时，柔耐性水平就能得到提高。伸展强度是根据伸展练习中所感受到的紧张度以及不舒服度来测定的。低强度的伸展练习只能使锻炼者感到肌肉和肌腱有很小的紧张感或不舒适感。相比较而言，高强度的伸展练习会给伸展的肌群带来高度的紧张感或中等的不舒适感。

锻炼模式中的另一个重要组成部分是锻炼的持续时间，即用在主要锻炼内容上的总时间。锻炼持续时间不包括准备活动或整理活动花费的时间。研究表明，如果要有效地提高体能水平，每次锻炼至少需要20～30分钟（每周至少锻炼3次）。

（四）注意整理活动

整理活动是在主要锻炼阶段结束后立即进行的5～15分钟的低强度练习。例如，慢走可作为一次跑步锻炼的整理活动。整理活动能达到几个目的（见图3-7）：首先，整理活动可以使血液从肌肉返回心脏。锻炼时，大量的血液被运送到工作肌中，锻炼停止后，如果不能使沉积的血液重新分流，你就会感到头晕甚至昏倒。防止血液沉积的最好办法是对工作肌进行低强度练习。其次，尽管一次整理活动不能完全消

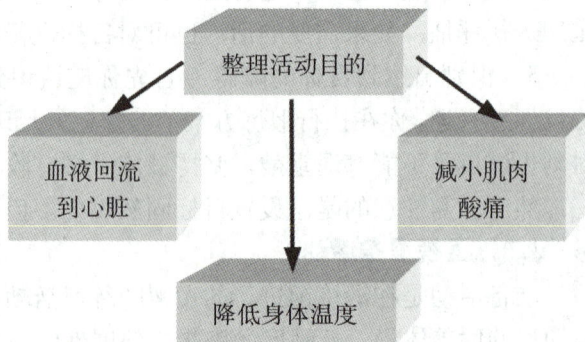

图3-7　整理活动的目的

除肌肉酸痛，但会减低因运动而引起的肌肉酸痛的程度。最后，整理活动有助于体温的逐渐降低。

二、强调因人而异

（一）锻炼方式因人而异

锻炼方式应根据个人的需要和目标来制定。尽管每个人锻炼时应用的基本原则相同，但没有两个完全相同的人。因此，选择锻炼方式时应考虑一些因素，如个体的健康、年龄、体能、骨骼肌和身体结构等状况。

（二）合理的运动量

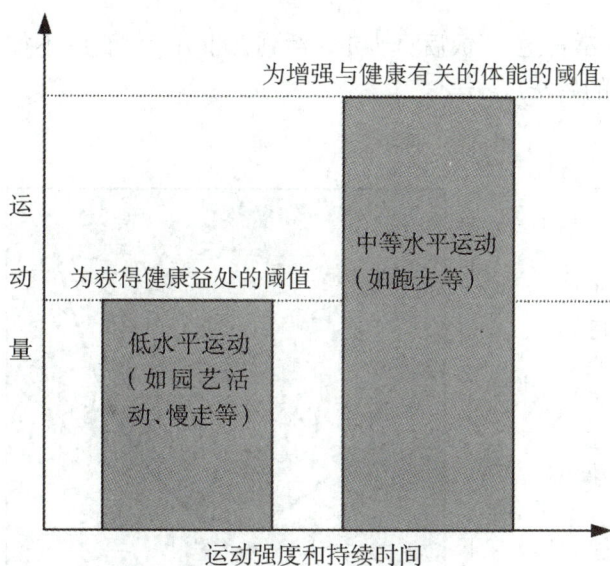

图3-8　从锻炼中获益的两个阈值：健康阈和锻炼阈

"运动量多大才够"是一个常被涉及到的问题，对这一问题的回答应根据你具体的锻炼目标而定。图3-8显示了两种不同的练习阈。为改善健康状况所需的最小运动量叫健康阈；为增强与健康有关的体能的最小运动量称为锻炼阈。近年来的研究表明，进行一些很低水平的身体活动（如园艺活动、做家务、慢走等）对健康也有益处。只要这些活动是有规律地进行而且持续相当长的时间（每周至少消耗2 000卡热量），你就能从中获益。例如，从事园艺活动9～12小时可能需要消耗2 000卡热量。然而，尽管低水平的身体活动可改善健康状况，但通常体能水平得不到提高。因此，要增强体能，你就需要逐渐加大运动量。但运动量过大除会导致身体受伤以外，还可能引起其他的疾病（见细节透视3-1）。

细节透视3-1

运动量过大会增加感冒的可能性

近年来的研究表明，剧烈的运动(即过度锻炼)会减低身体对疾病的免疫力。相对而言，小到中等运动量会提高免疫系统的功能，减少感染的可能性。体育锻炼与感冒之间的关系呈U型(见图3-9)。图3-9表明：中等强度的运动量会减小上呼吸道感染的可能性，而高强度或持续时间长的运动会增加这种感染的可能性。

第三节 简便易行的锻炼方法

　　体育锻炼的内容和方法形形色色、多种多样，且每位参加锻炼的人也有着不同的动机和目的。怎样选择适合自己的锻炼方法是一个必须考虑的问题。否则，体育锻炼不但不能增进健康，而且还可能有损于健康。本节将向你介绍一些常见的简易和有效的个人锻炼方法，仅供参考。

一、步行锻炼法

　　步行是体育锻炼中最简便易行的运动，常言道："饭后百步走，活到九十九"；"百练不如一走"，可见步行（也称散步）是古今长寿的妙法之一。

（一）步行锻炼意义

　　步行之所以能成为人们进行健康锻炼的良好手段，自然有着诸多的原因。首先，人们在不花额外费用的情况下，可以在任何时候、任何地方，与任何人一起进行活动。其次，步行是一项有趣的运动，它极易被各种年龄的人所接受并融入日常的生活安排中去。再者，步行锻炼虽然也存在技术的问题，但这些技术非常简单，极易掌握。最后，参加步行锻炼不需要什么特殊的装备，有一双穿着舒适的运动鞋即可。总之，这项运动普遍得到人们的喜爱。

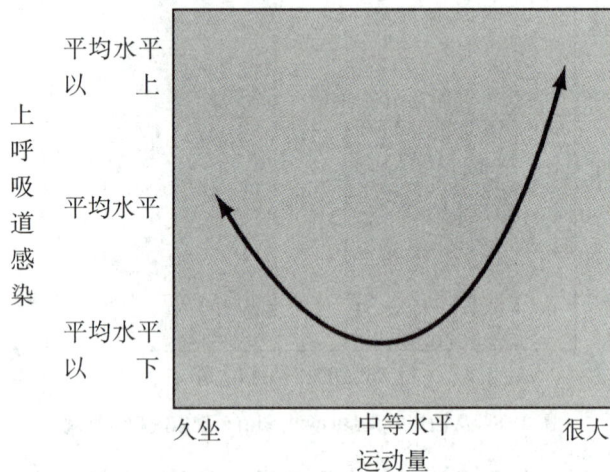

图3-9　U型曲线说明了运动量与感冒之间的关系

　　1. 以锻炼身体为目的

　　步行作为一种锻炼手段对身体会起到什么样的作用呢？对这个问题的回答取决于你希望得到什么，即你想维持健康还是保持体形。尽管步行不能像力量练习那样使你增大肌肉力量，也不能像登山或越野滑雪那样在短时期内显著地提高有氧工作能力，但你可以发现步行的神奇效果。例如：以100米/分左右的速度步行15分钟，其消耗的能量与以270米/分左右的速度骑自行车6分钟相当。若以更缓慢的80米/分左右的速度步行20分钟的话，其消耗的能量相当于以130米/分左右的速度骑行12分钟。由此可见，步行能消耗大量的能量物质，对增进健康有着积极的作用。步行在减肥过程中所起的重要作用已被许多研究所证明。以体重为56千克的男性为例，在微斜的坡路上以轻松的步伐行进45分钟将消耗540千卡热量。这比他以160米/分的速度跑同样的距离消耗更多的热量。平地上步行的作用也毫不逊色，若以100米/分的速度步行45分钟也可消耗260千卡左右的热量，比以160米/分的速度骑行45分钟消耗的热量更多。在女性人群中可以得到同样的结果，不过同样条件下其消耗的热量仅为男性的80%。

2. 以放松为目的

现代生活中，人们的工作非常忙碌，尤其是从事脑力劳动以后，许多人会感到精疲力竭。步行可以使你身心得到放松，从而缓解各种生活和工作的压力。对步行者的调查结果显示，绝大多数人都认为锻炼不仅给他们带来满足感，还使他们的思维更清晰，注意力更集中。

（二）步行的技术

和所有其他锻炼方式一样，所谓技术是最大限度发挥自身能力以及提高活动效果的方法。步行锻炼中的技术主要体现在步幅、摆臂、身体姿势和步速等方面。你尽可能地在步行中去注意技术的要领，但大可不必被其束缚或强迫自己做到每一点。但如果你想改进步行技术的话，请关注以下几个方面：

1. 步幅

步幅应自然而又舒适，步幅过大会降低你的动作协调性，并使机体过早地进入疲劳状态。踝关节以上的整个人体稍向前倾，在相对放松的情况下自然地确定你的步幅。

2. 摆臂

摆臂时肩关节要充分放松，肘关节弯屈90°左右为宜。如果很好地活动两臂而不是让它们在身体两侧随便晃动的话，步行可以成为名副其实的全身运动。摆臂的主要作用是保持运动中的身体平衡，锻炼肩部肌群，并促进血液循环，从而将氧送往身体的各个部分，以保证人体在运动中各种生理活动的正常进行。此外，摆臂与步频有着密切的关系，摆臂的速度越快，步频越快，速度也将越快。

3. 身体姿势

步行中的身体不能僵硬，头部和躯干应保持正直，小腹微收，快速行进时身体略向前倾。良好的身体姿势不但对步行有益，而且还有助于你在日常生活中体现挺拔的身体和自信的形象。

4. 步行速度

稳健而又轻快的步伐可以使步行的健身效果得到充分的发挥。对普通锻炼者来说，以80～110米/分的速度步行较为理想。如果以步频来推测步行速度，那么120步/分是比较合适的基础频率。当然，步行的速度最终还是由你的身体条件和兴趣爱好而定。

附表3-1（见本章的最后）为步行者提供了若干套的锻炼计划，可供初级、中级和高级等不同水平的锻炼者选用。每套计划历时20周，主要由步行距离、速度、运动强度和每周锻炼次数等内容构成。其中步行速度的指标是一个比较粗略的参数，常以运动强度衡量步行的速度是否适宜。表3-2是不同年龄的锻炼者达到不同运动强度时10秒钟的心率指数。

二、跑步锻炼法

跑步锻炼对任何人群都很适宜。从儿童到老人，无论是体力劳动者还是脑力劳动者，也无论什么性别或其所处的生活环境，只要穿上运动鞋跑起来，他或她就一定会体验到其中的乐趣。

（一）跑步的益处

绝大多数的人参加跑步的目的不外乎保持优美体形和健康这两大方面。跑步是一种有关肌群反复活动的全身性有氧运动。肌肉活动必须有能量的提供才能完成，跑步则消耗大量的能量物质。因此，利用跑步消耗体内过剩的热量有助于减少体脂和控制体重。

1. 跑步与热量消耗

跑步所消耗热量的多少主要取决于运动的强度和持续时间。以270米／分的速度跑30分钟所消耗的热量要比以135米／分的速度步行30分钟所消耗的热量多得多，虽然同样是活动30分钟，但跑步行进的距离成倍于步行。强度越大，消耗的热量也越多。但无论是慢步走还是快步跑，一个中等身材的人移动1千米消耗的热量一般在62～75千卡。有人也许会认为即使跑完42千米的马拉松，其消耗的热量仅为2 600～3 150千卡，而1千克脂肪的含热量有7 700千卡。换言之，跑一个马拉松所消耗的脂肪还不足0.5千克。这样的看法是不全面的，因为除了在运动过程中消耗大量的热量以外，在随后的恢复期内还要消耗相当多的热量。

2. 跑步有利于健康

参加跑步锻炼可以维持良好的身体机能。随着科技的发展，机械化和自动化程度会进一步提高，脑力劳动相对增加，而体力劳动却越来越少。身体活动的减少将使心肺功能下降，患心血管疾病的可能性增加。而跑步可以提高心肺功能，消除聚集在动脉管壁上的胆固醇。总之，跑步是每个人尤其是脑力劳动者预防疾病、保持健康的良好方法。

3. 跑步使你放松

研究表明，跑步有降低焦虑、缓解紧张、减轻抑郁等作用。跑步后人们往往体验到强烈的自我价值感和对生活的热爱。"跑步者高潮"便是这种体育锻炼产生愉快感的代名词。这种"高潮"从生理机制的研究中也得到了充分的验证：人体自身会释放一种名为内啡肽的类似吗啡的物质，跑步能增加内啡肽的分泌，使人在一定时间内减轻精神压力和痛苦。

表3-2 步行运动强度的指数

心率（10秒） 年龄	强度 60%	70%	80%
20～29	19～20	22～23	25～27
30～39	18～19	21～22	24～25
40～49	17～18	20～21	23～24
50～59	16～17	19～20	21～23
60＋	14～16	17～18	19～21

注：表3-2选自 Prentice,W.E. Fitness and Wellness for Life, 1999。

（二）跑步的技术要领

跑步对具有正常活动能力的人来说是一件非常容易的事，但并非谁都能跑得很好。由于没有完全一样的身体结构，也就不会有绝对相同的跑法。没有必要追求一种固定的模式，但必须重视那些对提高跑步的健身效果、减少运动损伤具有普遍指导意义的技术。

1. 步幅和脚的落地

跑步时步幅的大小取决于跑速，跑得越快则步幅相应越大。适宜的步幅便于两膝关节保留一定的弯曲，可以有效地缓冲来自地面对踝关节、膝关节和髋关节的冲击力，从而避免损伤的发生。

跑速不同，其脚掌接触地面的部位也不一样。全速疾跑时用前脚掌，脚跟不触及地面；中速奔跑时一般用全脚掌，主要以脚掌中部承受压力；长距离跑步时应使脚跟部首先接触地面，经脚底外侧部过渡到前掌大脚趾部后再做蹬地动作。长跑中最大的易犯错误往往是过多地使用前脚掌，而没有注意正确地使用足跟部位。

2．身体姿势

两肩放松，五指自然弯曲并空握拳，两肘弯曲约90°。身体稍向前倾，头部正直，两眼除偶尔观察地面情况外应注视前方。

3．摆臂

跑步时的摆臂有维持身体平衡和调节步频的作用。两臂不宜靠身体太近，前臂与地面接近水平，随步伐的节奏轻松地摆动。长跑时摆臂动作的幅度宜小不宜大，过大的摆臂会引起躯干的转动并延长动作时间，导致疲劳的产生和能量的浪费。

4．呼吸

跑步中如何进行呼吸是一个需要注意的问题。如果摄取的氧不能满足肌肉工作的需要，那么，身体活动将不能长时间地进行。像50米、100米这样的短距离跑，其能量来源是无氧供能，练习者在整个跑动过程中很少呼吸甚至根本不呼吸。长跑则不然，只有源源不断地向工作肌供氧，才能使这种有氧运动持续下去。

跑步时的呼吸一般以腹式呼吸为主。与呼吸深度大、空气较多通过口腔进入的胸式呼吸不同，腹式呼吸往往是通过鼻腔进行较浅的呼吸，这样的呼吸方式对长距离跑更为有利。采用腹式呼吸还能有效防止肋部疼痛。迄今为止，对引起肋部疼痛的原因尚无明确的定论，但胸式呼吸造成膈肌缺血缺氧而引发疼痛是最有力的解释。

中长跑的呼吸应和步频协调配合，一般是每两三步一呼，每两三步一吸，有节奏地进行。跑步过程中如将注意力更多地集中于呼吸运动则有助于进入"忘我"的境界，可减轻身体不适感，并使各机能之间更加协调。

5．跑步锻炼计划的制定

每个人必须根据自己的具体情况来制订循序渐进地增加练习时间和强度的锻炼计划。

运动强度的大小一般可通过心率指标来确定。首先测得每分钟的心率，然后计算出与最高心率相对应的百分数。小强度为最高心率的60%～65%，中等强度为70%～75%，大强度为80%～85%。最高心率 = 220 - 年龄。表3-3是普通大学生或同龄人不同锻炼水平在跑步的距离和强度等方面的指标。附表3-2是一个15周的锻炼计划，仅供锻炼者参考。

表3-3 大学生及同龄人的适宜运动强度

锻炼水平	跑步距离 （千米）		跑步速度 （千米/小时）		运动强度 （%最大心率）	
初 级	2.7	3.2	8.0	9.6	60	65
中 级	3.7	4.3	11.2	12.8	70	75
高 级	4.8	5.3	14.4	16.0	80	85

注： 表3-3选自 Prentice,W.E. Fitness and Wellness for Life, 1999。

6．跑步的负效应

如果不注意正确地进行跑步锻炼，本应对身心健康有益的运动也可能有损于健康。由于腿和脚不断接受来自地面的反作用力，锻炼不当也会因过度负荷而引起肌肉、肌腱、韧带甚至下肢骨的急慢性损伤。因此，在做到量力而行、循序渐进的同时还应注意按照正确的技术进行锻炼。另外，选择一双合适的运动鞋也很重要。

三、游泳锻炼法

（一）游泳的作用

游泳的锻炼价值与跑步有很大的相似之处，两者的主要不同是游泳以手臂和腿的运动推动人体在水中前进的同时，还必须花费一定的能量使身体免于下沉。因此，在水中游与跑步同样的距离，其消耗的能量是跑步的四倍之多。人体通过克服来自前进中的阻力获得对肌肉力量和耐力的锻炼。由于水的浮力减轻了人体承重关节的负荷，水的良好导热性又帮助锻炼者散发运动时产生的热量，因此，游泳锻炼虽然消耗的能量较多，但心率却相对处于较低的水平，是一种更为安全的健身方法。

值得一提的是，当下肢受伤而不能进行其他方式的锻炼时，以游泳作为替代练习能使心肺机能得到维持，伤愈后即可投入其他方式正常的锻炼。

（二）游泳的装备

一套泳装是参加游泳锻炼的基本装备，如果能戴上游泳镜则更好，可以避免水中氯化物对眼睛的刺激。目前，进行游泳锻炼的最大障碍是缺乏足够的游泳池，冬天可供利用的室内温水游泳池更是凤毛麟角。

（三）游泳的技术要领

几乎人人都可以不必进行专门的训练就能外出跑上一阵，但并不是谁跳进游泳池都会游上一段的。游泳技术必须经过专门学习才能掌握，也只有当基本技术掌握以后游泳的价值才能得到体现。游泳的姿势有若干种，这里就自由泳作一个简单的介绍，其他的游泳姿势可参见有关的书籍。

1．入水

手掌出水后，肘关节弯曲约90°并高于手，手掌向外旋转，拇指向下掌心向外，主动伸向正前方约30厘米处，斜插入水。

2．用力

入水后掌心转向身体中线，屈腕屈肘形成前臂和手掌向后划水。前臂用力向后"拉水"至肩下方，手臂继续向后"推水"至大腿两侧。从"拉水"到"推水"应是连贯地加速完成。

3．出水和移臂

划水结束后，身体沿纵轴向右转动，以肘关节领先迅速将臂提出水面，此时前臂和手掌应尽量放松。臂在空中前移的动作是手臂出水的继续，移臂的动作应连贯自如。还要保持流线型的身体姿势并注意和另一臂动作协调配合。

4．打水

两腿自然伸直，两脚稍向内扣，踝关节放松，以髋关节为起始点，以大腿发力带动小腿和脚做鞭打动作。两脚分开距离为30～40厘米，打水深度以脚跟刚触及水面为宜。

5. 呼吸

自由泳的呼吸动作应有节奏地进行。一般是两臂各划一次做一次呼吸。以右侧呼吸为例，右手入水后，口鼻开始逐渐呼气并同时向右转头，右臂划水结束提肘出水时迅速将口转出水面，快速呼出余气并立即吸气。右臂前移过肩时停止吸气并闭气将头转正，右臂随之前移入水。

四、跳绳锻炼法

（一）跳绳的作用

坚持跳绳锻炼能提高心血管系统和呼吸系统的功能，提高肌肉长时间工作的能力。不仅普通人可以通过跳绳来锻炼身体，就连对心肺功能和肌肉耐力要求极高的拳击运动员们都常将跳绳作为身体练习的重要手段。此外，跳绳对速度、灵敏、协调等体能成分也有较高的要求，锻炼同样会使这些体能得到增强。对肥胖的人来说，很难找到比跳绳更好的减肥方法。你完全可以寻找一处不为人见的小小空间进行跳绳练习，从而实现控制体重的愿望。

（二）跳绳的装备

跳绳的绳子可由许多不同的材料制成，有的绳子两端带有木制或塑料的手柄。没有手柄的绳子可在两端打上结，这样使用起来比较方便。长度一般以脚踩绳子中央，两手握绳分别至两侧腋下为宜。跳绳时应穿比较紧身的运动服和富有弹性的运动鞋，这样可以防止因服装过于宽松而妨碍活动或因鞋子不能有效缓冲外力而引起脚部损伤。

（三）跳绳的技术

两手轻握绳子两端，肘关节微屈并紧靠身体两侧。两手稍外展，手与身体保持一定距离。跳绳时，以前臂和手做圆周形的绕环动作并带动绳子做相同的运动。趁前脚掌蹬地使人体腾起之际使绳子由脚下通过，这样算完成一次跳绳动作。向上跳起不必太高，以能够让绳子通过脚下即可。应充分利用手腕的力量来加大绳子的运动速度。

跳绳是一种比较剧烈的运动，应根据自己的身体状况制订切实可行的计划和目标。计划的实施也应根据具体情况灵活运用。并且，通过系统锻炼后，逐渐延长跳绳的持续时间以及增加跳绳的次数。

五、有氧操锻炼法

崛起于20世纪80年代，至今常盛不衰的有氧操，以其特有的魅力及良好的健身价值受到人们的青睐。有氧操是一种以锻炼身体为目的，以徒手运动为基础，结合舞蹈动作并在音乐伴奏下所进行的健身活动。无论男女老少都可根据自己的年龄特点、体能状况和锻炼目的等，选择或自编有氧操进行锻炼。

有氧操是一种充满活力的体育锻炼方法，在提高心血管系统和呼吸系统工作能力方面具有明显作用。通过有氧操锻炼可以使你的体重得到有效的控制，而良好的体能和健美的身材使人增强自信。另外，有氧操练习中体验到的轻松和快乐还能减轻精神上的烦恼和痛苦，使情绪得到改善。

有氧操为人们提供了一种既经济又实用的体育锻炼手段。一般的有氧操不需要什么特殊的装备，只要在服装方面稍加注意即可。着装以舒适和便于活动为原则，包括紧身衣、中短裤、T恤衫和软底鞋。人们可以通过参加学校或社会办的健美班、体育俱乐部、休闲活动中心等进行有氧操锻炼，也可以在家中跟着电视中的有氧操节目一起做或一边看录像一边进行有氧操锻炼。

（一）高冲击和低冲击有氧操

有氧操一般可分为高冲击和低冲击两类，其中以高冲击有氧操更为常见。高冲击有氧操主要由各种跑和跳组合而成，因反复地接受来自坚硬地面的反冲力，下肢骨和肌肉较易受伤。低冲击有氧操则不同，它以轻松的步伐变换和身体不同部分合理的运动组合贯穿始终，有效地缓解来自地面的外力，最大限度地避免下肢因局部过度负荷而引起的损伤。为了使心率达到理想的水平，低冲击有氧操相应增强了上肢的活动。当然，两臂的活动要根据步伐和躯体的运动协调控制，即不可随心所欲地胡挥乱舞。低冲击并非意味着低强度，与高冲击有氧操一样，低冲击有氧操通过提高心率水平并保持一定的时间，使心肺功能得到锻炼。这种方法更适用于初学者、肥胖者、慢性运动损伤患者、孕妇及高龄人群等。

（二）水中有氧操

越来越多的有氧操指导者提倡在水中进行有氧操锻炼。水的浮力可以减轻身体承重部分的负荷，减少运动对这些部分的震动。那些原先在陆上练习时紧张工作的肌肉在水中运动时可以得到很好的休息。因此，水中有氧操对运动损伤的恢复所具有的积极作用已得到广泛的重视，是有氧操锻炼中最安全的一种。

（三）踏板有氧操(见图 3-10)

顾名思义，这种练习的主要器材是由踏板组成。将踏板做成长宽适宜，每块高 4～8 厘米，相互可以叠加的扁平箱。表面能以防滑橡胶等柔性物质包裹则更好。踏板有氧操适合于各种不同年龄层次的人进行锻炼，其特点是运动强度的调整比较容易，即通过增减踏板的数量对高度进行调整以达到某一运动强度。以下是踏板有氧操练习的要点和建议：

1. 练习中必须保持抬头挺胸、上体稍前倾的躯体姿势，但上体前倾不能过度，否则易引起腰背不适。
2. 根据身高调整踏板的高度，以膝关节角度大于90°为宜。
3. 前脚踏步上板应以全脚掌接触板面。
4. 后脚应柔缓地着地，落地点离板不宜过远。
5. 注意前脚蹬板的方向。
6. 要穿比较结实的鞋子，以鞋底柔软而富有弹性、鞋帮稍高为佳。

（四）负重下的有氧操锻炼

手持轻器械或在手腕处戴上专用的负重物进行各种形式的有氧操练习。两臂在负重条件下进行摆动和上下运动，这加大了运

图 3-10　踏板有氧操

动的强度，比徒手练习消耗更多的能量。然而负重进行有氧操练习会使收缩压和舒张压进一步增高，故心脏病和高血压患者不宜采用。为避免引起肩部疼痛，应将负重物的运动幅度控制在肩水平以下。

（五）有氧操锻炼注意事项

初次参加体育锻炼或有身体疾患的人，在开始进行有氧操练习前，应咨询一下专业人员，以确定自己锻炼的起始点。为确保安全，过度肥胖或有心脏病家族史的人应征得医生认可或经耐受能力测试后方可开始练习。锻炼中要定时测定心率，旨在了解心率的变化是否在限度以内。正式活动开始前的准备活动不容忽视。强度和难度的安排应做到从小到大、由易到难逐渐过渡。正式练习后应进行放松整理活动。

六、自行车锻炼法

在发达国家，自行车锻炼是又一种受到人们广泛喜爱、老少皆宜的有氧运动。我国虽然是世界上首屈一指的自行车大国，有着自行车锻炼的巨大潜力，但目前主要还处于用作代步工具阶段。随着社会的发展和人民生活水平的提高，自行车作为一种身体锻炼的手段必将被大家所接受。

有如跑步和游泳，自行车锻炼能使人体在生理上产生理想的应答反应。通过锻炼能有效地增强肌肉力量，提高机体的耐久力并使体重得到控制。另外，在有关健康的研究中，几乎没有因自行车锻炼的过度负荷而导致运动损伤的报道。因此，自行车锻炼不仅可以成为人们日常进行体育锻炼的良好手段，还能在受伤后的康复期内作为保持身体活动能力的有效替代练习。

自行车的品种繁多，功能各异。有作为交通工具的普通自行车、骑车旅行的越野自行车、适合穿山越岭的山地自行车，还有各种竞赛用的自行车等，无论哪种车都可以用来进行身体的锻炼。在野外骑自行车锻炼时必须把安全问题放在第一位，除了考虑气候条件、地理环境和交通状况等安全因素以外，为了最低限度地减少突发事件造成的伤害，建议外出进行自行车锻炼时戴上自行车专用头盔。选择了自己喜欢的自行车以后还要注意日常的维护和保养，经常检查行走系统和刹车的状态是否完好以确保用车安全。自行车坐垫的高低与锻炼质量有直接的关系，调整坐垫高度的方法是以骑行姿势坐在自行车上，当踏脚板绕至离地面最近时膝关节稍屈大约10°为宜，膝关节弯曲过多会引起大腿前肌肉群的酸痛而影响骑行距离和持续时间。

为了消除室外自行车锻炼的不安全因素，同时又能获得自行车锻炼对提高心肺功能的良好作用，固定式自行车练习器被发明并得到普及。在室内练习虽然没有优美的风景与你陪伴，但一边锻炼一边欣赏音乐、看电视等也可以使枯燥的锻炼变得趣味盎然、其乐无穷。

小　结

1. 为提高体能水平，身体或肌肉在运动时必须承受超过平常状态的负荷。
2. 循序渐进原则指在实施体能方案过程中应逐渐增加负荷。

3. 恢复性原则是指在两次锻炼之间需要有休息时间来恢复体能。

4. 锻炼效果的可逆性是指由于停止锻炼而引起体能水平的下降。

5. 运动处方包括锻炼目标、准备活动、锻炼模式和整理活动等组成部分。

6. 运动处方的制定应考虑到个体的年龄、健康、体能、骨骼肌以及身体结构等情况。

7. 为改善健康状况所需的最小运动量叫健康阈；为增强与健康有关的体能所需的最小运动量叫锻炼阈。

8. 体育锻炼的方法有多种，本章着重介绍了步行、跑步、游泳、跳绳、有氧操和骑自行车等六种简便有效的锻炼方法，你可以根据自己的目的、需要、体能和健康状况等选用其中的1～2项。

思 考 题

一、当实施一项体育锻炼方案时，你如何贯彻增强体能的原则？

二、制定运动处方为何要因人而异？

附表 3-1

步行锻炼计划

计 划（一）

周　　次	1~2	3~4	5	6	7~8	9	10	11	12~13	14	15~16	17~18	19~20
步行距离（千米）	1.5	2.0	2.5	2.5	3.0	3.2	3.2	3.2	3.5	4.0	4.0	4.5	5.0
步行速度（千米/小时）	5.0	5.0	5.0	5.5	5.5	5.5	6.0	6.0	6.0	6.0	6.0	6.5	6.5
运动强度（%最大心率）	60	60	60	60~70	60~70	60~70	60~70	70	70	70	70	70~80	70~80

计 划（二）

周　　次	1~2	3~4	5~6	7	8~9	10~12	13	14	15~16	17~18	19~20
步行距离（千米）	2.5	3.0	3.2	3.2	3.5	4.0	4.5	4.5	5.0	5.3	5.6
步行速度（千米/小时）	5.0	5.0	5.0	5.5	5.5	5.5	5.5	6.5	6.5	6.5	6.5
运动强度（%最大心率）	60~70	60~70	60~70	70	70	70	70	70~80	70~80	70~80	70~80

计 划 （三）

周 次	1	2	3~4	5	6~8	9~10	11~12	13~14	15	16~17	18~20
步行距离（千米）	3.2	3.5	4.0	4.5	4.5	5.0	5.0	5.3	5.6	5.6	6.5
步行速度（千米/小时）	5.0	5.0	5.0	5.0	5.5	5.5	6.5	6.5	6.5	7.2	7.2
运动强度（%最大心率）	70	70	70	70	70	70	70~80	70~80	70~80	70~80	70~80

计 划 （四）

周 次	1	2	3~4	5	6	7	8	9~10	11~14	15~20
步行距离（千米）	4	4.5	5.0	5.3	5.3	5.6	6.0	6.5	6.5	6.5
步行速度（千米/小时）	5.5	5.5	5.5	5.5	6.5	6.5	6.5	6.5	7.2	7.2
运动强度（%最大心率）	70	70	70	70	70~80	70~80	70~80	70~80	70~80	70~80

计 划 （五）

周 次	1	2	3	4	5	6	7~20
步行距离（千米）	5.0	5.3	5.6	5.6	6.0	6.5	6.5
步行速度（千米/小时）	6.5	6.5	6.5	7.2	7.2	7.2	7.2
运动强度（%最大心率）	70	70	70	70~80	70~80	70~80	70~80

注：附表 3-1 选自 Greenberg, J.S., et al. Physical Fitness and Wellness,1999。

附表 3-2

渐进跑步锻炼计划

周 次	准备活动	锻炼内容	整理运动	练习时间（分）
1	伸展运动及柔韧活动5分钟	快速步行10分钟，途中尽量不停	慢步行走3分钟，伸展运动2分钟	20
2	伸展运动及柔韧活动5分钟	快速步行5分钟～慢跑1分钟～重复一轮	慢步行走3分钟，伸展运动2分钟	22
3	伸展运动及柔韧活动5分钟	快速步行5分钟～慢跑3分钟～重复一轮	慢步行走3分钟，伸展运动2分钟	26
4	伸展运动及柔韧活动5分钟	快速步行4分钟～慢跑5分钟～重复一轮	慢步行走3分钟，伸展运动2分钟	28
5	伸展运动及柔韧活动5分钟	快速步行4分钟～慢跑5分钟～重复一轮	慢步行走3分钟，伸展运动2分钟	28
6	伸展运动及柔韧活动5分钟	快速步行4分钟～慢跑6分钟～重复一轮	慢步行走3分钟，伸展运动2分钟	30
7	伸展运动及柔韧活动5分钟	快速步行4分钟～慢跑7分钟～重复一轮	慢步行走3分钟，伸展运动2分钟	32
8	伸展运动及柔韧活动5分钟	快速步行4分钟～慢跑8分钟～重复一轮	慢步行走3分钟，伸展运动2分钟	34
9	伸展运动及柔韧活动5分钟	快速步行4分钟～慢跑9分钟～重复一轮	慢步行走3分钟，伸展运动2分钟	36
10	伸展运动及柔韧活动5分钟	快速步行4分钟～慢跑13分钟	慢步行走3分钟，伸展运动2分钟	27
11	伸展运动及柔韧活动5分钟	快速步行4分钟～慢跑15分钟	慢步行走3分钟，伸展运动2分钟	29
12	伸展运动及柔韧活动5分钟	慢速步行4分钟～慢跑17分钟	慢步行走3分钟，伸展运动2分钟	31
13	伸展运动及柔韧活动5分钟	步行2分钟～缓慢跑2分钟～慢跑17分钟	慢步行走3分钟，伸展运动2分钟	31
14	伸展运动及柔韧活动5分钟	步行1分钟～缓慢跑3分钟～慢跑17分钟	慢步行走3分钟，伸展运动2分钟	31
15	伸展运动及柔韧活动5分钟	缓慢跑3分钟～慢跑17分钟	慢步行走3分钟，伸展运动2分钟	30

注：附表3-2选自 Greenberg, J.S., et al. Physical Fitness and Wellness,1999。

第二篇 体育锻炼与体能

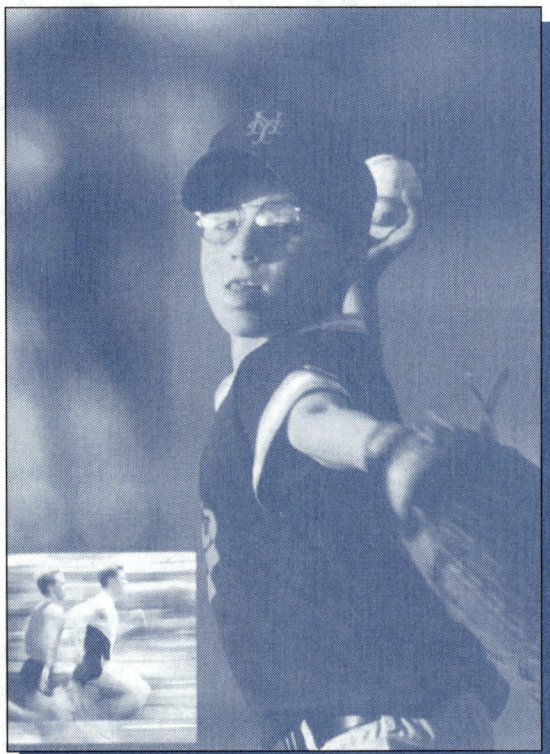

摘自:《体育世界》(2000，光盘)，日本富尔特科技股份有限公司

通过第一章的学习，你已经知道什么是与健康有关的体能。那么，如何通过有效的锻炼手段和方法去发展这些体能呢？本篇的第四章、第五章、第六章将分别详细阐述提高心肺功能适应能力、肌肉力量和耐力、柔韧性等体能成分的练习方法和运动处方。要说明的是，关于身体成分这一与健康有关的体能成分将放在第八章中进行讨论，因为身体成分也与饮食状况紧密相关。

相信你通过本篇有关内容的学习，并在不断实践的过程中加以应用，你的各种体能会得到加强，你的健康水平也会随之提高。

第四章 体育锻炼与心肺功能适应能力

学习目标

当学完这一章后，你应该能够解释以下的关键概念和重要问题

关键概念

- 耐力练习
- 无氧供能
- 有氧供能
- 心肺系统
- 血压
- 心率
- 最大摄氧量
- 目标心率

重要问题

- 体育锻炼时的两种供能系统
- 体育锻炼时心肺系统功能的变化
- 心肺功能适应的意义
- 提高心肺功能适应水平的运动处方
- 耐力练习的益处
- 提高心肺功能适应水平的有效耐力练习方法
- 个人运动处方的制订

　　耐力练习通常指以提高心肺功能适应水平为目的的低强度体育锻炼方法（如跑步、步行、骑自行车、游泳等）。研究表明，耐力练习能有效控制体重，降低患心血管疾病的危险性。运动生理学家认为，心肺功能适应能力是与健康密切相关的最重要生理指标之一。

本章主要讨论体育锻炼时的能量供应，体育锻炼时心肺功能的变化，提高心肺功能适应能力的运动处方，以及耐力练习对心肺功能适应能力的作用等问题。

第一节　体育锻炼时的能量供应

体育锻炼时所需的能量来自营养物质的化学能。但营养物质不能直接为细胞提供能量，它储存的能量必须经过释放转变成含有高能磷酸键的化合物，后者释放的能量才能被细胞利用。在体内只有三磷酸腺苷（ATP）可以作为肌肉收缩的直接能源。ATP的含量很少，依靠肌肉的ATP做功只能维持1秒钟左右，因此只有不停地合成ATP才能满足肌肉收缩的需要。在体内有两种系统可以合成ATP，一种是在无氧条件下产生ATP，称作无氧供能系统；另一种需要氧的参与，称作有氧供能系统。

一、无氧供能

无氧供能包括在无氧或氧供应不足情况下高能磷酸化合物（ATP和磷酸肌酸）分解供能及糖酵解供能，前者称非乳酸能，后者称乳酸能。

非乳酸供能是指运动开始时，所有能量都由ATP和磷酸肌酸（CP）供给的。ATP和CP的分解不需要氧也不产生乳酸。磷酸肌酸是由肌酸合成的高能磷酸化合物（关于肌酸的作用见营养框4-1），存在于肌浆中，含量是ATP的数倍，CP在酶的作用下可迅速分解，使ADP（二磷酸腺苷）合成ATP。非乳酸供能是短时间、大强度运动的主要供能方式。

营养框4-1　营养与体能、健康的关系

服用肌酸可以增强运动能力吗？

最近，许多运动员都服用肌酸来增加肌肉体积和耐力。体内可以合成肌酸，肉类食物中也含有肌酸，肌酸贮存在骨骼肌内并且大多与磷酸基团合成磷酸肌酸。磷酸肌酸可在短时间、大强度运动中合成ATP，它的耗竭可导致运动性疲劳。服用肌酸可以增加肌肉磷酸肌酸的含量，提高重复性大强度、短时间的运动能力，有些运动员也声称可以使得肌肉更发达。虽然服用肌酸时体重增加，但这可能是由于伴随肌酸贮量的增多，体内水分也增加的缘故。研究表明，补充肌酸可以延缓重复性短时间、大强度运动时的疲劳，但并不能增加肌肉体积，即使长期服用，效果也不明显。

乳酸供能是指由肌糖原或葡萄糖分解为乳酸时放出的能量，此能量由二磷酸腺苷（ADP）接受，合成ATP。乳酸供能产生乳酸，乳酸的积累可导致疲劳。乳酸供能是速度耐力等体能的基础，人在从事时间较长、运动强度较大的身体活动时，乳酸供能比例较大。

二、有氧供能

在氧供应充足条件下，糖类（葡萄糖或肌糖原）和脂肪被氧化成二氧化碳和水，并释放出大量能量，这一过程称为有氧供能。有氧供能释放出大量能量，供 ADP 再合成 ATP。除糖类和脂肪可氧化供能外，蛋白质也可氧化供能，但比例较小。运动初期糖是主要的供能物质，随着时间的延长，脂肪供能比例增加，蛋白质也将参与供能。有氧供能是耐力运动的基础。

　　无氧供能和有氧供能是人体在不同运动强度下，根据需氧量的不同，所表现出的两种供

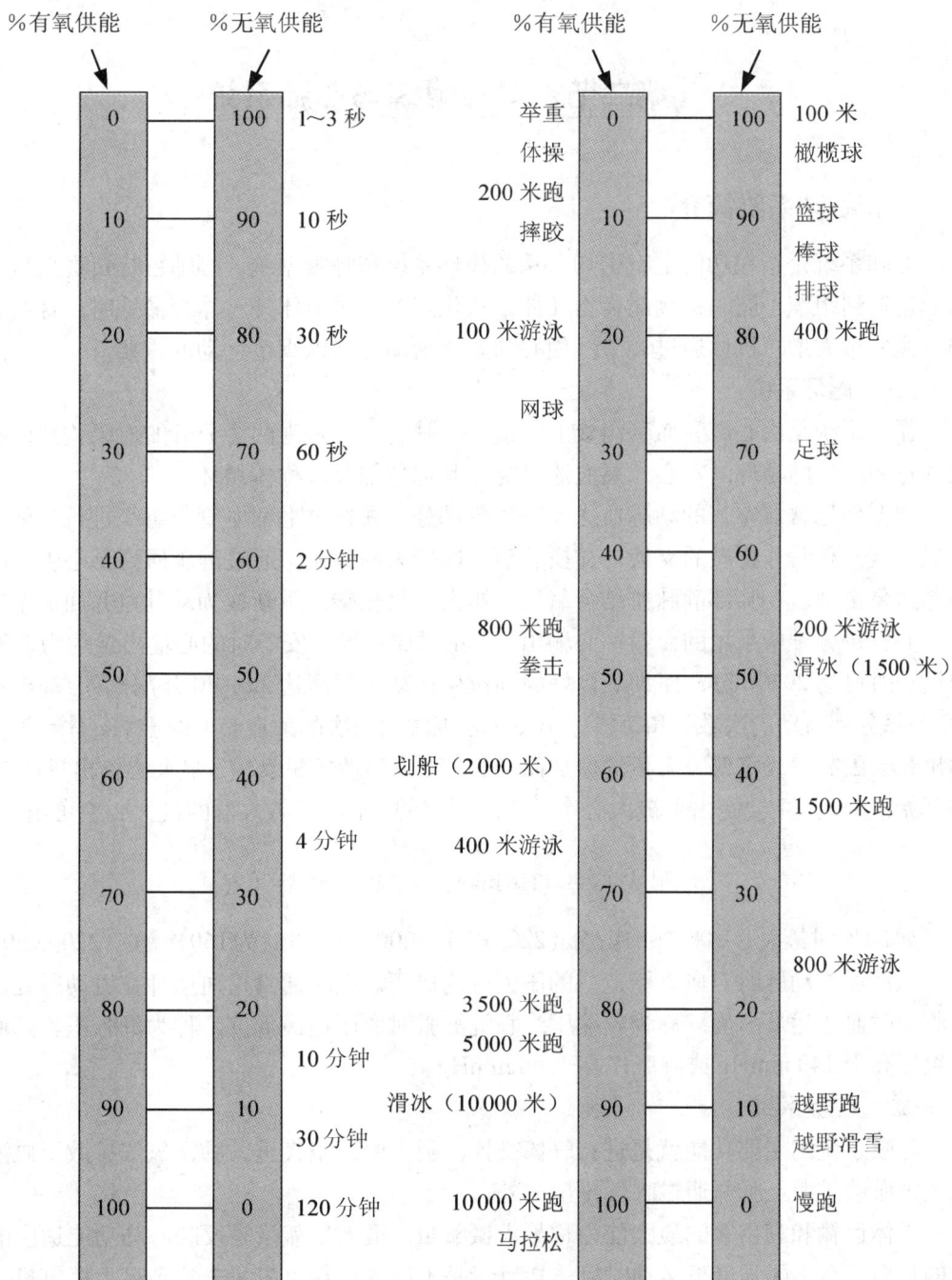

%有氧供能	%无氧供能		%有氧供能	%无氧供能	
0	100	1~3 秒	0	100	100 米 橄榄球
10	90	10 秒	举重 体操 200 米跑 摔跤		
			10	90	篮球 棒球 排球
20	80	30 秒	100 米游泳		
			20	80	400 米跑
			网球		
30	70	60 秒	30	70	足球
40	60	2 分钟	40	60	
			800 米跑 拳击		200 米游泳
50	50		50	50	滑冰（1 500 米）
60	40	划船（2 000 米）	60	40	1 500 米跑
		4 分钟 400 米游泳			
70	30		70	30	
					800 米游泳
80	20	3 500 米跑 5 000 米跑	80	20	
		10 分钟			
90	10	滑冰（10 000 米） 30 分钟	90	10	越野跑 越野滑雪
100	0	120 分钟	100	0	慢跑

图 4-1　不同时间和不同运动项目有氧供能与无氧供能的比例

注：图 4-1 选自 Powers, S.K. Total Fitness, 1999。

能方式，两者紧密相连，不可分割，只是比例有所不同而已。如持续10秒以内的最大强度运动几乎完全依靠无氧供能；持续几十分钟甚至几小时的运动，有氧供能占主导地位；而在800米跑中，有氧供能和无氧供能的比例相差不大。不同时间和不同运动项目有氧供能和无氧供能的比例见上页图4-1。

第二节 体育锻炼与心肺系统

一、心肺系统简介

心肺系统是指在功能上有密切联系的循环系统和呼吸系统。心肺系统负责把氧气和营养物质运输到组织，同时把代谢废物（如二氧化碳等）排出体外。体育锻炼时，骨骼肌代谢增强，需氧量大增，机体通过调节，使心肺系统活动加强以满足运动的需要。

（一）循环系统

循环系统是由心脏和血管组成的管道。心脏实际上是由两个分开的血泵构成：右心，泵血通过肺，称肺循环；左心，泵血通过身体其他各部分，称体循环。

体循环把含氧丰富的动脉血送至身体各部分，并通过毛细血管与组织进行气体（氧气和二氧化碳）和营养物质的交换，交换后动脉血变为静脉血，通过静脉回流至心脏。肺循环把静脉血泵至肺，在肺部静脉血结合氧气，排出二氧化碳，重新成为动脉血并回流至左心。

心脏每分钟所泵出的血量称心输出量，正常成年男子安静时的心输出量约为5升/分，剧烈运动时可达20升/分，而训练良好的马拉松运动员可高达35～40升/分。心输出量受心率（心脏每分钟跳动的次数）和每搏输出量（心脏收缩一次的射血量）的影响。体育锻炼时，心输出量会因心率或每搏输出量的增加而增加。无论男性还是女性，最大心输出量在20岁以后都开始下降，这主要是由于最大心率的下降引起的，不同年龄人群的最大心率可由下式获得：

$$最大心率（HRmax）= 220 - 年龄（岁）$$

如20岁时最大心率为200次/分（220 - 20 = 200），60岁时为160次/分（220 - 60 = 160）。

血液通过动脉时对血管壁造成的压力称为血压。血压通常用血压计在肱动脉处测量。心脏收缩时血压达最高值，称为收缩压；心脏舒张时血压达最低值，称为舒张压。高血压是指收缩压高于140 mmHg或舒张压高于90 mmHg。

（二）呼吸系统

呼吸系统的主要功能就是进行气体交换，吸气时，空气进入肺，氧气扩散至血液，二氧化碳由血液扩散至肺并通过呼气排出体外。

人体运输和利用氧的最大能力称最大摄氧量。最大摄氧量是反映心肺功能适应能力最有效的指标。在不同强度下运动时机体耗氧量是不同的，在摄氧量未达到最大摄氧量之前，摄氧量与运动强度呈线性关系，因此常用最大摄氧量的百分比（%VO_2max）表示运动强度。最大摄氧量代表心肺系统输氧能力的生理极限。

二、体育锻炼时心肺系统功能的变化

体育锻炼时机体需氧量增加，循环系统和呼吸系统通过不同调节机制增加摄氧量以满足对氧的需求。

（一）循环系统

为了满足体育锻炼时对氧的需求，运动肌肉的血流量会增加，运动肌肉血流量的增加是心输出量增加和血液再分配的结果。

血液再分配是指运动时内脏血流减少，而运动肌肉却血流增加；心输出量的增加可包括心率的加快和每搏输出量的增加。

在未达到最大摄氧量之前，心率同摄氧量一样，与运动强度也存在线性关系，即运动强度越大心率越快。由于心率很容易测定，因此测量心率被认为是确定运动强度的标准方法之一。体育锻炼时收缩压也增加，但舒张压变化不大。收缩压的增加可加快血液向运动肌流动，不仅可以运输更多的氧，而且可带走更多的代谢废物。

（二）呼吸系统

呼吸系统的功能就是维持动脉血内氧和二氧化碳的恒定。身体运动时呼吸频率加快，以摄入更多的氧和呼出更多的二氧化碳。当运动的强度小于 $50\%VO_2max$ 时，呼吸频率与运动强度都按比例增加；当超过 $50\%VO_2max$ 后，呼吸频率迅速增加以摄入更多的氧和呼出大量的二氧化碳。

第三节　提高心肺功能适应水平的运动处方

心肺功能适应水平的意义是多方面的。心肺功能适应水平高的最明显益处就是减少患心脏病的危险性，延年益寿。其次为减少患Ⅱ型糖尿病的危险、降低血压和增加骨骼密度。

心肺功能适应水平越高，精力和体力就越充沛，不仅能完成更多的工作，而且不易疲劳。另外，心肺功能适应水平高者，睡眠质量也会更好。

一、运动处方的基本组成

在制定运动处方之前，必须了解自己的心肺功能适应水平和健康状况。运动处方中的每次锻炼都应包括以下三个主要组成部分：准备活动、锻炼模式和整理活动。

（一）准备活动

准备活动的目的是加快心率、升高体温，并增加肌肉的血流量。准备活动通常是进行5至15分钟舒缓的运动，这可使机体逐渐适应剧烈的运动。选择不同方式锻炼时，准备活动的具体内容有所不同。如选择跑步作为锻炼方式，可按以下步骤进行准备活动：

1. 1至3分钟轻松的健身操（或类似的活动）练习。

2. 1至3分钟的步行，心率控制在高于平时的20～30次/分。

3. 2至4分钟的拉伸练习（可任意选择）。

4. 2至5分钟的慢跑并逐渐加速。

如果选择其他的锻炼方式而不是跑步，在按照以上步骤的同时以相应的活动方式替代步骤2和4即可。

（二）锻炼模式

锻炼模式是运动处方中最主要的组成部分，它包括锻炼方式、频率、强度和持续时间等。

1. 锻炼方式

常见的增强心肺功能适应能力的锻炼方式有步行、慢跑、骑自行车和游泳等，凡是有大肌群参与的慢节奏的运动都可以作为锻炼方式。

在选择锻炼方式时，首先应选择你喜欢的运动，只有从事喜欢的运动，你才容易坚持下去，其次要考虑到可行性和安全性。冲击力强的运动（如跑）比冲击力小的运动（如游泳和骑自行车）更易引起锻炼者受伤。对于容易受伤的人来说，最好选择冲击力小的锻炼方式，而很少受伤的人可以任意选择锻炼方式。

以往，人们常常只选择单一的锻炼方式，这不仅枯燥无味而且容易受伤。建议你采用综合性的锻炼方式，最好一次锻炼包括不同的练习内容。

2. 锻炼频率

一周进行两次锻炼就可增强心肺功能适应能力，锻炼3至5次可使心肺功能达到最大适应水平，且受伤的可能性减小，但一周锻炼超过5次并不能引起心肺功能适应水平的进一步提高。

3. 运动强度

运动强度接近50%VO_2max时即可增强心肺功能适应能力，故常把这一强度称为锻炼阈。目前推荐的运动强度范围为50%至85%最大摄氧量。

在确定运动强度时，心率指标比最大摄氧量指标更实用，因此常用心率间接地表示运动强度。只有超过一定强度的运动才能有效地引起机体的适应，该强度所对应的心率称目标心率。目标心率常以最大心率的百分比表示。50%和85%最大摄氧量的运动强度所对应的心率值分别为70%和90%最大心率，因此目标心率是70%至90%最大心率，如年龄为20岁的大学生目标心率的计算方法如下：

最大心率 = 220 − 20 = 200次/分，200 × 70% = 140次/分，200 × 90% = 180次/分

应该指出的是，目标心率是一个范围，有时也称目标心率带。目标心率、最大心率百分比与最大摄氧量的百分比的关系见表4-1。

表4-1　20岁的大学生目标心率、最大心率百分比和最大摄氧量百分比的关系

目标心率（次/分）	%最大摄氧量	%最大心率	目标心率（次/分）	%最大摄氧量	%最大心率
186	90	93	153	65	76
180	85	90	146	60	73
173	80	87	140	55	70
166	75	83	134	49	67
160	70	80			

注:表4-1选自Fox,E.R.,et al. The Physiological Basis for Exercise and Sport,1989。

4. 持续时间

提高心肺功能适应水平最有效的一次锻炼时间是20至60分钟（不包括准备活动和整理活动）。起初每个人的适应水平和运动强度不同，所以锻炼持续的时间应有区别。对于一个适应水平较低的锻炼者而言，20至30分钟的锻炼就可提高心肺适应水平，而适应水平高的锻炼者可能需要40至60分钟。低强度的锻炼要求练习的时间长于大强度的练习时间，如以50%VO_2max的强度进行锻炼，需要40至50分钟才能有效地提高心肺功能适应水平；而以70%VO_2max强度进行锻炼，仅需20至30分钟即可。

（三）整理活动

每次完整的锻炼都应包括整理活动。整理活动的主要目的是促进血液回流至心脏，以避免血液过多分布在上肢和下肢而造成头晕和昏厥。整理活动还可减轻剧烈运动后的肌肉酸痛感和心律失常。整理活动至少应包括5分钟的小强度练习（如步行、柔韧性练习等）。

二、个体运动处方的制定

每个锻炼者提高心肺功能适应水平的运动处方通常包括三个阶段：起始阶段、渐进阶段和维持阶段。

（一）起始阶段

许多人开始锻炼时热情有余，期望很高，以至于锻炼初期运动量过大，结果导致肌肉酸痛和过度疲劳，以致影响了坚持锻炼的信心。因此，在锻炼初期目标不能太高。锻炼起始阶段最重要的是让机体慢慢适应运动，可根据不同适应水平持续2至6周。

起始阶段的每次锻炼同样包括准备活动、锻炼模式（强度不应超过70%最大心率）和整理活动。起始阶段锻炼时应注意以下几点：

1. 在以某一强度锻炼时应比较轻松。

2. 感觉不适时不要延长运动时间。

3. 有疼痛或酸痛感时应停止运动，让机体充分恢复。

（二）渐进阶段

渐进阶段时间较长，约持续10至20周。在这一阶段，锻炼的强度、频率和持续时间应逐渐增加。虽然每个人设置的目标不同，但锻炼频率应达到3至4次/周，每次锻炼的持续时间不短于30分钟，强度应达到70%至90%最大心率。

（三）维持阶段

锻炼者通过16至28周的锻炼即进入维持阶段。锻炼者在这一阶段已经达到锻炼目标，没有必要再增加运动量，但怎样才能维持已有的锻炼效果，即多大的运动量可防止心肺功能适应水平的下降。维持心肺功能适应水平的主要因素是运动强度，若运动强度和锻炼时间都维持在渐进阶段最后一周的水平，以及锻炼频率降至2次/周时，心肺功能适应水平也无明显降低；若保持渐进阶段的锻炼频率和强度，锻炼时间可减至20至25分钟，相反，在锻炼频率和时间都不变的情况下，强度减少1/3就可使心肺功能适应水平明显降低。因此在运动强度不变时，适当减少锻炼频率和时间仍然可保持锻炼效果。另外，在上述三个阶段都要注意合理的营养（见营养框4-2）。

营养框4-2　营养与体能、健康的关系

耐力运动的供能物质

糖和脂肪是耐力运动的主要供能物质。人体内虽然贮存了大量的脂肪，但糖的贮备却较少，并且容易耗尽，糖贮备的耗尽会导致骨骼肌疲劳。普通大学生糖和脂肪的平均贮备如下：

	男性	女性
体重(千克)	72.5	50
体脂百分比	15	25
贮备脂肪供能(千卡)	84 000	96 250
贮备糖供能(千卡)	1 700	1 200

锻炼者每天消耗的能量约为3 000千卡。由上述的数字可以看出贮备的脂肪几乎可以满足一个月的能量需求。但脂肪的氧化供能依赖于糖的氧化供能，因此脂肪不能作为唯一的供能物质，糖必须参与供能。对于低糖饮食的个体来说，一天的活动就可把贮备的糖耗尽，如果饮食中没有足够的糖，耐力运动会耗尽贮备的糖并导致疲劳，所以，在饮食中应包括足够的糖。

不同心肺功能适应水平的大学生可根据本章最后的附表4-1、4-2、4-3，制定适合自己的运动处方（见附表4-4）。

第四节　耐力练习对提高心肺功能适应水平的作用

一、耐力练习的有效方法

（一）综合练习

综合练习是由几种不同的锻炼内容组成的。如第一天是跑步，第二天为游泳，第三天骑自行车。综合练习的一个优点就是避免日复一日进行同一种练习的枯燥感，并且可以防止身体同一部位的过度使用。

（二）持续练习

持续练习是指长时间、长距离、慢节奏和中等强度（约70%最大心率）的锻炼，也是一种最受欢迎的心肺功能锻炼方法。渐进阶段，如果运动强度不增加，锻炼者就能轻松地完成身体练习。在不受伤的情况下，一次锻炼时间可持续40至60分钟。同较大强度的运动相比，持续练习引起受伤的可能性较小。

（三）间歇练习

间歇练习是指重复进行强度、时间、距离和间隔时间都较固定的锻炼方法。练习持续的时间各不相同，但一般为1至5分钟。每次练习后有一休息期，休息期的时间与练习时间相等或稍长于练习时间。

有一定耐力基础和希望能获得更高适应水平的锻炼者或运动员常用这种方法。间歇练习比持续练习能使人完成更大的运动量，且锻炼的方式可以有所变化，这就减少了其他锻炼方式容易造成的冗长与枯燥。

（四）法特莱克（Fartlek）练习

"Fartlek"是瑞典词，意思是"速度运动"，是一种与间歇练习相似的长距离跑的锻炼方式，但练习时间与休息时间的比例不固定。法特莱克的锻炼地点比较随意，这可减少枯燥感。

二、耐力练习的益处

耐力练习（有时也称有氧活动）可引起机体多方面的适应，如循环系统、呼吸系统、骨骼肌和供能系统等。

（一）循环系统

耐力练习虽然不能改变最大心率，但个体与锻炼前相比，中等强度运动时的心率降低，心率的降低是由每搏输出量的增加引起的。另外，耐力练习还可增加最大每搏输出量和最大心输出量。最大心输出量的增加可使锻炼的肌肉得到更多的氧气，也使耐力得以提高。

（二）呼吸系统

耐力练习不能引起肺结构或呼吸系统功能的变化，但可以使呼吸肌耐力增加。由此膈肌和其他主要的呼吸肌等就能进行更长时间的工作。呼吸肌耐力的增加可减少锻炼时喘不过气来的感觉，并消除锻炼中有时发生的胁部疼痛。

（三）骨骼肌和供能系统

耐力练习可增加骨骼肌有氧供能能力，也使锻炼者利用脂肪的能力增强，但只有锻炼的肌肉才会出现这种适应，如骑自行车锻炼增加腿部肌肉耐力，但上肢肌耐力并没有明显提高。耐力练习虽然能够提高耐力，却不能增加肌力和肌肉体积。

（四）最大摄氧量

最大摄氧量（VO_2max）是衡量心肺功能适应水平最好的指标。持续12至15周的耐力练习可使最大摄氧量增加10%至30%。最大摄氧量的增加是骨骼肌有氧能力和心输出量共同增加的结果。锻炼初期的适应水平、运动强度及营养状况也会影响最大摄氧量增加的幅度。最大摄氧量大的锻炼者增加的幅度小于最大摄氧量小的锻炼者，造成这种现象的原因是存在最大摄氧量的生理极限，而最大摄氧量大的锻炼者比最大摄氧量小的锻炼者更接近极限。

运动强度直接影响最大摄氧量增加的幅度，大强度的运动比低强度、短时间的运动能引起最大摄氧量更大幅度地提高。然而，在运动强度与最大摄氧量的增加幅度间存在着一个平台，即当达到一定强度后再增加强度并不能进一步提高最大摄氧量。锻炼期间的营养也会影响最大摄氧量的增加，合理的营养应包括维持体能和健康所必须的营养成分（详见第七章）。

（五）柔韧性

耐力练习并不能提高柔韧性，相反，耐力练习可能导致肌肉和肌腱的缩短，从而使某些关节的活动范围缩小。因此，为预防柔韧性的减退，在耐力练习计划中应包括拉伸练习。

（六）身体成分

耐力练习可减少体脂的百分比，但体脂的减少也受饮食等因素的影响，详见第八章。

三、坚持耐力练习

每年都有成千上万的人进行耐力练习，但近半数的锻炼者在最初的6个月中就放弃锻炼了。中途退出的原因很多，但主要的原因是退出者称没有时间继续锻炼。然而，抽时间锻炼还是可能的，关键是要有一个合理的计划，并持之以恒。要知道，在锻炼时间上的小投资，获取的将是健康这一大回报。可以说，只要合理安排，任何人都能找到时间锻炼。

另一个中途退出的原因是耐力练习缺乏趣味性，但你要知道，像步行、跑步和骑自行车等都是提高你的心肺功能适应水平的有效锻炼方式。此外，同朋友一起锻炼可使得耐力练习变得有趣，因为锻炼伙伴有助于你坚持进行锻炼。

锻炼情况的记录（见附表4-5）也有助于你看到自己心肺功能适应水平的提高，这本身对你就是一种很好的激励，会促使你坚持体育锻炼。

你还应该知道锻炼初期的肌肉酸痛和不适感属正常反应，在短时间内将自行消失。而且随着心肺功能适应水平的提高，自我感觉及外观形象都会改善。总之，尽管达到和保持良好的心肺功能适应水平需要时间和努力，但所获得的回报却是你的健康和幸福。

小　结

1. 心肺功能适应的益处包括降低患病的危险性以及更好地胜任日常工作和增强自尊感。

2. 三磷酸腺苷（ATP）是肌肉收缩的直接供能物质，肌肉中有两种供能系统产生三磷酸腺苷：有氧供能系统和无氧供能系统。

3. 许多运动既需要有氧供能也需要无氧供能。一般来讲，短时间运动中无氧供能占主导地位，长时间运动中有氧供能占主导地位。

4. 心肺系统指循环系统和呼吸系统。循环系统的主要功能是把氧和营养物质运至组织，呼吸系统的主要功能是摄入氧气和把二氧化碳排出体外。

5. 机体运输和利用氧的最大能力称为最大摄氧量，它是反映心肺功能适应最有效的指标。

6. 运动强度增加时心输出量、血压、心率都增加；呼吸也随着运动强度的增加而加强。

7. 个体最初的体能和健康状况是制定提高心肺功能适应水平的运动处方的参考依据。

8. 提高心肺功能适应水平的运动处方包括准备活动、锻炼内容和整理活动。

9. 准备活动的目的是逐渐加快心率，增加肌肉血流，升高体温。

10. 锻炼内容包括锻炼方式、锻炼频率、运动强度和持续时间。

11. 一般来讲，提高心肺功能适应水平的锻炼通常是有大肌肉群参与，慢节奏持续20至60分钟的运动。

12. 目标心率是指锻炼时在70%至90%最大心率之间的心率。

13. 合理的锻炼频率是每周3至5次。

14. 整理活动的目的是缓慢降低心率和恢复上身血流。锻炼期间的活动应持续至整理活动期间，但强度应逐渐减小。

15. 无论起始阶段体能状况如何，提高心肺功能适应水平的运动处方都包括三个阶段：

起始阶段、渐进阶段和维持阶段。

16. 提高心肺功能适应水平常用的耐力练习方法包括综合练习、持续练习、间歇练习和法特莱克练习等。

17. 耐力练习可提高心肺功能适应水平和肌肉耐力，并能减少体脂百分比。

18. 坚持耐力练习需要合理安排时间，并充分认识这一锻炼方式对提高你的心肺功能适应水平的重要性。

思 考 题

一、你打算采用哪一种有效的耐力练习方式?

二、如何制订提高自己心肺功能适应水平的运动处方?

附表 4-1

体能低的大学生的运动处方表

锻炼指导：（1）每次锻炼前做准备活动。（2）感觉不适时不要增加运动量。（3）每次锻炼都要监控心率。（4）锻炼后要做整理活动。（5）为预防受伤，开始锻炼时最好选择冲击力小的锻炼方式，每次锻炼时间为 20 至 30 分钟，以后可适当延长。

周　次	阶　段	锻炼时间（分/天）	运动强度（%最大心率）	锻炼频率（天/周）
1	起始阶段	10	60	3
2	起始阶段	10	60	3
3	起始阶段	12	60	3
4	起始阶段	12	70	3
5	起始阶段	15	70	3
6	起始阶段	15	70	3
7	渐进阶段	20	70	3
8	渐进阶段	20	70	3
9	渐进阶段	25	70	3
10	渐进阶段	25	70	3
11	渐进阶段	30	70	3
12	渐进阶段	30	70	3
13	渐进阶段	35	70	3
14	渐进阶段	35	70	3
15	渐进阶段	40	70	3
16	渐进阶段	40	70	3
17	渐进阶段	40	75	3
18	渐进阶段	40	75	3
19	渐进阶段	40	75	3
20	渐进阶段	40	75	3
21	渐进阶段	40	75	3～4
22	渐进阶段	40	75	3～4
23	维持阶段	30	75	3～4
24	维持阶段	30	75	3～4
25	维持阶段	30	75	3～4
26	维持阶段	30	75	3～4

注：附表 4-1 选自 Powers，S.K. Total Fitness, 1999。

附表 4-2

体能一般或较好的大学生的运动处方表

锻炼指导：同附表4-1。

周　次	阶　段	锻炼时间 （分／天）	运动强度 （％最大心率）	锻炼频率 （天／周）
1	起始阶段	10	70	3
2	起始阶段	15	70	3
3	起始阶段	15	70	3
4	起始阶段	20	70	3
5	渐进阶段	25	70	3
6	渐进阶段	25	75	3
7	渐进阶段	30	75	3
8	渐进阶段	30	75	3
9	渐进阶段	35	75	3
10	渐进阶段	35	75	3
11	渐进阶段	40	75	3
12	渐进阶段	40	75	3
13	渐进阶段	40	75	3
14	渐进阶段	40	75	3
15	渐进阶段	40	80	3
16	渐进阶段	40	80	3～4
17	渐进阶段	40	80	3～4
18	渐进阶段	40	80	3～4
19	维持阶段	30	80	3～4
20	维持阶段	30	80	3～4
21	维持阶段	30	80	3～4
22	维持阶段	30	80	3～4

注：附表4-2选自 Powers, S.K. Total Fitness, 1999。

附表 4-3

体能优秀的大学生的运动处方表

锻炼指导：同附表 4-1。

周　　次	阶　　段	锻炼时间 （分/天）	运动强度 （%最大心率）	锻炼频率 （天/周）
1	起始阶段	15	75	3
2	起始阶段	20	75	3
3	起始阶段	25	75	3
4	渐进阶段	30	75	3
5	渐进阶段	35	75	3
6	渐进阶段	40	75	3
7	渐进阶段	40	75	3～4
8	渐进阶段	40	75	3～4
9	渐进阶段	40	80	3～4
10	渐进阶段	40	80	3～4
11	渐进阶段	40	80	3～4
12	渐进阶段	40	80～85	3～4
13	渐进阶段	40	80～85	3～4
14	渐进阶段	40	80～85	3～4
15	维持阶段	30	80～85	3～4
16	维持阶段	30	80～85	3～4
17	维持阶段	30	80～85	3～4
18	维持阶段	30	80～85	3～4

注：附表 4-3 选自 Powers, S.K. Total Fitness, 1999。

附表 4-4

个体运动处方的制定表

参照附表 4-1 至 4-3，按下列格式，根据自己目前的体能状况和锻炼目标制定运动处方。

周　次	阶　段	锻炼时间 （分/天）	运动强度 （%最大心率）	锻炼频率 （天/周）	锻炼方式	备　注
1						
2						
3						
4						
5						
6						
7						
8						
9						
10						
11						
12						
13						
14						
15						
16						
17						
18						

注：附表 4-4 选自 Powers，S.K. Total Fitness，1999。

附表 4-5

锻炼日记表

按下表记录锻炼情况，在心率一栏中填写一次锻炼时不同时间的心率，在备注栏中填写天气、感觉等，这有助于你了解自己心肺功能适应水平的提高情况，从而坚定自己坚持锻炼的决心和信心。

日　期	锻炼方式	准备活动时间	锻炼时间	整理活动时间	心　率	备　注

注：附表 4-5 选自 Powers, S.K. Total Fitness, 1999。

第五章　体育锻炼与肌肉力量和耐力的提高

学习目标

当学完这一章后，你应该能够解释以下的关键概念和重要问题

关键概念

- 运动单位
- 肌纤维募集
- 肌原纤维
- 等张练习
- 等长练习
- 等动练习
- 渐增阻力原则

重要问题

- 发展肌肉力量、耐力的益处
- 肌肉收缩的机制
- 肌肉的收缩形式
- 不同肌纤维的类型
- 肌肉力量、耐力练习的一般原则
- 影响肌肉力量、耐力练习效果的因素
- 负重练习的类型对肌肉力量、耐力的影响
- 改善肌肉力量、耐力的运动处方

随着人们生活水平的不断提高，健身运动已成为现代社会生活中的新时尚。拥有强壮健美的身材是人们孜孜以求的目标，但强壮健美的身材并非与生俱来，需要经过坚持不懈的力量练习后才能获得。本章主要讨论力量练习的必要性、生理学基础和练习方法等问题。

第一节 发展肌肉力量、耐力的必要性

大多数人认为，加强肌肉力量和耐力练习可增加肌肉体积和提高运动成绩，但他们并不真正知晓其健康价值，即减少脂肪和体重的重要意义。还有许多人存在着对力量练习作用的误解（见表5-1）。

表5-1　走出力量练习的误区

误　区	"拨乱反正"
1. 力量练习使锻炼者显得僵硬	力量练习实际上可以改善柔韧性。在每次练习前、后应做适当的伸展运动，而且每次练习关节的活动范围应尽可能大。
2. 力量练习使女子男性化	女子每星期3～4次的力量练习不可能使肌肉块增大，练习采用中等的力量负荷和重复次数，只会改善练习者的女性外表特征。
3. 力量练习可使脂肪转化为肌肉	脂肪和肌肉是不同的组织，不能相互转化。当锻炼者消耗掉的热量比摄入多时，脂肪细胞缩小。力量练习增加肌肉的体积有助于因体重下降而松弛的皮肤恢复弹性。
4. 仰卧起坐是最好的平坦腹部的练习法	尽管仰卧起坐有助于腹部变小，但不如锻炼者减少热量摄入有效，减少热量摄入会使脂肪细胞缩小。只有锻炼和控制热量摄入相结合，才会使腹部变得平坦。
5. 没有类固醇药物几乎不可能增加肌肉总量	不服用类固醇药物，通过负重训练和合理的营养，每月也可以增加1～2千克的肌肉。
6. 进行力量练习没有多大意义，当停止力量练习后，肌肉将变成脂肪	脂肪不能变成肌肉，肌肉也不能转化成脂肪。当停止练习后，肌肉因不运动而体积减少；又因摄入过多、耗能减少而脂肪细胞增大。
7. 和男子不同，女子进行力量练习进步非常慢	肌肉组织的结构和收缩力量上没有性别差异，相同的负重练习，男子和女子的练习效果相近。
8. 力量练习热量消耗少，对减体重无多大帮助	力量练习使肌肉的重量增加，基础代谢率随之增加，休息状态时人体热量消耗也增加。1小时的锻炼至少有8大块肌肉参与工作（3组或3组以上），需要利用的热量超过500千卡，仅5次训练课消耗掉近0.5千克脂肪的热量。

增强肌肉的力量和耐力对人的一生都有益处，研究表明，随着年龄的增加，人的基础代谢率下降，能量消耗减少，体重和体脂会慢慢地增加。由于肌肉总量呈下降趋势，人的基础代谢率每10年下降3%。不喜好运动的成年人每年约减少0.25千克的肌肉，增加0.25千克的脂肪。60岁的人比20岁的人基础代谢率约下降12%。一位60岁的普通人比20岁的人处于休息时每天约少消耗280千卡的热量，每12～13天少消耗约0.5千克脂肪的热量，每月近1.5千克，每年约15千克。基础代谢率下降虽少，但脂肪和体重的增加却很明显。

比较两位体重相同、肌肉相差5千克的正常人，肌肉含量高的人基础代谢率也明显的高。一些专家研究指出，增加0.5千克肌肉每天约多消耗30～40千卡的热量。换句话讲，增加0.5千克肌肉每年消耗掉的额外热量约相当于1.5～2千克脂肪的热量。

通过节食和服用减肥药能迅速减轻体重，这并不利于健康，并且皮肤会变得松弛。而力量练习不仅能达到减轻体重的目的，还可以使皮肤保持弹性，但这种锻炼效果并非一日之功，应根据自己的年龄和当前的身体状况，需12个月或更长时间有计划的有氧练习、肌肉力量和

耐力练习以及合理的饮食，才会明显地减少体脂，皮肤才有足够的时间恢复弹性。所以，有规律地锻炼和合理的饮食比节食减肥更有利于健康。

当前的研究表明，有计划的力量练习可以改善骨骼的状况，对女子来说更是如此，因为女子骨骼无机盐含量较少，骨密度厚度较薄，并且女子丢失钙的速率比男子快，而力量练习可以防止钙的丢失以及推迟骨质疏松症的发生。

力量练习还可以加强关节周围肌肉的力量，防止肌肉、肌腱和韧带的损伤。困扰许多中老年人的腰痛病，可以通过增加腰部和背部伸肌的力量和柔韧性而得到缓解。

第二节 增强肌肉力量和耐力的生理学基础

人体约有400~600块骨骼肌（见图5-1），通过肌肉的收缩和舒张，人体得以进行多种运动和维持各种优美的姿势。骨骼肌可协助调节体温，如在寒冷环境里打冷颤而获得肌肉产生的热量。

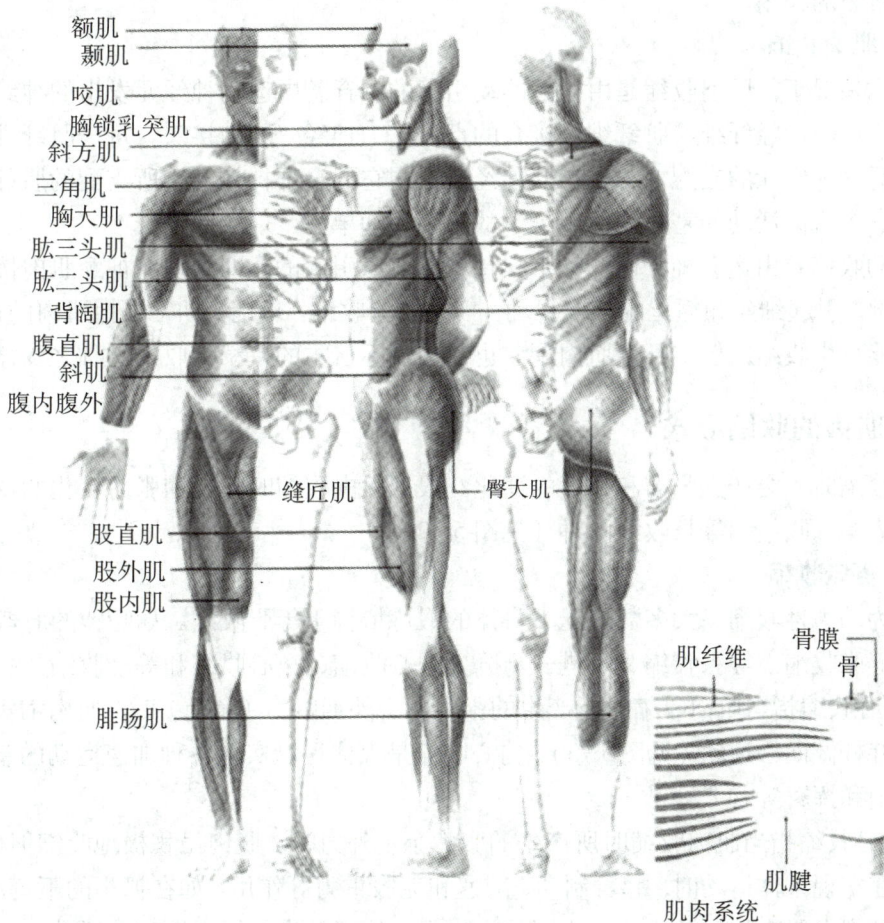

图5-1 人体主要肌肉

注：图5-1选自 Karren, k.J.,et al.First Response:A skills approach,1995。

一般来讲，增强肌肉力量练习的同时也会增加肌肉耐力。然而，在发展肌肉耐力的练习中，肌肉力量的增加则不明显。所以说肌肉力量和耐力既有联系，又有区别。在本章的后面，将讨论如何发展肌肉的力量和耐力。

一、肌肉的结构和收缩

（一）肌肉的结构

肌细胞是骨骼肌的主要结构单位，其外形纤长，故又称肌纤维。一块骨骼肌由大量肌纤维组成，肌纤维构成肌肉主体。肌纤维充满着平行排列的肌原纤维，肌原纤维是肌纤维的收缩单位，它是肌肉中的收缩成分，其功能是通过收缩产生力量。肌纤维外面包裹着结缔组织，称之为筋膜，肌纤维凭借筋膜连结起来，并且与周围组织分开。

肌原纤维由粗丝和细丝两种肌丝构成。肌肉的缩短或伸长是由于粗丝和细丝间的互相滑动而得以实现，但肌丝本身的结构和长度不变。

肌肉与骨骼相连的致密结缔组织，称之为肌腱，它是肌肉中的弹性成分，在肌肉收缩过程中起着重要的作用。

（二）肌肉收缩

在正常情况下，肌肉收缩是由神经冲动引起的，脊髓中运动神经元发出的神经纤维支配全身肌肉，运动神经纤维与肌纤维相接合的点称之为神经—肌肉接头。每一肌纤维都接受来自脊髓的运动神经元的支配。一个运动神经元连同它的全部神经末梢所支配的肌纤维，从功能上看是一个肌肉活动的基本功能单位，故称为运动单位。

肌肉的收缩是由运动神经以冲动形式传来的刺激引起的，即冲动经神经肌肉接头传递至肌纤维内部，引起细丝和粗丝的相互滑动，产生肌肉收缩。理论上讲，去掉肌肉的神经纤维，肌肉则不能产生收缩，但实际上肌肉偶尔也会出现不自主的持续性收缩，称之为痉挛。

二、肌肉的收缩形式

肌肉收缩时，会产生张力和长度的变化。根据肌肉收缩时长度和张力变化的特点，把肌肉收缩分为等张收缩和等长收缩两种（见图5-2）。

（一）等张收缩

又称为动力性收缩。大多数情况下身体的锻炼依赖于等张收缩。如哑铃的肘弯举就是肱二头肌的等张收缩。等张收缩又可进一步分为向心收缩、离心收缩和等动收缩。

1. 向心收缩指当肌肉收缩时所产生的张力大于外加阻力（负荷）时，肌肉缩短，牵拉它附着的骨杠杆做向心运动（见图5-3）。向心收缩是人体得以实现各种加速运动的基础，如屈肘、高抬腿和挥臂等。

2. 离心收缩指当肌肉收缩时所产生的张力小于外力时，肌肉虽积极地收缩但仍被拉长。离心收缩在实现人体运动时，起着制动、减速和克服重力等作用。如在抓举的下蹲动作阶段，股四头肌和臀大肌产生拉长收缩，克服重力作用，使下肢进行缓慢地屈曲运动。

3. 等动收缩指在整个关节运动范围内，肌肉以恒定速度（称等动）进行的最大收缩。它也是运动中常见的收缩形式，如自由泳中的手臂划水动作。等动收缩的速度可根据需要加以

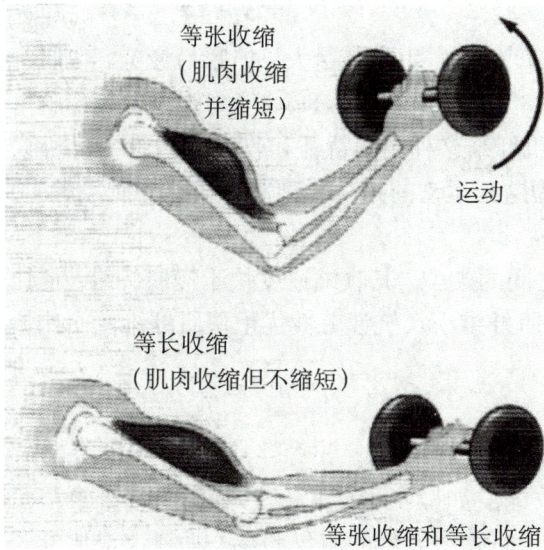

图 5-2 等张收缩和等长收缩

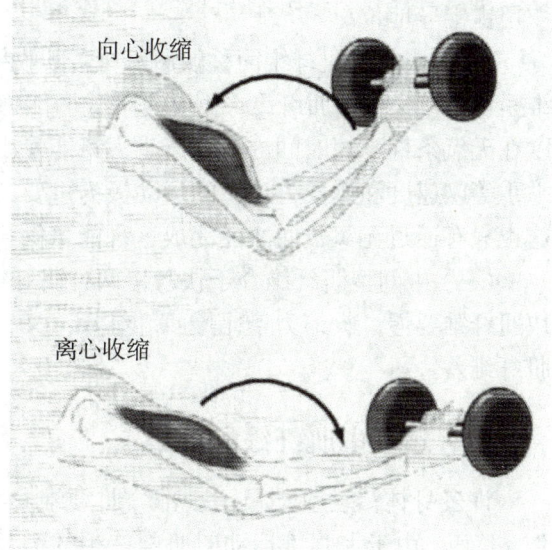

图 5-3 向心收缩和离心收缩

注：图 5-2 和图 5-3 选自 Powers, S.K.,et al. Exercise Physiology, 1997。

控制，在日常训练中，等动收缩的实现需要专门的器械。器械中最基本的装置是速率控制器，它是通过调整肌肉对抗阻力来控制肌肉收缩速度。

（二）等长收缩

当肌肉收缩产生的张力等于外力时，肌肉虽积极收缩，但长度并不变化，这种收缩叫等长收缩。等长收缩时，肌肉的张力可发展到最大，但没有位置的移动。等长收缩通常起着支持、固定和保持某一姿势的作用，如站立、悬垂和支撑等。

三、骨骼肌纤维类型

根据肌纤维的收缩与抗疲劳特征（见表 5-2）分为三种类型：慢收缩肌纤维、快收缩肌纤维和中间型收缩肌纤维。

表 5-2 人类骨骼肌纤维的特性和类型

特 性	慢肌纤维	中间型肌纤维	快肌纤维
收缩速度	慢	中 间	快
收缩力量	小	中 间	大
抗疲劳性	强	中 间	弱
供能系统	有氧氧化	有氧氧化和无氧酵解	无氧酵解

（一）慢收缩肌纤维简称慢肌纤维，其收缩速度慢，产生的力量小，然而慢肌纤维有很强的抗疲劳性。慢肌纤维中肌红蛋白含量高，毛细血管多，呈红色，故又称红肌纤维。慢肌纤维有氧氧化产生能量（ATP）的能力强，所以慢肌纤维适合于长时间有氧运动，如走或慢跑等。因其具有抗疲劳性，在以维持姿势紧张工作（静力性工作）为主的肌肉中，慢肌纤维的

作用占主导地位。

（二）快收缩肌纤维简称快肌纤维，其收缩速度快，产生的力量大，但容易疲劳。快肌纤维呈白色，又称白肌纤维。因其有氧代谢能力低，无氧酵解产生ATP的能力强，无氧酵解可以在无氧条件下短时间内快速产生大量能量。快肌纤维这种代谢特征和收缩能力对跳、急跑、举重等以速度和爆发力为主的运动极为重要，因为这些运动的某一时刻需要快速的能量供应，这也只有通过无氧代谢才能完成这种能量供给。

（三）中间型肌纤维介于快与慢两种肌纤维之间的类型，其收缩速度快于慢肌纤维，但比快肌纤维要慢。收缩力量比慢肌纤维大，又比快肌纤维小。抗疲劳性优于快肌纤维，而比慢肌纤维差。

四、运动中肌纤维的募集

许多身体活动仅动员了小部分肌纤维参与收缩，如散步可能只有30%的肌纤维参与工作。然而，由于大强度运动时肌肉产生的力量增大，故需大量的肌纤维参与收缩。增加参与收缩肌纤维的数目，使肌肉收缩力量增大的过程称为肌纤维的募集。运动强度不同，两类肌纤维募集次序和程度也不同。随着运动强度或负荷增大，肌纤维的募集过程依次为慢肌纤维到中间型肌纤维，最后是快肌纤维。当运动强度或负荷达最大时，募集的大部分肌纤维是快肌纤维。

五、遗传和肌纤维类型

不同的人肌肉中快、慢、中间型肌纤维所占百分比是有差别的。研究表明，田径运动员的运动成绩与其肌肉中肌纤维的百分比有密切关系。例如，耐力项目的冠军（如马拉松运动员）以慢肌纤维百分比占优，因耐力项目需要肌肉具有很强的抗疲劳能力。而杰出的短跑选手则快肌纤维占优。

尽管一些研究表明，耐力练习可以导致部分肌纤维产生某些适应性转变，但肌纤维的数目和百分比主要是由遗传决定的。所以，一些专家幽默地讲，如果你想成为田径比赛冠军，你必须用智慧来选择你的父母。

六、决定肌肉力量和耐力的因素

（一）肌肉生理横截面积

肌肉的力量与肌肉的生理横截面积成比例。肌肉生理横截面积的大小取决于肌纤维的数量、每条肌纤维的横径和肌纤维的排列方向。肌肉力量主要取决于肌肉的生理横截面积，即生理横截面积愈大，肌肉的力量越大。力量练习可以增大肌肉生理横截面积，这种增大是通过肌原纤维数量增多、增粗而使肌纤维增粗，故又称肌原纤维型功能性肥大。

（二）中枢神经系统发放冲动的强度和频率

中枢神经系统可以通过改变发放冲动的强度和频率来改变肌肉收缩力量，它发放的冲动和频率越强，支配肌肉的运动神经元同时兴奋的数目就越多，即参与工作的运动单位越多，则肌肉收缩的力量也就越大。负重练习早期阶段力量的增长主要归功于神经肌肉系统效率的增加。实验证明，优秀运动员在最大用力时，神经系统可动员90%的肌纤维参与工作，而一般人最大用力时只能动员60%的肌纤维参与工作。

（三）生物力学因素

1. 肌肉的长度

研究证明，一个人力量的大小取决于肌肉的体积，肌肉体积的发展潜力又主要依赖于人体肌肉的长度（指肌肉两端肌腱之间的长度），例如，有两人，一人的肱三头肌长20 cm，另一人为30 cm，后者长度是前者的1.5倍，肌肉力量的潜力是前者 $1.5^3=3.375$ 倍。肌肉长度主要受遗传因素的影响，这对运动员科学选材是很重要的。当然，一些药物也可以增加肌肉的体积，但对健康的危害性很大（营养框5-1）。

2. 肌肉收缩的长度—张力关系

肌肉收缩的长度—张力关系是指肌肉收缩前的初长度对肌肉收缩时产生的张力影响。如果收缩前就给予肌肉一定的负荷（称为前负荷），使肌肉拉长以改变其初长度，随着前负荷的增大，肌肉的初长度逐渐增加，以后肌肉的收缩效果也逐渐增大。若肌肉收缩时初长度已处于缩短状态或过分拉长状态，其收缩效果下降。只有当肌肉收缩时肌肉处于适宜的预先拉长状态，才能发挥最大力量。如踢足球前，先将腿后摆，就是为了取得髂腰肌、股四头肌最佳初长度。

营养框5-1　营养与体能、健康之间的关系

合成代谢类固醇可以增加肌肉体积，但有严重的副作用

在过去的几十年中，合成代谢类固醇在体育界的使用已达到泛滥的程度。当今体育比赛竞争愈演愈烈，而力量和爆发力已成为获胜的关键。许多男、女运动员为了增强肌肉力量，宁愿冒着身体将受到严重伤害的危险，不断服用合成代谢类固醇，这就不得不向他们发出再次警告。

合成代谢类固醇，主要是雄性激素睾酮的衍生物，睾酮的主要作用是促进蛋白质的合成以及增加肌肉的力量。

滥用合成代谢类固醇的药物会导致血压升高、坏胆固醇的含量增加以及肝癌、前列腺癌的发生，并且死亡发生的可能性将大大增加。

（四）年龄

肌肉力量与年龄有关，力量素质在儿童少年时期随年龄的增长而逐年增强，20～25岁达到最高水平，25岁以后平均每年最大力量下降1%，65岁时只有25岁时力量的60%。肌肉力量、耐力的下降与个体活动水平有明显的关系。坚持力量练习的人既可减缓肌肉力量、耐力的下降趋势，还可减缓体脂随年龄增加的趋势。

（五）过度训练

过度训练对发展肌肉力量和耐力有负面影响，过度训练会引起心理和生理上一系列的消极反应，如练习者往往精神不振、厌倦练习、有疲劳感，甚至可能出现肌肉与骨的损伤。因此，进行适当有效的抗阻练习，安排合理的饮食（见营养框5-2），可以将过度训练所引起的消极反应降低到最小。

营养框 5－2　营养与体能、健康的关系

HMB 能增加肌肉的体积和力量吗？

β-羟基-β-甲基丁酸盐(HMB)现已成为合成代谢类固醇的替代品，被运动员疯狂地使用。HMB是必需氨基酸亮氨酸的降解产物。尽管一些证据显示，增加HMB可以增大动物肌肉的体积，但对人的肌肉体积影响的报道目前还很少。

有人研究报道，经3周的举重练习后，服用HMB组与对照组相比，实验组肌肉的体积和力量明显增加(18%)。这是因为在举重练习中HMB的主要作用是减少肌肉组织降解。但此结论还需更多的实验证实，现在下这样的结论还为时太早。

有些人还认为，HMB是一种安慰剂。服用安慰剂，运动员由于心理作用会更加努力训练，运动成绩也会明显提高。但事实上这种提高应归功于训练量的增加，而不是服药的作用。甚至有些人在没有足够的证据说明补充该物质的益处的情况下，就在饮食中补充，这既浪费金钱又冒损害健康之危险。

第三节　肌肉力量、耐力练习的运动处方

一、肌肉力量、耐力练习的原则

（一）渐增阻力原则

渐增阻力原则是超负荷原则在肌肉力量、耐力练习中的应用。尽管超负荷原则与渐增阻力原则可以相互替换，但在力量练习中，更常用渐增阻力原则。渐增阻力原则指肌肉力量、耐力因超负荷训练而增加，但由于力量、耐力的增长，原来的超负荷则变成了非超负荷或低负荷，此时如果不增加负荷，则力量、耐力就不能增长，因此力量练习必须遵循渐增阻力原则。

（二）专门性原则

力量、耐力练习中要充分考虑不同的运动项目和专项力量、耐力的需求程度。首先，得到锻炼的肌肉应该是在耐力和力量方面需要改善的肌肉，如腰痛，就应该增强腰部肌肉力量，若锻炼上肢力量则对腰痛的缓解没有多少益处。其次，提高肌肉的力量和耐力应采用不同的运动强度。大强度运动（举重物时仅能重复4~6次）能增加肌肉的力量和体积，但不能增加肌肉的耐力。采用低强度重复次数多的练习（能举轻的负荷15次或者更多）可提高肌肉的耐力，而肌肉的力量增加不明显。

（三）系统性原则

根据用进废退的原理，力量练习应全年系统地安排。研究表明，练习频率高、肌肉力量增长很快者，停止练习后消退也快；而练习频率较低、训练时间较长、肌肉力量缓慢增长者，

力量保持的时间则相对较长。

许多研究结果显示，每周进行3～4次的力量练习，可使肌肉力量明显增长。

二、负重练习的类型

根据肌肉收缩的类型，力量练习可划分为：等张练习、等长练习和等动练习。

（一）等张练习

肌肉以等张收缩的形式进行负重或不负重的动力性抗阻练习，称为等张性力量练习或动力性练习。等张练习是最常用的力量练习法。等张练习能有效地发展动力性力量，改善神经肌肉的协调性，但不足之处是在整个动作过程中不能保证肌肉每一次收缩的负荷都相等，容易造成在某些关节运动角度上肌肉负荷不足，因此只能按照力量最弱的关节运动角度来安排负荷，所以在整个练习中负荷往往偏小。

（二）等长练习

肌肉以等长收缩的形式使人体保持某一特定位置或对抗固定不动的阻力练习，称为等长性力量练习或静力性练习，它能有效地发展静力最大力量和静力耐力。

20世纪50年代，一些学者研究发现，每天一次6秒钟，每星期5天进行2/3最大力量的等长收缩，可以增加最大力量。以后的研究表明此结果被夸大了，但还是一致认为，等长练习可以增强肌肉的力量和耐力。

等长力量练习与等张力量练习主要有两个方面的区别：第一是等长力量的发展是高度特异性的，如果采用等长练习来发展某一特定动作的力量，可能在动作的所有范围内的某几点上进行不同的等长性练习，而等张练习在整个动作的关节运动范围内肌肉力量都能得到发展。其次，大强度等长练习中，由于血液循环条件不良和憋气等影响，大脑血流量减少，容易引起头昏眼花等不良反应。

（三）等动练习

等动练习是借助于专门的等动训练器在动力状态下完成练习的方法。在整个练习中关节运动在各角度上均受到相同的较大负荷，从而使肌肉在整个练习中均能产生较大的张力。

等动练习是相对比较新的力量练习方法，可以使肌肉在所有范围内得到训练，能在较短时间内明显提高肌肉力量，特别适合于游泳运动员在陆上进行力量训练。等动练习的不足之处是其速度会受到控制，因此限制了爆发力的发展和很难适应大多数专项技术的要求。

三、影响肌肉力量、耐力练习效果的若干因素

负重抗阻练习是增强肌肉力量的基本手段，而肌肉力量练习的效果又与训练中的多种因素有关。

（一）最高重复次数（RM）和组数（SET）

在力量练习中常用RM来表示运动强度，而不是用心率来加以判断。负重力量练习的持续过程不是用时间单位来表示，而是用组数（SET）来说明。

1. RM（Repetition maximum）是表示能重复的最高次数，即进行某一重量的练习时，用一次连续练习的最大重复次数来衡量负荷的大小。如果练习者对该重量只能连续举起6次，则

该重量对练习者来说是 6RM。如果重量轻，可以连续举起 15 次，则该负荷为 15RM。可见，RM 仅代表能最大重复多少次的重量，而不反映重量的绝对值。

2. SET 是指一次无间歇的最高重复次数的练习，称为一组。如练习者对某一重量只能连续举起 10 次，那么 10 次就算一组。组数的多少受多种因素的影响，练习目的不同，练习的组数可有差异，一般认为一次练习可在 3～6 组之间。

根据渐增阻力原则，随着力量增大，对某一重量的重复次数也增加。例如，肌肉力量的运动处方为 3SET，16RM，经过一段时间的训练后力量增加，该重量的重复次数达到 18 次，就应增加练习重量。增加练习重量取决于练习者的情况，一般增加当前重量的 10% 左右。

研究表明，进行 3SET，6RM 的负荷能有效地增加肌肉的力量。改善肌肉耐力一般采用 4～6SET，18～20RM。

增加肌肉耐力的途径有二：（1）在其他条件不变的情况下，不断增加最高重复次数。（2）最高重复次数保持不变，增加重量。后者也可增强肌肉的力量。

（二）每组练习的间隔时间

力量练习各组间的间隔时间，一般以肌肉能完全恢复为准。肌肉在练习后的 3～5 秒时已恢复 50%，2 分钟时完全恢复。如果练习目的是为了增强肌肉的力量，练习的间隔时间不太重要，一般在 1 分钟左右；如果是为了增加肌肉的耐力，在 6～8 周训练中，练习的间隔时间应从 2 分钟逐渐减少到 30 秒钟。

（三）每次练习的间隔时间

如果是进行全身的肌肉练习，每隔一天进行练习会获得最佳的锻炼效果。倘若休息时间较短，身体不能完全恢复，锻炼效果也会较差。假如每天坚持力量练习，你每天应训练不同的肌肉群。例如，星期一、三、五练习上肢力量，二、四、六练习下肢力量。但应注意恢复时间不能过长（不超过 4 天），否则，练习获得的力量和耐力便会消退。

四、制定发展肌肉、耐力的计划

负重练习应有短期和长期的目标，确定目标对保持锻炼的兴趣和热情非常重要。关键在于设置的短期目标应在最初的几周练习中能够达到，这可以激励自己进一步实现长期目标训练。

（一）制定运动处方

力量练习的运动处方分为三个阶段：开始阶段、慢速增长阶段和保持阶段（见表 5-3）。

1. 开始阶段：在计划的开始阶段应避免举最大重量。过大的重量会增加肌肉和关节损伤的危险性。采用较轻的重量（最高重复次数为 12～15 次的负荷），不会使肌肉产生过度疲劳。如果原来选定的重量能轻松自如地重复 12 次，则可以增加重量。如果练习者不能重复举起 12 次，则说明重量过大。

根据练习者最初时的力量水平来确定开始阶段持续的时间，一般持续 1～3 周。初练者的开始阶段可能需要 3 周，有训练的人只需 1～2 周。

2. 慢速增长阶段：经过开始阶段的力量练习，如果肌肉已经适应练习动作，就可以增加重量，并能重复举起 6～8 次（6～8RM）。当肌肉力量进一步增强时，可再增加重量，直至达到练习者预定的目标为止。

此阶段的练习一般为每周3次，每次练习为3SET，6～8RM。

3. 保持阶段：根据用进废退的原理，如果停止练习，获得的力量会自然消退。保持阶段力量练习的强度应比获得阶段小。研究表明，力量增长后，每周1次的练习即可保持原增长水平。若不训练，30周后原增长水平完全消退。

表5-3　力量练习的运动处方

周	阶　段	频　率	组	最高重复次数	负　荷
1～3	开　始	2/周	2	15	15RM
4～20	慢速增长	2～3/周	3	6	6RM
20+	保　持	1～2/周	3	6	6RM

注1：开始和慢速增长阶段练习者应根据自己的初始力量水平在各个方面作适当调整。

注2：表5-3选自Powers，S.K. Total Fitness, 1999。

（二）力量练习的注意事项

1. 力量练习的安全要诀

（1）当运用杠铃进行力量练习时，必须有同伴帮助你完成练习，以防在不能完成练习的情况下，同伴可保护你。

（2）固定练习用的杠铃，以防其滑落砸伤身体。

（3）在进行负重练习之前应充分做好准备活动，防止练习中遭受损伤。

（4）在进行负重练习时，如果感觉到任何尖锐的刺痛，应立即停止练习。

（5）在进行负重练习时，应尽量避免憋气。举起阶段呼气，放下时吸气，可采用口和鼻呼吸。

（6）在采取快速还是慢速举起重量能获得更大力量的问题上仍存在着争议。但慢速举起重量可以减少受伤的可能性，而且，慢速举起重量既可增加肌肉体积，也可增强其力量。

2. 准备活动和放松活动

人体就像大多数机器一样，刚启动时无法达到最高的效率。要使肌肉充分发挥功能，并避免造成伤害，就需要热身。即使是体能状况良好的人，如果猛然迫使肌肉拉伸或收缩，也有可能受伤。负重练习的准备活动一般包括4～5分钟的慢跑、6～8分钟的拉伸活动和3组15～20RM。如果练习者打算举最大重量，还应增加准备活动的组数。

放松活动常包括走动和伸展运动，旨在让身体几分钟内逐渐冷却下来。适当的放松活动，可以使血液持续地流经肌肉，并将肌肉细胞内堆积的乳酸通过血液循环流到肝脏后分解。如果突然中断运动，留在肌肉内的乳酸可能会引起身体肌肉痉挛，也可能会使肌肉在以后的几天中更加疼痛。放松活动一般持续4～5分钟即可。

3. 完成动作的速度

在进行负重练习时，动作还原阶段的速度应比主动用力阶段慢一半。以卧推为例，如果举起的动作用1秒钟，放下还原阶段就要用2秒钟，这样可使一次负重练习得到两次（举起和放下）肌肉锻炼。如果还原阶段简单轻松地放下重量，肌肉就不能在还原阶段又一次得到有效的锻炼。

4. 练习时的呼吸

在主动用力阶段呼气，在还原阶段吸气。如果练习时呼吸频率太快，就会破坏呼气、吸气的节律性。应避免在主动用力阶段屏住呼吸，屏气会导致回心血量和流入大脑的血流量减少，从而产生头昏眼花的现象。

5. 安排练习顺序

合理安排练习的顺序可以防止疲劳的发生。应先安排大肌肉群的练习，再安排小肌肉群的练习，其原因是小肌群比大肌群较早产生疲劳。典型的力量练习顺序模式为：（1）大腿、腰部肌肉。（2）腿部（股四头肌、大腿后部肌群、小腿三头肌）。（3）躯干部（背、肩、胸）。（4）上臂（肱三头肌、肱二头肌、前臂肌肉）。（5）腹部。（6）颈部。

此外，还应注意不要在两个相继的练习中使用同一肌群，以保证肌肉在每次负荷后有足够的恢复时间。

6. 了解你的极限

运动要安全，很重要的一点就是留意所出现的警告信号。这些信号往往是运动量过大或身体某部分受伤的反应。有些人为了急于奏效而竭尽全力，反而遭受伤害。即使运动员也会因过度训练而受到意外伤害。

力量练习的警告信号一般指，锻炼结束后，肌肉有酸痛僵硬感，直到下次锻炼前这种感觉仍未消失。针对性的处理方法为，延长锻炼间隔时间，让肌肉充分恢复。此外，还要做好热身和练习后的放松活动。

五、肌肉力量、耐力练习的生理适应

（一）力量练习的生理变化

力量练习可以增大骨骼肌体积和增加肌纤维募集数目。肌肉体积的增大主要是由于肌原纤维数量的增多、增粗而使肌纤维增粗的缘故。最近也有报告证实，通过大强度的力量练习，肌原纤维数目是可以增加的，有人将这种增加称为肌原纤维数量性肥大。但数量性肥大在骨骼肌体积增大中的作用仍存在争议。

力量练习导致骨骼肌体积增大主要取决于饮食（见营养框5-3）、肌纤维类型（快肌纤维

营养框5-3　营养与体能、健康的关系

举重练习者在饮食中需要摄入大量蛋白质吗？

一些竞技运动员和健美运动员相信，蛋白质中所含的氨基酸可以使人体的肌肉更强健，因而他们额外服用蛋白质补剂。但是，人体能利用的蛋白质非常有限，因此这些努力可能是枉费心机。大多数含有种种氨基酸的补充剂并不能促进肌肉的生长和发育，只有精氨酸和鸟氨酸这两种氨基酸，确实能刺激生长激素，进而促使肌肉生长，但必须大剂量服用才有效，然而，这对人体的健康有害无益。

多数人，甚至运动员和健美练习者，所吃的蛋白质都超过人体所能利用的量。过多的蛋白质会在肝脏中被分解，并随尿液排出体外，有些则变成脂肪储存在体内。研究表明，一般人每天饮食中摄取蛋白质的量足以确保获得最大的锻炼效果。因此，锻炼者无需额外补充蛋白质。

的肥大比慢肌纤维明显)、血睾酮水平和力量练习的种类等因素。

力量练习对心肺功能的改善不明显,但有规律的力量练习对身体的组成成分和柔韧性的改善有积极的作用。对大多数人来说,严格的力量练习可以增加骨骼肌的体积和减少身体的脂肪。如果在力量练习中,锻炼者尽可能加大关节的活动范围,关节的柔韧性也可以得到改善。

(二) 负重练习后力量增加的快慢

力量增加的快慢取决于锻炼者开始力量练习时的水平,未经练习的人经负重练习后力量的增长比中等训练水平的人要快(图5-4)。这无疑增强了初练者对力量练习的信心。

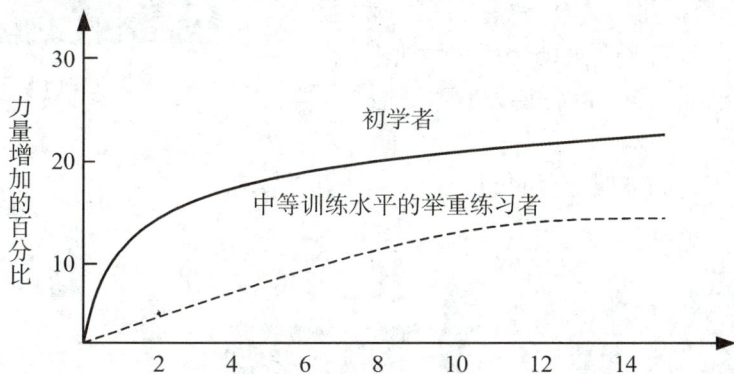

图5-4　负重练习的周数

(三) 力量练习反应的性别差异

肌肉的力量、耐力对男子和女子都同样重要,但许多女子由于担心力量练习会造成发达的肌肉块,而不敢进行肌肉力量、耐力的练习。其实,这种担心并没有科学依据。一般来说,女子通过负重练习是不会获得明显的肌肉块的。

男子、女子力量练习反应效果的基本差别在于肌肉的肥大程度。尽管力量的改善程度相同,但女子肌肉的围度增加远远小于男子。这是因为肌肉的功能性肥大取决于睾酮水平,尽管女子体内也含有睾酮,但其含量非常少(男子约是女子的20~30倍)。如果女子体内睾酮水平很高也就会表现出男性特征,如长胡须、体毛增多、声音低沉等,并具有发展肌肉块的潜力。睾酮对合成代谢和组织生长有很强的作用。

采取常规的负重练习12周,以力量增加的百分比为标准,女子力量增加明显大于男子,但不一定伴有明显的肌肉肥大,然后力量的增加达到高原期。若继续进行力量练习,力量增加则不明显。但在长期负重练习后,男子的肌肉体积增加大于女子。

第四节　力量练习方法

一、杠铃与哑铃练习法

(一) 卧推,见图5-5

器械: 杠铃、长凳。

练习方法: 正握杠铃杆, 将杠铃缓慢落到胸前, 然后推起。

要点: 屈膝90°, 双脚不接触地面和长凳。

发展的肌肉: 胸大肌、肱三头肌、三角肌。

(二) 挺举杠铃, 见图5-6

器械: 杠铃。

练习方法: 正握杠铃杆, 爆发用力, 将杠铃举到胸前。翻腕、屈膝后用力将杠铃举过头顶, 然后屈臂、屈髋、屈膝, 将杠铃降至大腿部后缓慢放下。

要点: 握杠同肩宽, 准备姿势成蹲姿抬头, 背部挺直。

发展的肌肉: 斜方肌、竖脊肌、臀大肌、股四头肌。

图5-5 卧推

图5-6 挺举杠铃

(三) 负重半蹲, 见图5-7

器械: 杠铃。

练习方法: 正握杠铃杆, 屈膝成90°后还原。

图5-7 负重半蹲

图5-8 负重提踵

要点：将脚跟垫起，下颌微朝前。

发展的肌肉：股四头肌、臀大肌。

（四）负重提踵，见图 5-8

器械：杠铃，5 厘米左右的厚板。

练习方法：正握杠铃于肩上，提踵。

要点：调整脚尖由朝前到向内或向外，保持身体正直。

发展的肌肉：腓肠肌、比目鱼肌。

（五）提杠铃，见图 5-9

器械：杠铃。

练习方法：采用混合握法，屈膝使大腿与地面水平，然后用力，将杠铃提起，身体保持直立，然后屈膝将杠铃缓慢落下。

要点：抬头、挺胸，握距同肩宽。

发展的肌肉：竖脊肌、臀大肌、股四头肌。

图 5-9 提杠铃

图 5-10 提铃耸肩

（六）提铃耸肩，见图 5-10

器械：杠铃。

练习方法：正握，耸肩至最高点，然后回落。

要点：四肢充分伸展。

发展的肌肉：斜方肌。

（七）俯立飞鸟，见图 5-11

器械：哑铃。

练习方法：弓身成水平状，两臂向后举至哑铃与肩同高，然后缓慢还原。

要点：膝与肘微屈。

图 5-11 俯立飞鸟

发展的肌肉：三角肌后群、背阔肌、斜方肌。

（八）哑铃弯举，见图 5-12

器械：哑铃。

练习方法：手持哑铃，前臂弯举至肩部，然后缓慢还原。

要点：使背部保持正直、稳定。

发展的肌肉：肘部屈肌。

（九）坐姿颈后臂屈伸，见图 5-13

器械：哑铃。

练习方法：两手握住哑铃的一端，两肘夹紧并抬高，然后用力伸直两臂，使重物沿背部向上移动至最高位。

要点：肘高抬并内夹。

发展的肌肉：肱三头肌、三角肌。

图 5-12　哑铃弯举

图 5-13　坐姿颈后臂屈伸

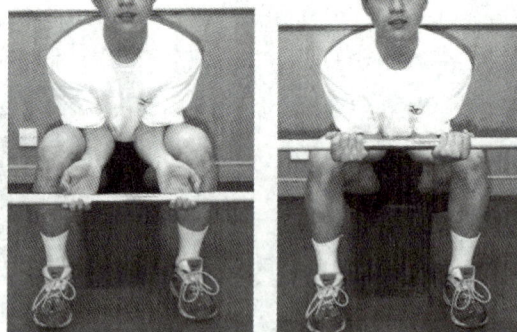

图 5-14　腕弯举

（十）腕弯举，见图 5-14

器械：杠铃。

练习方法：五指可稍微分开，握住（反握）杠铃杆，屈腕。

要点：以适宜的握距，将前臂固定好。

发展的肌肉：腕屈肌群。

（十一）肱二头弯举，见图 5-15

器械：杠铃。

练习方法：前臂弯举。

要点：弯举尽可能靠近肩部，动作应有控制地还原。

发展的肌肉：肱二头肌、肘部屈肌。

图5-15　肱二头弯举

二、体操练习法

体操练习法也是一种行之有效的肌肉力量、耐力的训练方法。它可以借助自身重量并把四肢作为阻力来发展肌肉的力量和耐力，同样它还可以提高柔韧性，这是因为肢体本身的力量就可以使肌肉伸展到最长。如果练习者锻炼时有足够的强度和持续时间，心血管和呼吸系统的耐力也可以提高。下面介绍的体操练习法都是针对专门的肌肉群设计的。如果完成了所有这些练习，则身体绝大部分肌肉群无论在耐力、力量和柔韧性等各方面都得到了锻炼和提高。

你可以根据自己的节奏进行练习，节奏越快，对心肺的压力也就越大。因此，练习者应尽快完成动作，并使两个练习方法之间的间隔时间缩短，这会收到满意的锻炼效果。如果你喜欢的话，也可在练习过程中加入音乐，这样可以使你练习起来更轻松、更有劲。

(一) 仰卧起身，见图5-16

目的：发展腹部肌肉。

发展的肌肉：腹直肌。

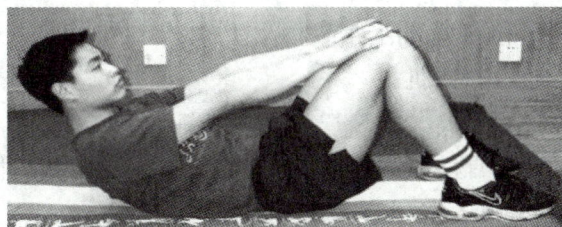

A. 初练者

B. 中级

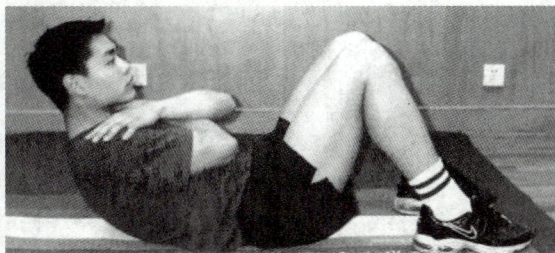

C. 有训练者

图5-16　仰卧起身

锻炼的关节：脊柱各关节。

练习方法：躯干蜷曲。

要点：仰卧，手置于胸前或背后，膝部弯曲成90°，脚不要离地，上体起至与地面成45°。

(二) 俯卧撑，见图5-17

目的：发展手臂和胸部肌肉力量。

发展的肌肉：肱三头肌、胸大肌。

要点：躯干与下肢保持在同一条直线上，下落时胸部不要触地。

重复次数：初练者10次，中级水平者20次，有训练者30次。

注意：避免背部的过分伸展，尤其是在调整后的俯卧撑中更应如此。

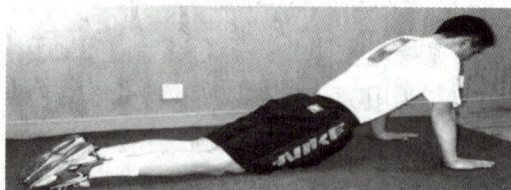

A. 俯卧撑　　　　　　　　　　　B. 调整后的俯卧撑

图5-17　俯卧撑

(三) 臂屈伸，见图5-18

目的：发展肩关节力量和肩关节活动范围。

发展的肌肉：肱三头肌、斜方肌。

重复次数：初练者7次，中级水平者12次，有训练者18次。

要点：准备姿势肘关节伸直，上体挺直，下落时臀部触地，而后撑起。

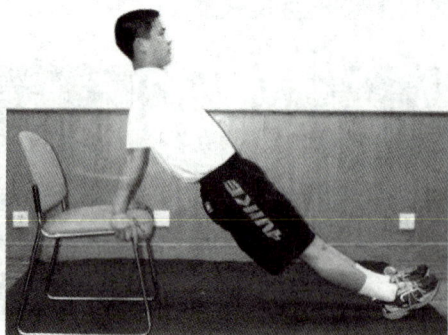

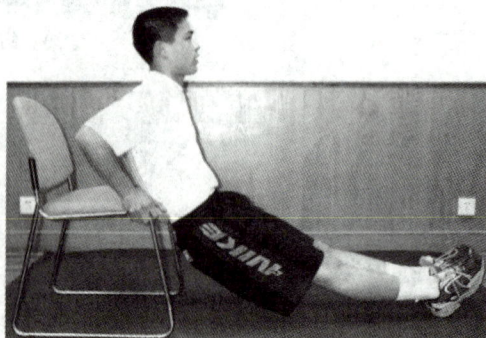

图5-18　臂屈伸

(四) 肢体旋转，见图 5-19

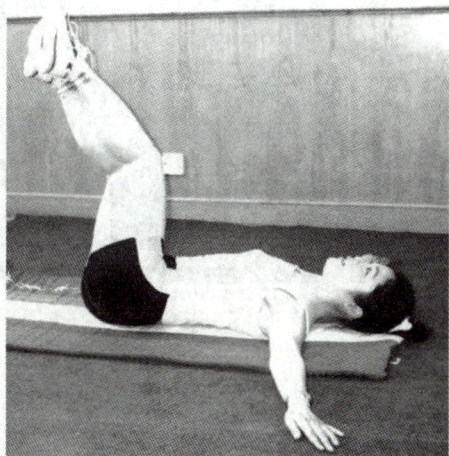 

A. 初练者　　　　　　　　　　　　　B. 有训练者

图 5-19　肢体旋转

目的：加强腹内、外斜肌的力量。

发展的肌肉：腹内、外斜肌。

重复次数：初练者每方向 10 次，有训练者每方向 20 次。

要点：下肢从一侧旋转到另一侧直到膝触地。

注意：此练习方式只适合于有较强腹部力量的锻炼者。

(五) 骑"自行车"，见图 5-20

图 5-20　骑"自行车"

目的：加强髋部力量，使下背部肌肉得到伸展。

发展的肌肉：髋腰肌。

重复次数：初练者每条腿 10 次，中级水平者 20 次，有训练者 30 次。

要点：双腿交换弯曲、伸展，好像在骑自行车一样。

(六) 侧卧举腿，见图 5-21

目的：加强髋部外展肌的力量。

发展的肌肉：髋部外展肌群。

重复次数：初学者每条腿 10 次，中级水平者 15 次，有训练者 20 次。

要点：髋关节、膝关节、踝关节保持伸直，尽可能高举，缓慢地还原。

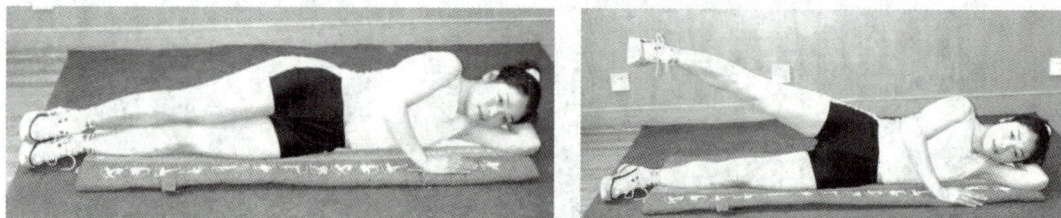

图 5-21　侧卧举腿

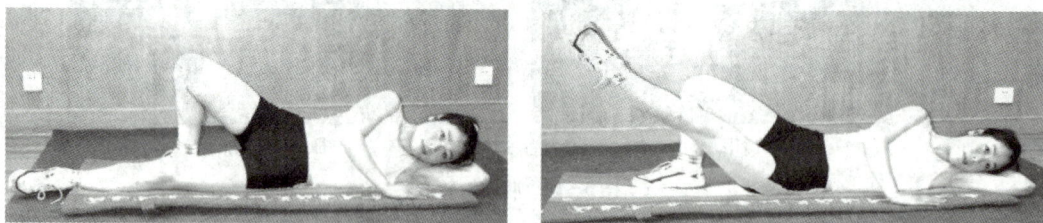

图 5-22　侧卧提腿

（七）侧卧提腿，见图 5-22

目的：加强髋部内收肌群的力量。

发展的肌肉：髋部内收肌群。

重复次数：初学者每条腿 10 次，中级水平者 15 次，有训练者 20 次。

要点：膝关节不能弯曲，练习腿尽量高抬，缓慢地还原。

（八）举腿，见图 5-23

A. 前举

B. 后举

C. 侧举

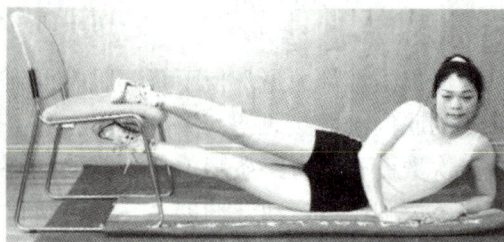

D. 侧举

图 5-23　举腿

目的：加强髋部的伸肌、屈肌、内收肌和外展肌。

发展的肌肉：A. 髋腰肌　B. 臀大肌　C. 臀中肌　D. 内收肌群。

重复次数：初练者每条腿10次，中级水平者15次，有训练者20次。

要点：每一动作应使腿尽量高举，为了防止损伤，避免发力过猛或过分伸展。

（九）挺髋，见图5-24

目的：加强臀部力量。

发展的肌肉：臀大肌和腘绳肌。

重复次数：初练者10次，中级水平者15次，有训练者20次。

要点：屈膝仰卧，骨盆尽力向上挺起。

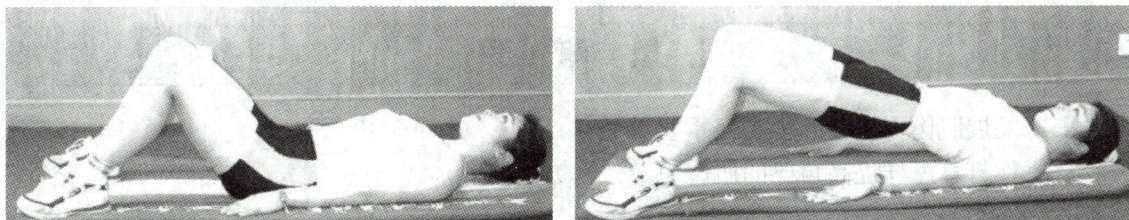

图5-24　挺髋

小　结

1. 肌肉力量和耐力的增加可以减少运动损伤，并使骨质疏松症的发生率下降，还能减缓因年龄增加而引起的人体机能下降。

2. 一般来讲，增加肌肉力量练习的同时，也会增加肌肉耐力。然而在发展肌肉耐力的同时，肌肉力量的增加却往往不明显。

3. 骨骼肌是由大量的纤长肌纤维组成的，肌肉与骨骼是由致密结缔组织连结的，这种致密结缔组织称为肌腱。肌肉收缩通过肌腱牵拉骨骼产生运动。

4. 肌肉的收缩是由运动神经以冲动形式传来的刺激所引起的。每一肌纤维都接受来自脊髓的运动神经元的支配，一个运动神经元连同它的全部神经末梢所支配的肌纤维，称为运动单位。

5. 等张收缩或动力性收缩是指引起身体某部分运动的肌肉收缩。等长收缩时肌肉的张力可发展到最大，但没有位置的移动。向心收缩时肌肉是缩短的，而离心收缩时肌肉虽积极收缩但仍被拉长。人的骨骼肌可分为三种类型：快收缩肌纤维、慢收缩肌纤维和中间型收缩肌纤维。慢肌纤维收缩速度慢却有强的抗疲劳性；快肌纤维收缩速度快，但容易疲劳；中间型肌纤维是介于快与慢两类肌纤维之间的肌纤维类型。

6. 增加参与收缩肌纤维的数目，使肌肉收缩力量增大的过程称为肌纤维的募集。

7. 研究表明，田径运动员的运动成绩与其肌肉中肌纤维类型的百分比有密切关系。耐力项目的冠军（如马拉松运动员）以慢肌纤维占优，而优秀短跑选手则以快肌纤维占优。

8. 决定肌肉力量有两个主要的生理因素：肌肉生理横截面积和中枢神经系统发放冲动的

强度和频率。

9. 肌肉体积的增大主要是由于肌原纤维数量增多、增粗而使肌纤维增粗的缘故。最近也有研究指出，通过力量练习可以促使新的肌纤维形成。

10. 渐增阻力原则就是超负荷原则在肌肉力量、耐力练习中的应用。

11. 力量练习时，重复次数少、负荷重量大可以有效地发展肌肉力量，而增加肌肉耐力需要重复次数多，负荷重量小。

12. 力量练习的运动处方分为三个阶段：开始阶段(1～3周)，每周2次，每次进行2 SETS，15RM；慢速增长阶段（4～20周），每周2～3次，每次3SETS，6RM；保持阶段（20周以上），每周进行 1～2次，每次 3SETS，6RM。

思 考 题

一、发展肌肉力量、耐力有何重要意义？

二、你打算怎样提高自己的肌肉力量、耐力？

第六章　体育锻炼与柔韧性的改善

学习目标

当学完这一章后，你应该能够解释以下的关键概念和重要问题

关 键 概 念

- ✎ 柔韧性
- ✎ 收缩肌
- ✎ 拮抗肌
- ✎ 静态伸展法
- ✎ 弹性伸展法
- ✎ PNF 伸展法

重 要 问 题

- 📖 柔韧性的种类
- 📖 影响柔韧性的因素
- 📖 三种肌肉伸展的方法及它们之间的区别
- 📖 肌肉伸展的神经生理学原理
- 📖 改善身体各关节柔韧性的具体方法
- 📖 柔韧性锻炼计划的制定

柔韧性是一种重要的体能成分。它是指身体各个关节的活动幅度以及跨过关节的韧带、肌腱、肌肉、皮肤和其他组织的弹性和伸展能力。柔韧性包括两方面的含义：一是关节活动幅度的大小，二是跨过关节的韧带、肌腱和肌肉等软组织的伸展性。关节的活动幅度主要取决于关节本身的结构，关节的结构不同，柔韧性也有差别。其中关节的骨结构是不能改变的，但跨过关节的韧带、肌腱和肌肉等软组织的伸展性则可以通过合理的训练得以提高。

柔韧性是指一个特定的关节或一系列关节可能活动的范围，而且柔韧性可能只同一个关

节（如膝关节）有关，或和一连串关节有关（如脊柱关节），它们必须一同运动，人才能自由地弯曲转动。你也许经常会听到别人说："他的身体柔韧性很好。"其实说整个人柔韧性好是不正确的，柔韧性是相对于一个特定的关节或一种活动而言的，一个人也许踝、膝、髋等关节很灵活，但肩关节的灵活性可能较差。

就体育锻炼中的柔韧性而言，柔是指肌肉、韧带拉长的范围，韧是指肌肉、韧带保持一定长度的力量，控制关节不受损伤的最大活动幅度，柔和韧的结合便是柔韧，发挥的能力则是柔韧体能。

第一节　柔韧性概述

一、柔韧性的种类及特点

柔韧性和柔软性不能混为一谈，虽然两者都可用肢体活动幅度的大小来衡量，可它们实质上是有区别的。从字义上讲，柔韧是既柔又坚韧，即柔中有刚，刚柔相济；而柔软只是柔而不硬，即柔中无刚，刚柔不济。从性能上看，柔韧是在幅度中含有速度和力量的因素，即在做大幅度动作时，肌肉仍能快速有力地收缩；而柔软只是幅度大，却缺乏速度和力量，做动作时软绵绵的，打得开却收不拢。体育锻炼中需要的是柔韧性而不是柔软性。柔韧性的分类如下（见图6-1）：

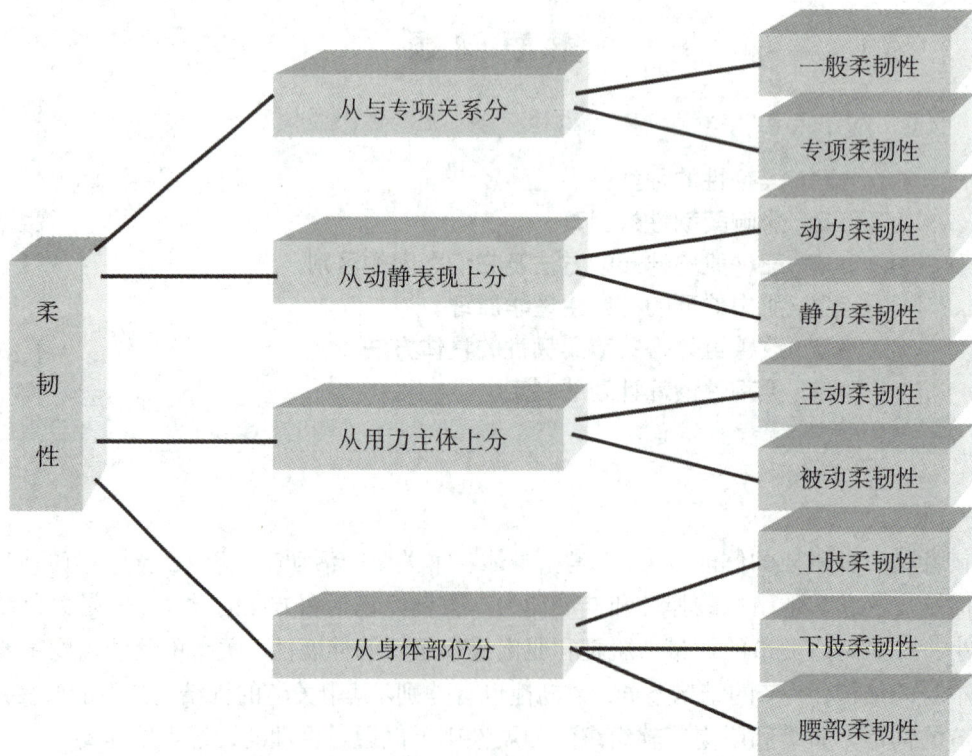

图6-1　柔韧性的分类

（一）柔韧性从其与专项的关系上看，可分为一般柔韧性和专项柔韧性。一般柔韧性是指为适应一般技能发展所需要的柔韧体能。专项柔韧性是指专项锻炼所需要的特殊柔韧性，由于专项柔韧性具有较强的选择性，因此，同一身体部位具有的柔韧性由于项目的需求不同，在幅度、方向等表现上也有差异。

（二）柔韧性从其外部运动状态上看，可分为动力柔韧性和静力柔韧性。动力柔韧性是指肌肉、肌腱、韧带根据动力性动作需要，拉伸到解剖学允许的最大限度范围，随即利用强有力的弹性回缩力来完成所要完成的动作。所有的爆发力前的拉伸均属于动力柔韧性。静力柔韧性是指肌肉、肌腱、韧带根据静力性动作的需要，拉伸到动作所需要的位置角度，控制其停留一定时间所表现出来的能力。动力柔韧性建立在静力柔韧性的基础上，但必须要有力量素质的表现。静力柔韧性好，动力柔韧性不一定好。

（三）从完成柔韧性练习的表现上看，可分为主动柔韧性和被动柔韧性。主动柔韧性是人在主动运动中表现出来的柔韧水平。被动柔韧性则是在一定外力协助下完成或在外力作用下（如同伴协助做压腿练习）表现出来的柔韧水平。主动柔韧性不仅反映对抗肌的可伸展程度，而且也可反映主动肌的收缩力量。一般来说，主动柔韧性比被动柔韧性要差，这种差距越小，说明柔韧性的发展水平越均衡。

（四）从柔韧性在身体不同部位上看，可分为上肢柔韧性、下肢柔韧性和腰部柔韧性等。

二、柔韧性的意义

根据人体生理解剖结构，柔韧包括四肢和躯干各关节的柔韧。其主要关节有肩、肘、腕、髋、膝、踝及脊柱等各关节。柔韧性的锻炼就是针对上述各关节灵活性的练习。

原先，柔韧性被认为是体能的一种组成成分而非健康因素。但对于一个健康的人而言，全身能够自由灵活地做出各种动作，必须要具备基本的柔韧性。如关节炎患者的一个关节失去了其正常的功能，一动就痛并且活动受到限制，连正常行动也受到阻碍。这说明柔韧性也应是一个健康因素。

在体育锻炼中，因项目不同对各关节活动幅度要求的程度也就不同。但各关节柔韧性的全面发展是基础，只有在全面发展的基础上，才能突出某一项目需要的关节柔韧性的重要。如投掷、举重和游泳等项目需要肩关节柔韧性较好，篮球、排球和小球项目对腕部柔韧性要求较高，还有的项目，如体操、艺术体操、技巧和武术等因技术动作的需要对全身各关节的柔韧要求都很高。对任何一个锻炼项目来说，全身各关节的柔韧性在每一个动作中都有其具体的作用，哪一个关节柔韧性差都会影响动作技能的掌握和发挥，因此，各关节柔韧性的发展是相互促进的。

因此，增强柔韧性对掌握动作技能、改善健康状况的具体作用归纳如下：

1. 柔韧性是体能的重要标志之一。

2. 加大一定的活动幅度，提高动作效果，有利于肌力和速度的发挥。

3. 提高关节的灵活性，使人的动作姿势优美。

4. 加速动作掌握进程，使动作学习轻巧自如，做动作也更加协调和准确。

5. 减少肌肉等软组织损伤，防止伤害事故发生。

6. 有助于肌肉放松和情绪稳定。

第二节　影响柔韧性的因素

柔韧性对任何关节都有其特殊性，因此有良好的髋关节柔韧性与你的上肢、腰和踝是否柔韧并无关系。经常做伸展练习的关节会变得非常柔韧，而没有练到的关节柔韧性依然很差。每个关节都有一定的因素直接影响其柔韧性。因此，了解这些因素，有助于我们正确运用发展柔韧性的练习方法、手段和防止受伤。

一、关节结构及其周围组织

骨关节结构是依据人体生理生长规律需要而形成的，这种结构装置是被限定的，它决定了关节活动的幅度，关节不能强行伸展到它结构所不允许的范围。关节的活动范围是根据关节头和关节窝两个关节面之差所决定的，差值越大，关节活动幅度也就越大。人体各关节的活动幅度是有区别的，肩与髋的活动范围大，而腕与踝的活动范围小。骨关节结构又因人而异，如有些人肘关节的鹰嘴突长，会使肘关节不能完全伸展；而有些人鹰嘴突短，则会使肘关节过分伸展出现弯曲，这通常分别被称为"紧关节"和"松关节"。人体这种骨关节结构是先天性的，通过锻炼难以改变，但可以使各关节达到它最大的活动范围。

关节的加固主要靠韧带和肌腱，肌肉则从关节外部补充加固关节的力量，控制关节活动幅度，它们共同作用，限制关节在一定范围内活动，从而保护关节不致超出解剖允许的限度而受伤。当具体发展某一关节的柔韧性时，主要发展控制关节屈、伸肌的伸展性及协调能力，牵拉限制关节活动幅度的对抗肌，逐渐增加它们的伸展度。为了力求达到关节的最大解剖伸展度，就必须在完全克服对抗肌的限力以后仍然拉伸，从而牵拉到肌腱，最后才拉伸到韧带，所以平时我们所说的"拉韧带"，实际上首先是对肌肉、肌腱的拉伸。

关节周围的肌肉块过大或脂肪过多，都影响着柔韧性的提高。如肩部三角肌过大，会影响肩关节的活动范围；肱二头肌过大，则影响肘关节的弯曲程度等。肥胖限制全身自由活动的能力，皮下脂肪过多，肌肉收缩力量相对较弱，加之脂肪占一定的空间体积，从而影响柔韧的有效幅度。

皮肤也会影响关节的活动幅度。一个人身上有伤口或手术时留下较深的切口，尤其在关节上的皮肤有伤口，会留下永恒的疤痕，这处疤痕组织因不能随关节活动一同伸展而影响其关节活动幅度。表6-1列出了不同软组织对关节柔韧性的影响程度。

表6-1　不同软组织对关节柔韧性的影响程度

组织结构	柔韧性障碍（%）	组织结构	柔韧性障碍（%）
韧　　带	47	肌　　腱	10
肌　　肉	41	皮　　肤	2

注：表6-1选自 Powers, S.K. Total Fitness, 1999。

二、年龄和性别

根据人体生长规律，初生婴儿柔性最好，随着年龄的增大、骨的骨化和肌肉的增长，韧性逐渐加强。柔韧性在10岁以前是自然获得发展的，10岁以后柔韧性会相对降低。因此10岁以前给予应有的柔韧性练习，使其自然增长的柔韧性得到更好的提高是十分必要的。10～13岁是性成熟前期，肌肉韧带的弹性、伸展性仍有较大的可塑性，给予充分的柔韧练习仍可获得应有的效果，也对身高增长有利。超过这个年龄来发展柔韧性，将会使人经受较大痛苦、费时长、收效慢、易受伤。13～15岁为生长期，骨骼生长速度超过肌肉生长，柔韧性有所下降，不要过分进行柔韧性练习以免拉伤。16～20岁身体发育趋向成熟，可加大柔韧负荷和难度，在已有的基础上提高柔韧性。

根据生理解剖特点，女子的柔韧性通常比男子好。男子的肌纤维稍粗，横断面积大，收缩力较大，全部肌纤维的3/4强而有力；女子的肌纤维细长，横断面积小，伸展性好，1/2的肌纤维强而有力。因此女子关节的灵活性好于男子。

三、温度

肌肉温度升高时，新陈代谢加强，供血增多，肌肉的粘滞性减少，从而提高肌肉的弹性和伸展性，柔韧性得以提高。影响柔韧性的温度有外界环境温度和体内温度，体内温度的调节用于补偿外界环境对机体产生的不适应。当外界温度低时，必须做好充分的准备活动，提高肌肉温度，从而增加柔韧性；当外界温度高时，应排除汗液降低温度，以免肌肉过早出现疲劳而降低关节的柔韧性。

四、其他因素

1. 神经过程转换　神经系统兴奋与抑制过程转换的灵活性高，支配肌肉收缩与放松的能力强，柔韧性好，反之则差。

2. 活动水平　不爱活动的人比经常活动的人柔韧性差。同样是经常参加锻炼的人，由于锻炼的方法、手段、量和强度不同，柔韧性也有差异。

3. 心理因素　心理紧张度过强、时间过长会使神经过程由兴奋转为抑制，影响肌肉的协调能力，从而影响柔韧性。

4. 疲劳程度　当肌肉由于长时间工作产生疲劳时，其弹性、伸展性和兴奋性均降低，造成肌肉收缩与放松的不完善以及各肌群不能协调工作从而导致关节柔韧性的降低。

5. 时间　一天内人体机能状态不同，柔韧性也有变化，早晨柔韧性差，上、下午较好，这主要与机体的唤醒水平有关。

6. 遗传　有的人天生关节柔韧性好，有的人则差，这与人的遗传因素有关。

7. 营养　目前尚无研究表明哪种营养品能提高关节的柔韧性，但人体维生素C的摄入不足会影响关节活动的范围（见营养框6-1）。

营养框6-1　营养与体能、健康的关系

维生素C对柔韧性的影响

维生素C在维持骨骼硬度和连接组织(如软骨组织和胶原纤维)的接合上起着重要作用,因为软骨组织和胶原纤维是关节结构的关键连接组织,它们数量上的变化改变着关节的牢固性。没有摄入适量的维生素C会导致坏血病,进而会使关节松散。由于坏血病导致的关节运动范围加大容易引起损伤。食用柑橘类水果、西红柿和青椒等可以避免维生素C的缺乏。

第三节　肌肉伸展的方法及其神经生理基础

一、肌肉伸展的方法

发展柔韧性的目的是为了提高跨过关节的肌肉、肌腱、韧带等软组织的伸展性。伸展能力的提高主要是由于"力"的拉伸作用的结果,这种"力"表现在动作上可分为两种,即主动动作和被动动作(详见细节透视6-1)。肌肉伸展的方法有三种:即主动或被动的静态伸展法、主动或被动的弹性伸展法、本体感受神经肌肉伸展法（PNF法）。

细节透视6-1

主动动作和被动动作

主动动作,亦可称为活动柔韧性,是指通过肌肉主动收缩,关节所能进行的活动程度,通常是中等范围的活动。活动柔韧性并不一定能说明关节是僵硬还是松弛的,因为这取决于是否能较容易地有效移动关节。

被动动作,有时也称静止柔韧性,是指在被动作用后关节能被转动的最大程度,通常被动动作的转动范围要大于主动动作。

（一）主动或被动的静态伸展法

主动或被动的静态伸展法是一种行之有效且比较流行的伸展肌肉方法,它是缓慢地将肌肉、肌腱、韧带拉伸到有一定酸、胀和痛的感觉位置,并维持此姿势一段时间。关于在酸、胀、痛的位置停留的最佳时间,目前的研究尚未定论,从3秒~60秒不等。一般认为10~30秒应该是一个理想的时间,每块肌肉的伸展应连续重复4~6次为最好。

这种肌肉伸展方法可以较好地控制使用的力量,比较安全,尤其适合于活动少和未经训练的人。它可减少或消除超过关节伸展能力的危险性,避免拉伤,而且由于拉伸缓慢而不会引起牵张反射。

（二）主动或被动的弹性伸展法

主动或被动的弹性伸展法是指有节奏的、速度较快的、幅度逐渐加大的多次重复一个动作的拉伸方法。主动的弹性伸展是靠自己的力量拉伸,并重复地收缩收缩肌来达到拮抗肌(详见细节透视6-2)的快速伸展效果;被动的弹性伸展是靠同伴的帮助或负重借助外力的拉伸。

　　利用主动动作或被动动作所产生的动量来伸展肌肉，所用的力量应与被拉伸的关节的可能伸展能力相适应，如果大于肌肉组织的可伸展能力，肌肉就会拉伤。在运用该方法时用力不宜过猛，幅度一定要由小到大，先作几次小幅度的预备拉伸，再逐渐加大幅度，从而避免拉伤。

细节透视 6-2

收缩肌与拮抗肌

　　在讨论肌肉伸展的三种不同方法之前，首先必须了解什么是收缩肌?什么是拮抗肌(对抗肌)?什么是肌群之间的协同作用?

　　例如，人体膝关节之所以能够屈和伸，是因为在大腿前面的股四头肌的收缩能引起膝关节伸，而大腿后面的股后肌群收缩则使膝关节屈。为了达到膝关节伸的效果，股四头肌收缩，同时股后肌群放松并伸展，肌肉间的这种协作关系称为协同作用。肌肉收缩可产生一个运动，在这个例子里，股四头肌的收缩引起膝关节伸，它就是收缩肌；相反，对应收缩肌的收缩，作放松伸展的肌肉就称拮抗肌，这个膝关节伸的例子里的拮抗肌是股后肌群。

　　收缩肌与拮抗肌之间在一定程度上存在着力量的平衡。这对于正常、协调地运动是必不可少的，对于预防由于肌肉用力不平衡引起的肌肉拉伤也是非常重要的。

（三）本体感受神经肌肉伸展法（PNF法）

　　本体感受神经肌肉伸展法原先被用于对各种神经肌肉瘫痪病人的治疗，直到近年来才被当作正常人改善肌肉柔韧性的伸展方法来使用。现在流行许多不同的本体感受神经肌肉伸展法（PNF法），包括慢速伸展—保持—放松法、收缩—放松法和保持—放松法等三种。所有这些方法都包含有收缩肌和拮抗肌交替收缩和放松（一个10秒钟推的过程紧接着一个10秒钟放松的过程）。

　　以伸展股后肌群为例，慢速伸展—保持—放松法有以下几个步骤：首先仰卧，膝关节伸直，脚踝成90度，同伴帮助推一腿弯曲髋关节至有轻微酸痛感，此时开始收缩股后肌群以抵抗同伴的推力，持续10秒钟以后，放松股后肌群而收缩股四头肌（收缩肌），同时同伴再加力帮助伸展股后肌群（拮抗肌），放松过程持续10秒，此时再一次对抗同伴的推力，从这个关节新的角度开始，这样的过程至少重复三次。

　　收缩—放松法和保持—放松法是慢速伸展—保持—放松方法的变形。在收缩—放松法中，股后肌群等张力地收缩，因此，事实上腿在被推的过程中朝推力的反方向移动；而在保持—放松法中，股后肌群作等轴收缩。在放松阶段中，这两种方法都包括股后肌群和股四头肌的放松，同时股后肌群被动地伸展。

　　这三种伸展方法都可有效地改善身体柔韧性，但弹性伸展法容易引起肌肉酸痛，也存在着肌肉被拉伤的危险，所以很少被推荐。然而，实际上我们在体育锻炼中都要做弹性伸展，并通过它来提高动作练习效果，弹性伸展法比较适合经常锻炼的人或运动员。静态伸展法是最为广泛使用的方法，简单、有效、安全，甚至不需要同伴的帮助，通过一段时间的锻炼可有效地改善关节柔韧性。PNF法在一次伸展过程中可以大大提高关节活动幅度，比静态伸展法效果更加显著，不易导致肌肉酸痛或损伤，因此，越来越多的人选择此方法来改善肌肉、关节的柔韧性，主要的缺点是该法需要同伴的帮助。

二、肌肉伸展的神经生理学基础

静态伸展法、弹性伸展法、本体感受神经肌肉伸展法（PNF法）都基于伸展反射的神经生理现象。人体的每块肌肉都有各种类型的感受器，它们一受到刺激就会将刺激传送给中枢神经系统，中枢神经系统则指挥肌肉做相应的反应。在伸展反射中，有两种感受器颇为重要：肌梭和肌腱器（腱梭）。这两种感受器对肌肉长度的变化均很敏感。当肌肉伸展时，肌梭也被拉长，并向脊髓送入一系列感觉刺激信号，通知中枢神经系统肌肉被拉长了。从脊髓返回肌肉的信号刺激使肌肉反射性地收缩，以此来抵抗伸展，这便是牵张反射。

如果肌肉伸展持续一段时间（至少6秒），腱梭则对肌肉长度和增加的紧张度作出反应，向脊髓发出感觉刺激信号，腱梭发出的刺激信号，不像肌梭发出的那样，它会引起拮抗肌的反射性放松。而这种反射性松弛作为一种保护手段，允许肌肉在达到最大伸展程度之前通过松弛而伸长，防止肌纤维受到损伤。

静态伸展包含有持续6秒～60秒不等的连续伸展，这段时间足够让腱梭对肌肉紧张度的增加作出反应，腱梭所产生的刺激力量压过肌梭所产生的刺激时，它使肌肉在原先对肌肉长度的变化作出反射抵抗力反应后产生反射性松弛状态，这样，拉伸肌肉并使其保持在此伸展姿势一段时间内是不会导致肌肉损伤的。

本体感受神经肌肉伸展法（PNF法）如此有效主要应归功于以上这些神经生理学原理。前面提到的慢速伸展—保持—放松法稍复杂些，还利用另外两种神经生理现象。肌肉在一个持续10秒钟推的阶段所能达到的最大等长收缩又致使肌肉紧张度增加，因而在肌肉还未达到伸展位置之前便刺激腱梭影响拮抗肌作反射松弛。这种在收缩过程中的拮抗肌的松弛现象被称为体内抑制现象。在放松阶段，拮抗肌放松并被拉伸，同时收缩肌做最大限度的等张收缩，使收缩肌收缩趋向极限。在任何协调肌群中，收缩肌的收缩都会引起拮抗肌的反射性松弛，使得肌肉伸展并保护它不受伤，这种现象称为交互抑制现象。这样，通过PNF法（以体内抑制和交互抑制），从理论上讲，可使肌肉伸展得更充分，锻炼程度高于静态伸展和动力伸展中的任何一种。

第四节　关节柔韧性的练习方法

发展关节的柔韧性，应根据参加锻炼项目的特点，有目的、有选择地进行练习。柔韧性练习一般在适当的热身运动以后进行，也可安排在每次锻炼的结束部分进行。为了防止受伤，应先采用静态伸展肌肉的方法或PNF伸展法，然后才能进行弹性伸展法。下面介绍发展身体各关节柔韧性的一些常用的练习方法。

一、肩关节柔韧性练习

（一）压肩，见图6-2、图6-3

图6-2　正压肩

图6-3　反压肩

图6-4　吊肩

1. 正压肩

伸展的肌肉：胸大肌、背阔肌。

方法：手扶一定高度的物体或两人手扶对方肩，体前屈直臂压肩。

2. 反压肩

伸展的肌肉：胸大肌、三角肌前束。

方法：反手扶一定高度的物体，下蹲直臂压肩。

（二）吊肩，见图6-4

伸展的肌肉：胸大肌、背阔肌等肩带周围肌群。

方法：单杠各种握法（正、反、反正、翻等握法）的悬垂；或单杠悬垂后，两腿从两手间穿过下翻成反吊。

（三）转肩，见图6-5

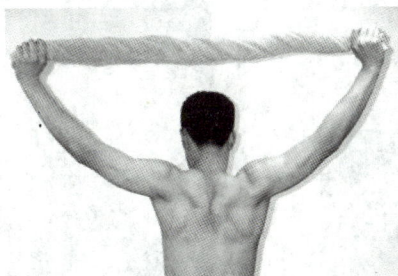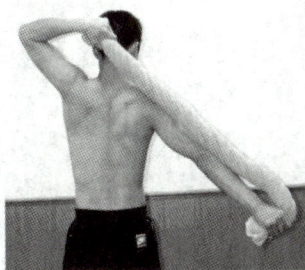

图6-5　转肩

伸展的肌肉：肩带周围肌群。

方法：用木棍、绳、毛巾等作直臂或屈臂的向前、向后的转肩，握距应逐渐缩小。

二、下肢柔韧性练习

（一）弓箭步压腿，见图6-6

伸展的肌肉：大腿屈肌、股四头肌。

方法：前跨一大步成弓箭步，后脚跟提起，膝关节略屈，向前顶髋。

（二）后拉腿，见图6-7

伸展的肌肉：大腿屈肌、股四头肌。

方法：一手扶一定高度的物体，另一手抓异侧的脚背，向后拉腿。

（三）正压腿，见图6-8

伸展的肌肉：股后肌群、小腿三头肌。

方法：单脚支撑，一腿搁于一定高度的物体上，两膝伸直，身体前倾下压。

图6-6　弓箭步压腿

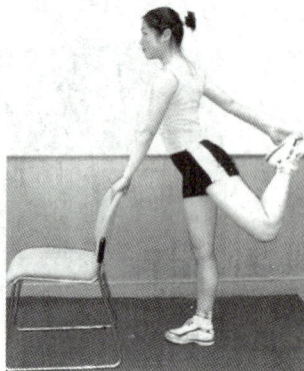  

图6-7　后拉腿　　　　　　　　　　　　图6-8　正压腿

（四）侧压腿，见图6-9

伸展的肌肉：大腿内侧肌群、股后肌群、小腿三头肌。

方法：侧立单脚支撑，一腿搁于一定高度的物体上，两膝伸直，身体侧屈下压。

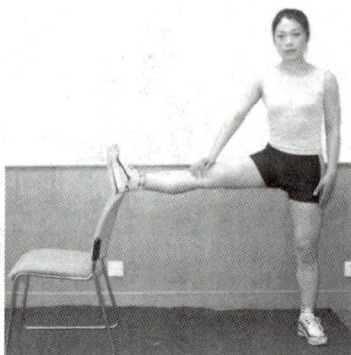  

图6-9　侧压腿　　　　　　　　　　　图6-10　跪压

三、踝关节柔韧性练习

（一）跪压，见图6-10

伸展的肌肉：小腿前群肌、股四头肌。

方法：跪于地面上，脚背伸直，臀部坐在脚跟上。

（二）倾压，见图6-11

伸展的肌肉：小腿后群肌。

方法：手扶墙面站于一定高度的物体上，先提踵，后脚跟下踩，身体略前倾。

四、腰腹部柔韧性练习

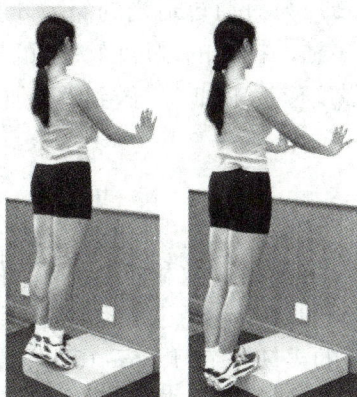
图6-11　倾压

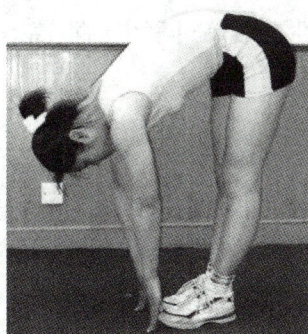
图6-12　体前屈

图6-13　体侧屈

（一）体前屈，见图6-12

伸展的肌肉：腰背及股后肌群。

方法：两腿并步或开立，膝关节伸直，身体前倾下压。

（二）体侧屈，见图6-13

伸展的肌肉：体侧肌群。

方法：两腿开立，一手臂上举，上臂贴耳，身体侧屈下压。

（三）转体，见图6-14

伸展的肌肉：躯干和臀转肌。

方法：把一只脚放于另一腿的膝盖外侧，向弯曲腿的方向扭转身体。

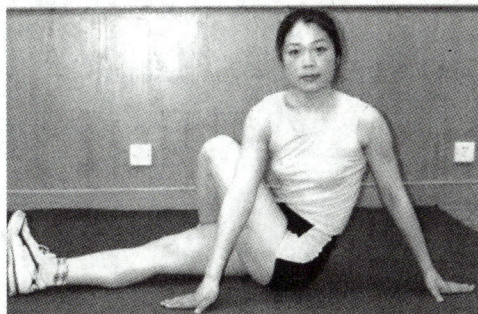
图6-14　转体

第五节　柔韧性锻炼计划

在柔韧性练习之前，首先应对自己身体各关节的柔韧性有所了解，可通过柔韧性测量和评价得知（见第二章）。

柔韧性练习应是每次锻炼准备活动的一部分，我们经常看到有人并没有在活动开始前先慢跑5～8分钟直至冒汗，而错误地拉伸未经活动的肌肉群，或未经伸展肌肉直接进行剧烈运动，这是很危险的。如果事先做了热身运动，体温可以上升2～4度，这时再伸展肌肉就比较安全。

在身体锻炼结束前的整理活动中进行柔韧性练习也是明智的，它不仅可以帮助肌肉恢复到正常放松状态，而且在锻炼结束时做伸展运动，肌肉组织的温度相对较高，可以有效扩大关节伸展幅度，减少锻炼后产生肌肉酸痛的可能性。

一、柔韧性练习强度

柔韧性练习应采用缓慢、放松、有节制和无疼痛的练习，只有通过适当的努力才会提高。肌肉的伸展会有酸胀的感觉，但不应过分伸展而引起不适，拉伸的强度随关节的活动范围增加而改变。随着柔韧性在锻炼过程中的提高，练习强度应逐渐加大，做到"酸加、痛减、麻停"。

二、柔韧性练习的时间和次数

柔韧性练习的时间由采用的伸展方式决定，它主要取决于重复的次数和伸展位置上停留的时间。每个姿势持续的时间和次数是逐渐增加的，应从最初的10秒，经过一段时间的练习增加至30秒，重复次数在3次以上。如果是平时体育锻炼时的柔韧性练习，5～10分钟的时间就足够了；如果是专门为了提高柔韧性的练习或运动员的训练，则必须要有15～30分钟的时间安排（详见表6-2）。

表6-2　柔韧性练习的时间、次数安排样例

周 次	阶 段	肌肉伸展持续时间（秒）	每种练习重复次数（次）	每 周锻炼次数（次）
1	起　始	15	1	1
2		20	2	2
3		25	3	3
4	逐渐进步	30	4	3
5		30	4	3～4
6		30	4	4～5
7周以上	保　持	30	4	4～5

注：表6-2选自 Powers, S.K. Total Fitness, 1999。

三、柔韧性练习的注意事项

（一）循序渐进，持之以恒

柔韧性的发展需要意志力。这种体能练习时锻炼者易产生酸痛感，但若停止训练柔韧性会有所消退。初次练习易见效，第二次再练习就有痛感，而且第一次练习获得的效果会全部消退并差于第一次练习前的效果，这是由于肌肉被拉长回缩力增加的原因，应继续将其慢慢拉开，这样才能消除痛感。经过一个时期的练习，该长度的伸展已适应，应进一步拉长肌肉，牵拉肌腱，使柔韧性的提高上升到一个新的水平。但是，如果柔韧性练习停止一段时期，已获得的效果就会有所消退。因此，柔韧性练习要持之以恒才能见效。

肌肉、肌腱和韧带等软组织的伸展性并不是一朝一夕的练习就能得到提高的，急于求成，容易引起软组织损伤。练习应逐步提高要求，做到循序渐进。

（二）柔韧性练习要全面

不管是准备活动中的伸展练习，还是专门发展某些关节柔韧性的练习，都要兼顾到身体各关节柔韧性的全面发展。在身体活动中，完成动作不仅局限于一个关节或某个身体部位，而是要牵涉到几个相互关联的部位甚至全身。如果柔韧性练习只集中在部分关节而忽视其他部位，则完成动作会受阻甚至有受伤的可能。因此，如果发现某一关节柔韧性稍差，就应采取针对性措施使其得到改善。

（三）柔韧性练习要因人因项而异

柔韧性练习必须根据所参加锻炼项目的特点和锻炼者的具体情况作出安排，在全面发展身体各部位柔韧性的基础上，要重点练习特定项目所需要的专门柔韧素质，例如，跳跃项目对腿部和髋部柔韧性要求较高，游泳项目要求肩关节和踝关节柔韧性要好等。另外，锻炼者应根据自己的情况，进行适合于自己的柔韧性练习。

（四）柔韧性的发展应与力量发展相适应

力量练习是发展肌肉的收缩能力，柔韧性练习则是发展肌肉的伸展能力，因此力量结合柔韧性的练习对提高肌肉质量最为有效，既能使力量增长，又能保证关节灵活性的提高。这就是讲，肌力的增长决不能因体积的增加而影响关节活动幅度。

（五）柔韧性练习要注意外界的温度和时间

外界温度过高或过低，都会影响到肌肉的状态和肌肉的伸展能力。外界温度高，轻微的热身运动后即可做伸展练习；外界温度低，则应做充分的热身运动至冒汗后方可进行柔韧性练习。一般地说，当外界温度在18度时，有利于柔韧性发展，因为肌肉在这个温度下的伸展能力较好。

一天之内在任何时间都可进行柔韧性练习，只是效果不同而已。早晨柔韧性会明显降低，而10～18时之间人体关节能表现出良好的柔韧性，此时可进行一些强度较大的柔韧性练习。

（六）柔韧性练习后应结合放松练习

当每次伸展练习之后，应做些相反方向的练习，使供血供能机能加强，这有助于伸展肌群的放松和恢复。如压腿后做几次屈膝下蹲动作，体前屈练习之后做几次挺腹挺髋动作等。

（七）柔韧性要从小培养

武术、体操、舞蹈、技巧等项目对全身各关节的柔韧性要求很高，应从小开始锻炼。由于柔韧性受年龄的影响，5～10岁是柔韧性发展的敏感期，在此时期内要抓紧练习，这样能使柔韧性易于保持和巩固，不易消退。

（八）安全告诫

为争取良好的锻炼效果，并防止受伤，柔韧性练习时必须遵循以下几点建议：

1. 在进行大强度的肌肉伸展之前必须做充分的热身运动，使身体出汗。

2. 肌肉、韧带等软组织只有通过略超正常范围的伸展练习，柔韧性才能提高，但练习不能太剧烈，防止疼痛和拉伤。

3. 肌肉拉伸产生了紧绷感或感到不舒服时就该停止练习，伸展练习不应让人感到疼痛。

4. 任何一个被伸展的关节只有感到动作幅度加大时，才说明练习已见效。

5. 当伸展疼痛关节周围的肌肉时要小心，注意轻柔一些。

6. 既要伸展紧绷的、不柔韧的肌肉，又要加强薄弱的、松弛的肌肉力量。

7. 进行伸展练习时要保持正常的呼吸状态，不要屏气。

8. 本体感受神经肌肉伸展法（PNF法）是效果最好的肌肉伸展法，静态伸展法也是一种简单易行、安全有效的常用方法。

9. 静态伸展以后才能进行弹性伸展，关节柔韧性好的人或习惯于伸展练习的人才能进行弹性伸展。

10. 如果想感觉到关节柔韧性有提高，至少每周做3次伸展练习，每周5～6次练习则能产生明显的变化。

在你的一生中应当不间断地进行柔韧性练习，这不仅能保持肌肉的放松和柔韧、加大关节活动幅度、提高灵活性、增强运动能力，还能防止关节僵硬、消除受伤后的疼痛、减少运动后肌肉酸痛的可能性，让人过一种积极、健康、有质量的生活。要保持关节柔韧性，需要不间断地进行有规律的伸展练习。同其他的体能锻炼一样，科学、合理地制定出短期和长期的柔韧性锻炼计划，对提高关节柔韧性十分重要。值得注意的是，柔韧性练习是体能锻炼中最易被忽视，但又是最简单易行、最易见效的。这种锻炼不需要任何特殊器材，可以在任何时间、任何地方进行。因此，合理地制定出每周3～5次的柔韧性锻炼计划，按所制定的练习时间表锻炼，并记录下每次的练习情况及进步（见附表6-1），就能促使你养成坚持锻炼的习惯，并终身受益。

小　结

1. 柔韧性是相对于一个特定的关节或一种活动而言的，是一种重要的体能成分。它是指人体关节活动幅度以及跨过关节的韧带、肌腱、肌肉、皮肤和其他组织的弹性和伸展能力。

2. 柔韧性受到多种因素的影响，如关节结构、跨过关节的韧带、肌肉、肌腱、脂肪和皮肤等软组织、年龄、性别、遗传、心理因素、疲劳程度、营养等，在锻炼过程中应充分地考虑这些因素，有的放矢地进行伸展练习，使柔韧性得到有效的改善。

3. 肌肉伸展的方法有三种：静态伸展法、弹性伸展法、PNF法，静态伸展法是最为广泛使用的方法，PNF法对柔韧性的改善是最有效的。

4. 柔韧性练习是每次锻炼准备活动的一部分，应先做热身运动，使体温上升，再伸展肌肉就比较安全。另外，柔韧性练习也应安排在锻炼结束前的整理活动中，它不仅可以帮助肌肉恢复到正常放松状态，而且，在锻炼结束时做伸展运动，肌肉组织的温度相对较高，可以有效加大关节伸展幅度，减少锻炼后产生肌肉酸痛的可能性。

5. 在柔韧性锻炼之前，首先应对自己身体各关节的柔韧性进行测量和评价，并制定一项合理的锻炼计划，锻炼应循序渐进，持之以恒。

思 考 题

一、你打算怎样提高自己的柔韧性?

二、为了使柔韧性练习既有效又安全，在进行锻炼时你应注意哪些问题?

附表 6-1

柔韧性锻炼进程表

要求: 按下列锻炼部位，记录下日期、组数和持续时间。

例: 2/30 = 2 组，每组持续 30 秒。

日期　锻炼部位	组数/持续时间	组数/持续时间	组数/持续时间	组数/持续时间	组数/持续时间	组数/持续时间
肩关节						
下　肢						
踝关节						
腰腹部						

第三篇 体育锻炼、营养与健康

摘自：Powers. S.K. Total Fitness, 1999. 和Greenberg, J.S., et al. Physical Fitness and Wellness, 1999.

合理的营养是保持健康状态的重要物质基础。营养缺乏或过剩，既会削弱体能，也易患各种疾病。因此，关注自己的饮食习惯，保持合理的营养对你的健康来说至关重要。

需要强调的是，要想增强体能、预防疾病、增进健康，你就必须在坚持体育锻炼的同时，注意合理的营养，只重视一个方面，忽视另一方面的做法是不利于你的健康的。

本篇的第七章为你提供了健康的膳食指导，同时讨论了体育锻炼者的特殊营养需求。第八章重点阐明了如何通过体育锻炼和科学的饮食来控制体重。

第七章　营养与体能和健康

学习目标

当学完这一章后，你应该能够解释以下的关键概念和重要问题

关 键 概 念

- 营养
- 营养素
- 糖
- 纤维
- 脂肪
- 蛋白质
- 维生素
- 甘油三酯
- 胆固醇
- 无机盐
- 抗氧化剂

重 要 问 题

- 三大营养素的内容及基本功能
- 身体中脂肪、糖和蛋白质的能量含量
- 微量营养素的内容及基本功能
- 饮食中水的作用
- 平衡膳食的饮食指导
- 体育锻炼者蛋白质、糖和维生素的需要量
- 膳食中抗氧化剂的作用
- 高密度胆固醇和低密度胆固醇对心脏的影响

获得和利用食物的综合过程称为营养。有机体的生长发育、生命活动及各种脑力劳动和

体力劳动的进行，都有赖于体内的物质代谢。体内进行物质代谢的过程必须不断地从外界摄取一定数量的食物。合理的营养意味着机体能够摄入保持身体健康所必须的所有营养成分，能促进生长发育、增强体能、增加免疫功能、预防疾病、提高工作效率和运动能力。营养缺乏或过剩，都将影响人体的生长发育，降低免疫功能，也易患各种疾病。因此，要充分发挥营养的保健作用，就必须了解符合卫生和健康的平衡膳食要求。

许多膳食是高热量、高糖、高脂肪和高钠的，这些过高的成分和许多疾病的发生密切相关，如心血管疾病、癌症、肥胖和糖尿病等。这些疾病都是现代社会中危及人类生命的最主要的杀手。然而，通过改变饮食就可以阻止这些疾病的发生。因此，每个人对营养知识的了解是非常重要的。本章着重介绍合理营养的基本概念，并提供健康膳食指导，同时探讨体育锻炼对营养的需求。

第一节 基础营养

存在于食物中、为健康身体所需要的物质称为营养素，可分为两大类，即三大营养素和微量营养素(micronutrients)。三大营养素包括糖、脂肪和蛋白质，它们是构成机体组织和提供能量所必须的物质。微量营养素包括维生素和无机盐，它们的主要作用是维持细胞的功能。

一、三大营养素

所谓平衡膳食是指膳食中的营养素能满足人体的需要，既不缺乏，又不过剩。因此，平衡膳食应该由大约58%的糖、30%的脂肪和12%的蛋白质组成。这些营养素是供给机体能量的物质。在正常生理状况下，糖和脂肪是主要的供能物质。在体育锻炼中，究竟是糖还是脂肪作为主要能源，运动强度起决定性的作用（见细节透视7-1）。蛋白质的基本功能则是修补组织。然而，当糖不足或机体处于应激状态时，蛋白质也作为能源物质。表7-1列出了糖、脂肪和蛋白质主要的食物来源和能量含量。下面讨论三大营养素的功能。

细节透视 7-1

运动强度对肌肉能源利用的重要性

在体育锻炼中糖还是脂肪作为主要能量，主要是由运动强度决定。当然，运动持续的时间也有一定的影响。因此，运动强度和持续时间决定了运动中能量的主要来源。

下面说明在耐力性运动中运动强度对能源利用的影响。

运动强度	肌肉的能源利用
小于 30%VO$_2$max	主要是肌肉中贮备的脂肪
40%～60%VO$_2$max	脂肪和糖各占 50%
75%VO$_2$max	主要是糖
大于 80%VO$_2$max	几乎 100%糖

表7-1　三大营养素的食物来源和能量含量

糖（4千卡/克）	蛋白质（4千卡/克）	脂肪（9千卡/克）
谷　物	肉　类	奶　酪
水　果	鱼　类	人造奶油
蔬　菜	家　禽	油
浓缩糖果	蛋　类	
面　包	奶　类	
豆　类	豆　类	
	米　饭	

（一）糖

糖是体育活动中最重要的能量来源，因为它是供给肌肉收缩的主要能源。糖可分为三大类(见表7-2)。

1. 单糖和双糖

葡萄糖是最值得注意的一种单糖，因为它是唯一的能够被机体以自身形式直接利用的糖分子。作为能源，所有其他的糖都必须转变为葡萄糖才能被机体利用。饭后，葡萄糖以糖元（葡萄糖分子链）的形式贮存在骨骼肌和肝脏中。此外，血糖（血液中的葡萄糖）常转变为脂肪贮存在脂肪细胞中以备将来的能源利用。

身体需要葡萄糖维持正常生理功能，在中枢神经系统中葡萄糖是能量的唯一来源。若机体摄糖不足，将导致蛋白质转变为葡萄糖，从而使机体蛋白质分解。所以，膳食中的糖不仅是机体的直接能源，而且对节省蛋白质有重要影响。

其他类型的单糖包括果糖、半乳糖。果糖存在于水果和蜂蜜中，半乳糖存在于人和哺乳类动物的乳汁中。双糖包括乳糖、麦芽糖和蔗糖。乳糖和麦芽糖分别存在于奶和麦芽中，蔗糖是由葡萄糖和果糖组成。这些单、双糖的特点是各自都必须转变为葡萄糖才能被机体利用。

表7-2　糖的分类及每一类的来源

糖的分类	糖的种类	食物来源
单　糖	果　糖	水果和蜂蜜
	半乳糖	乳　奶
	葡萄糖	各种糖
双　糖	乳　糖	奶　糖
	麦芽糖	麦芽糖
	蔗　糖	蔗　糖
多　糖	淀　粉	马铃薯、米饭、面包
	纤维素	水果、蔬菜、谷物

2. 多糖

多糖既含有微量营养素，又具有产生能量所需的葡萄糖，大量存在于淀粉和植物纤维中。淀粉是存在于谷类、马铃薯和豆类等食物中的长链糖。淀粉在体内以糖元的形式贮存。在体育活动中，当人体需要能量时，淀粉可快速提供机体能量。植物纤维是一种线状的、不能被消化的糖类，多存在于谷物、蔬菜和水果中，其基本形式是纤维素。由于纤维素不能被消化，所以，它既不能提供能量又不能提供营养素，但它却是健康膳食不可缺少的成分。

近年来的研究表明，植物纤维增大了肠道的体积，而体积的增大有助于食物废物的形成和排除，因此减少了废物通过消化道的时间，降低了直肠癌发生的危险。植物纤维也被认为是减少冠心病和乳腺癌发生危险的因素之一，并可控制糖尿病患者血糖浓度的升高。某些植物纤维可使消化道中的胆固醇凝固，阻止其在血液中的吸收，从而降低了血液胆固醇浓度。

专家推荐每天膳食中应不少于25克植物纤维，但膳食中植物纤维过多也会造成肠道不适，从而减少钙和铁的吸收量。下面推荐膳食中增加纤维素的方法：

（1）吃多种食物。

（2）每天多吃水果和蔬菜及3～6种谷类、面包和豆类。

（3）少吃加工过的食品。

（4）要吃果皮和蔬菜中的粗纤维。

（5）从食物中而不是从药片中得到纤维。

（6）多喝汤水。

（二）脂肪

脂肪是能量贮存的有效形式，每克脂肪所产生的能量是每克糖或蛋白质的两倍多。膳食中过多的脂肪摄入易贮存于人体的皮下和内脏周围的脂肪组织中。脂肪不仅来源于膳食中的脂肪，也来自于膳食中过多的糖和蛋白质的转化。尽管体内能合成脂肪，但脂肪中有些脂肪酸是人体不能合成的，必须由食物提供，这些脂肪酸称必需脂肪酸。所以，膳食脂肪是必不可少的，是这些必需脂肪酸（如亚油酸、亚麻酸等）的唯一来源，而这些必需脂肪酸又对保持机体的正常生长和健康的皮肤是非常重要的。

脂肪有保护内脏器官的作用，还能帮助脂溶性维生素A、D、E、K的吸收、运输和贮存。脂肪可分为单脂肪、复合脂肪和派生脂肪。表7-3为脂肪的分类及举例。下面具体讨论各类脂肪。

1. 单脂肪

单脂肪最通常的形式是甘油三脂。膳食中大约95%的脂肪为甘油三脂，它是机体脂肪的贮存形式。在运动中脂肪被分解为甘油三脂并产生能量用于肌肉收缩。脂肪酸是甘油三脂的基本结构单位。脂肪酸分为饱和脂肪酸和不饱和脂肪酸。饱和脂肪酸一般来自动物，室温下为固体，也有一些饱和脂肪酸（如椰子油等）来源于植物。不饱和脂肪酸来自于植物，室温下为液体。

饱和脂肪酸和不饱和脂肪酸对健康有不同的影响。饱和脂肪酸能够增加血液胆固醇水平，易在冠状动脉形成脂肪斑块，从而导致心脏病的发生。不饱和脂肪酸一般分为单不饱和脂肪酸和多不饱和脂肪酸。80年代早期营养学家认为多不饱和脂肪酸对机体是有益的，但近来的研究表明，多不饱和脂肪酸可降低对机体有益的高密度胆固醇（HDL胆固醇）的水平，并提高对机体无益的低密度胆固醇（LDL胆固醇）的水平；而单不饱和脂肪酸可降低LDL胆固醇的水平，所以单不饱和脂肪酸被认为是对机体危害最小的脂肪酸。

另一类不饱和脂肪酸Ω-3脂肪酸近来受到广泛的注意。此脂肪酸被认为有降低血液胆固醇和甘油三脂的功效。它存在于新鲜的和冷冻的一些深海鱼内，而罐装的这些鱼中由于其分子结构被破坏而没有此类脂肪酸。有些研究者认为每周吃1～2次含有此类脂肪酸的鱼，可降低心脏病发生的可能。

表7-3　脂肪的主要分类及举例

分　类	举　例
单脂肪	甘油三脂（一个甘油和三个脂肪酸）
复合脂肪	脂蛋白
派生脂肪	胆固醇

2. 复合脂肪

从健康角度来看，最重要的复合脂肪是脂蛋白，脂蛋白是蛋白质、甘油三脂和胆固醇的复合物。尽管脂蛋白有数种形式，但基本形式有两种，即低密度脂蛋白（低密度胆固醇）和高密度脂蛋白（高密度胆固醇）。低密度胆固醇中含有少量的蛋白质和甘油三脂，而含有大量的胆固醇。因此它易在心脏的血管上形成脂肪斑块，并导致心脏病。一般认为，高密度胆固醇是好的胆固醇，而低密度胆固醇则是坏的胆固醇。

3. 派生脂肪

胆固醇是派生脂肪。尽管胆固醇不含脂肪酸，但因为它和其他脂肪一样不溶于水，故还称它为脂肪。胆固醇主要来源于动物性食物，如肉、牡蛎等。尽管食物中高胆固醇增加了心脏病发生的可能性，但一些胆固醇对维持正常生理功能是必需的，胆固醇是构成细胞和某些激素（如男、女性激素）的成分。

（三）蛋白质

蛋白质的基本作用是构建和修补组织，同时也参与维持机体的功能（包括合成酶、激素和抗体等），以调节机体代谢和抵抗疾病。如前所述，蛋白质在正常情况下并不是主要能源，然而在糖摄入不足的情况下，蛋白质可转变为葡萄糖供给能量。在糖摄入充足的情况下，食物中过多的蛋白质则转变为脂肪，贮存在脂肪组织中作为能量贮备。

蛋白质的基本结构单位是氨基酸，20种不同的氨基酸头尾连接构成功能各异的蛋白质。机体能够合成11种氨基酸，不必从食物中摄取，这类氨基酸称为非必需氨基酸。另外9种机体不能合成的氨基酸称为必需氨基酸。所含齐全的必需氨基酸并存在于动物性食物中的蛋白质叫完全蛋白。缺少1个或多个必需氨基酸并来自于蔬菜等食品中的蛋白质叫不完全蛋白。

在青春期，当生长发育加快时，膳食中蛋白质的需要量最大。在这个时期每天蛋白质的推荐量为1克/千克体重，妇女和青春期结束后的男性每天蛋白质的推荐量为0.8克/千克体重。由于现在人们从膳食中摄入过多的蛋白质，且大多为动物性蛋白质食品，这些食品又含有高脂肪，这就增加了心脏病、癌症和肥胖等发生的危险性。

二、微量营养素

微量营养素是由维生素和无机盐组成的。在功能方面，微量营养素和三大营养素一样重要，是维持生命所必需的。尽管它们不能提供机体能量，但三大营养素的分解利用都离不开它们的参与。

(一) 维生素

维生素指在维持许多机体功能方面起关键作用的一类小分子，特别是在机体生长和发育方面。按其能溶于水还是脂肪，维生素可分为两类，即水溶性维生素和脂溶性维生素，水溶性维生素包括维生素 B 族和维生素 C，它们由肾脏排出。脂溶性维生素包括维生素 A、D、E 和 K。由于这些维生素贮存在脂肪中，因此它们很可能在机体积聚达到中毒水平。

大多数维生素机体不能产生，必须由膳食供给，而维生素 A、D 和 E 则能由机体少量产生。由于维生素易在烹调中丧失，因此最好生吃和蒸蔬菜以保持其最大的营养价值。维生素存在于几乎所有的食物中，平衡膳食可供给所有的必需维生素，以维持身体功能。

近年来的研究表明，维生素和无机盐的一个新的功能是防止组织损伤，这对体育锻炼参加者来说是重要的。这一新作用将在本章的后面讨论。

(二) 无机盐

无机盐指维持正常生理功能所需要的化学元素。像维生素一样，无机盐存在于很多食物中并在调节机体许多重要功能方面起很大作用，如维持神经冲动、肌肉收缩、酶功能和水平衡等。无机盐还构成机体成分，钙、磷、氟是构成骨骼和牙齿的重要成分。三个最重要的无机盐为钙、铁和钠。钙在骨骼形成中起重要作用，钙缺乏将导致骨质疏松；膳食中铁缺乏将导致缺铁性贫血，出现慢性疲劳；摄入高钠可导致高血压或心脏病。

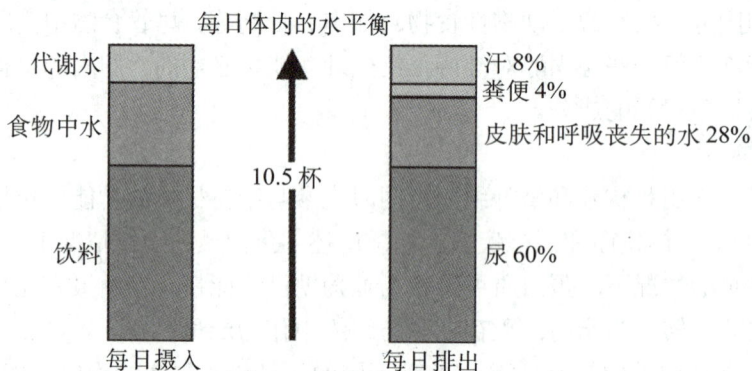

图 7-1　每日身体中水的摄入和排出

三、水

大约机体的 60%～70% 是由水构成的。水参与机体所有重要的生命过程。对体育锻炼参加者来说，水是最重要的营养素。在炎热、潮湿的环境中进行大运动量锻炼时，人体将每小时通过排汗失去 1～3 升的水。若失去 5% 的机体水，将导致疲劳、乏力和注意力不集中等。若失去 15% 的机体水可能导致死亡。水对维持体温、消化吸收食物、造血和排泄废物等都是非常重要的。

水存在于所有食物中，特别是水果和蔬菜中。正常情况下，人体每天大约需要饮用相当于 8～10 杯水，还不包括引起体液过度损失的状态，如过度出汗、献血、腹泻和呕吐等。图 7-1 描述了机体正常的水平衡。

第二节 健康膳食指导

许多国家的健康机构对健康膳食提出了指导性建议，具体如下：

1. 保持理想的体重。

2. 增加多糖的摄入，其摄入 > 58%的总能量。

3. 减少脂肪的摄入，其摄入 < 30%的总能量。（饱和脂肪 < 10%）

4. 减少胆固醇的摄入，其摄入 < 300 毫克／天。

5. 减少膳食中的单糖的摄入。

6. 减少钠的摄入，其摄入 < 3 000 毫克／天。

在膳食中合理地选择三大营养素和微量营养素是非常重要的，以下我们就此提出一些指导性建议，并解释如何评价自己的膳食结构，以促进合理饮食的形成。

一、营养素与健康

为满足机体所需的三大营养素，一个人应该摄入大约 58%糖（48%的多糖和 10%的单糖），30%左右的脂肪（其中 10%的饱和脂肪和 20%的不饱和脂肪）和 12%的蛋白质。成人每日蛋白质的需要量大约为 0.8 克／千克体重。

膳食专家曾提出了一些建议，认为应从四组基础食物中选择食物。这四组食物为豆类、粮食和坚果，水果和蔬菜，家禽、鱼、肉和蛋、奶制品。尽管这些建议仍有一定的意义，但缺点是没有阐明这些不同食物的最理想的比例。中国营养学会根据营养学原则并结合国情制定了"中国居民膳食指南及平衡膳食宝塔"。图7-2用"平衡膳食宝塔"形象地说明了健康膳食的最新推荐量。它把平衡膳食的原则转化成各类食物的重量，并以直观的宝塔形式表现出来，便于日常生活中实行。

膳食中用平衡膳食宝塔可达到两个重要的目标。第一是将可能产生疾病的相对膳食比例减少到最小。第二是将营养丰富的食物（如含有高微量营养素的食物）增加到最大。因此，通过与平衡膳食宝塔的比较，你可以得到一个

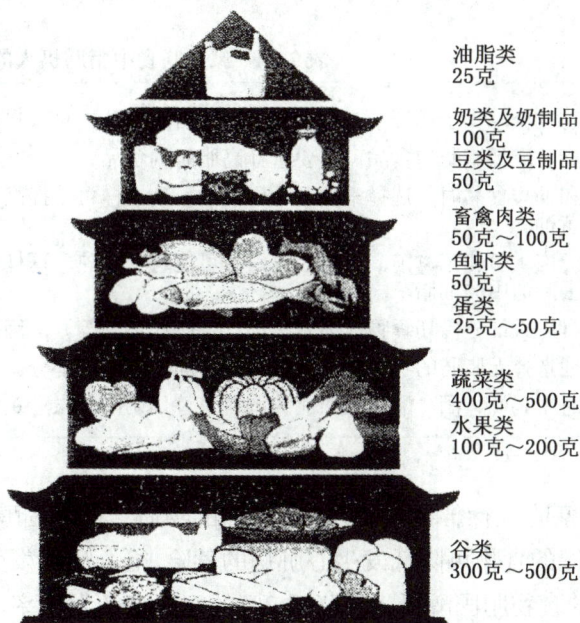

油脂类
25克

奶类及奶制品
100克
豆类及豆制品
50克

畜禽肉类
50克～100克
鱼虾类
50克
蛋类
25克～50克

蔬菜类
400克～500克
水果类
100克～200克

谷类
300克～500克

图7-2 中国居民平衡膳食宝塔

注：图7-2选自中国营养学会，中国居民平衡膳食指南，营养学报，1998年。

含三大营养素和微量营养素的合理的平衡膳食。

二、热能与健康

膳食中摄入一定数量热能物质对发展良好的膳食习惯是非常重要的。如前所述，膳食中出现的大部分问题，不是缺乏大营养素，而是能量物质过剩。因此，应该检查自己总能量物质的摄入，防止膳食能量的摄入过高。

在检查自己膳食能量时，应记住两点：第一，避免从单、双糖中摄入过多的能量。大部分膳食中的双糖是蔗糖。单糖的主要营养问题是不含有丰富的营养素。换言之，单糖含有高热能却几乎不含微量营养素。第二，限制膳食中能量物质脂肪的摄入量。脂肪是高能量物质，同时也含有高胆固醇，每克脂肪所含的能量是每克糖和蛋白质的两倍（1克脂肪含9.1千卡热能，1克糖含4.6千卡热能，1克蛋白质含4.6千卡热能），限制膳食中的脂肪摄入可减少心脏病发生的危险和能量过剩导致的肥胖。

三、应该避免的食物

在前面已经列出了在膳食中应包括的三大营养素和微量营养素，为了保持健康，应该记住将有些食物摄入量减少到最小，因为这些食物与许多健康问题密切相关。即使现在还没有这些健康问题，你也应该注意饮食习惯，否则在以后的生活中就可能出现这些健康问题。

首先，应该避免那些含有高脂肪的食品，无论是饱和脂肪还是不饱和脂肪都与心脏病、肥胖和某些癌症密切相关。此外，人们常常忽略膳食中脂肪比蛋白质或糖对形成身体脂肪有更大的可能性。表7-4提供了一个帮助你减少膳食中脂肪摄入的指导。

表7-4　减少膳食中脂肪摄入的指导

● 了解食物成分，小于或等于30%的总能量来自于脂肪，且来自饱和脂肪的能量不超过10%。
● 选择无脂肪或低脂肪的食品，不要选择高脂肪的食品。
● 在烘烤和油炸食品时，选择素油（如橄榄油），这样可不提高胆固醇水平。尽可能少地选择含脂肪酸的人造黄油。
● 在食用瘦肉、鱼和家禽前，先去除皮，尽可能将其烧熟，这样可降低能量且不易引起食物中毒。在烹调前应去除肉中的油脂。
● 减少膳食中大部分冷切食物（如咸猪肉、香肠和热狗等），因为它们含有高脂肪。
● 尽可能地选择无脂肪的日常食品，从牛奶表面撇去奶酪部分。
● 在烹调时用鸡汁、酒、醋等低热能的调料来替代奶油、人造黄油、油类、色拉等调料。

胆固醇是一个维持身体功能所必需的物质，但胆固醇太高可引起心脏病，因此，食用低血液胆固醇的食物可降低发生心脏病的危险。冠心病的发生率与膳食中胆固醇含量密切相关。减少1%的食物胆固醇摄入可降低2%的冠心病的发生率。高胆固醇食品其脂肪含量也较高。我们常用膳食中胆固醇／饱和脂肪指数来反映某些食物对心血管系统的危害。

盐（氯化钠）是必需微营养素，但机体的每日需要量较小（小于1/4匙）。排汗量较大的人，其需要量可增加到1.5匙／天。世界卫生组织建议每人每日食盐用量不超过6克为宜。人体应该避免摄入过多的盐，因为高盐是引起高血压的一个很重要的原因。

膳食中少盐的国家，其国民高血压的发生率极低。因此，即使你还没有患高血压，也应该在膳食中减少每日盐的摄入量（见细节透视7-2）。

细节透视7-2

减少食盐的习惯

了解所买食物中盐的含量，你可能吃惊地发现你所吃的许多食物都有盐。通过购买低盐食物来减少盐在烹调和餐桌上调味的作用，将盐的摄入量降低到少于3 000毫克/日，下面的措施可帮助你减少膳食中的盐摄入量。

1. 在加盐前尝一下食物。
2. 检查加工的食物成分中钠的含量。
3. 以月桂树叶代替盐用于食物的调味。
4. 用胡椒、柠檬、香草或香料作为食物的调味品。
5. 尽可能选择新鲜的水果和蔬菜，而不要选择听装和冷冻食品。

据估计一般人每天膳食中摄入的食糖是以蔗糖这样的糖形式摄入的。蔗糖是用来做糕点、糖果、冰淇淋、甜饮料、甜食品和其他食物的。有研究认为过多摄入这些单糖与许多健康问题（从儿童多动症到糖尿病）密切相关，但也有研究认为尚没有足够的证据支持这一观点。然而，过多摄入这些糖，对机体有许多不良影响。首先，大量的食糖增加了膳食中的热能，这就容易发生肥胖，而肥胖则又可导致许多健康问题（如糖尿病）。此外，由单糖提供的热能被认为是"空的"热能，因为它不能提供机体所需的微量营养素用于三大营养素的代谢。因此，多糖对机体更有利，因为它们可提供多种微量营养素。其次，食糖也易产生龋齿，尽管吃过甜食后刷牙可以防止这些问题的产生，但是它不能解决其他摄糖过度所带来的问题。由

细节透视7-3

如何控制食糖

下面的措施帮助你控制摄糖嗜好。

1. 知道去看食物中的成分，如蔗糖、葡萄糖、麦芽糖、右旋糖、果糖和玉米糖浆等，当心，这些是各种形式的糖。
2. 假如食物含有蔗糖、葡萄糖、麦芽糖成分时，应避免食用此食品，因为它有一个高糖含量。
3. 减少各种食用糖，包括蜂蜜、红糖和白糖。
4. 吃粗面粉、饼干、酸奶、新鲜水果、爆米花和其他健康膳食来替代吃高糖糖果。
5. 购买主要成分不含糖的谷物食品，如磨碎的小麦、燕麦片等。
6. 在加工食物时，减少配方中糖的用量，用果汁来代替或用桂皮、茴香、生姜和肉豆蔻作为香料。

假如你不能控制食用甜糖果，至少吃一些有营养价值的食物，如用香蕉代替红糖放在燕麦片中等。

于食糖有不良后果，你应该注意控制食糖（见细节透视 7-3）。

和蔗糖一样，酒精也提供了"空的"能量。此外，长期饮酒将导致机体贮存的某些维生素消耗，这会引起严重的维生素缺乏症，因此应该限制酒精的摄入。

四、特殊的膳食补充

人体在许多状态下需要一些特殊的膳食补充，特别是那些以体力活动为生活方式的人群。下面列出一些需要补充的营养素。

（一）维生素

如前所述，食用平衡膳食的健康人群一般不需要补充维生素，而那些饮食不良或患病者，他们不能得到合理的营养。在感冒期间，增加维生素C的摄入可减缓感冒症状（见营养框 7-1）。

下面的这些人应该寻求补充多种维生素：

1. 严格的素食者。
2. 长期患病而使食欲下降或营养素吸收障碍的人。
3. 使用影响食欲或消化功能药物的人。
4. 进行严格训练的运动员。
5. 孕妇和哺乳期妇女。
6. 长期食用低能量膳食的人。
7. 老年人。

营养框 7-1　营养与体能、健康的关系

维生素C可以治疗感冒吗？

维生素C又叫抗坏血酸，可能是世界上最著名的维生素了。一些研究表明，维生素C可以防止感冒。然而，到目前为止，验证这种作用的研究表明：维生素C在减缓感冒严重的症状方面是有效的，但它不能防止或治疗感冒。维生素C是免疫系统中白细胞的刺激剂。

维生素C含量高的食物有柠檬、柑橘类水果、西红柿、马铃薯、绿色蔬菜、生白菜、胡椒和瓜果类等。在感冒和疾病期间选择这些食物可能是一个最佳选择。但要记住，没有任何食物是营养素齐全的食物。吃多种食物是最有效的。

疲劳和损伤等是常见的应激状态，这种状态可降低机体的抵抗力，在出现这些应激状态时和感冒病毒流行期，增加维生素C的摄入量是有效的。维生素C的膳食推荐量范围为：从新生儿的每天30毫克到孕妇的每天90毫克。诺贝尔奖获得者帕林(Pauling)等人的研究表明，每天数克的维生素C在对抗感冒病毒方面是必需的。然而对病毒产生影响的确切剂量尚不清楚。

总之，尽管维生素C不能防止感冒，但在减轻感冒症状和减少感冒时间方面是有效的。因此，应该保证膳食中含有每日膳食推荐量的维生素C。如果膳食中没有得到每日膳食推荐量，请额外补充维生素C以达到必需的数量。

（二）铁

铁是红细胞的一个基本成分，红细胞可运送氧气到身体各组织中产生能量。若铁缺乏则红细胞生成减少，可导致运输到各组织的氧气减少而造成供能不足。月经期妇女、孕妇和哺乳期妇女应该得到足够的铁。实际上仅有一半的哺乳期妇女得到每天所需15毫克的铁。5%的人患有缺铁性贫血。除非医生建议他们补铁，否则这些人不知道额外补充铁。他们可以通过改变膳食结构，得到推荐膳食中供给的铁。下面是改变膳食结构的一些建议。

1. 吃含铁量丰富的蔬菜和糖，如豆荚、新鲜水果、粮谷类和花椰菜等。
2. 吃维生素C含量丰富的食物，因为维生素C有助于铁的吸收。
3. 每周至少吃2~3次含铁量高的红色瘦肉。
4. 每月1~2次吃含铁量丰富的动物内脏，如肝脏等。
5. 吃饭时不要饮茶，因为喝茶影响铁的吸收。

（三）钙

钙是体内最丰富的无机盐，它是骨骼和牙齿的基本成分，并能维持神经和肌肉的功能。充足的钙对孕妇和哺乳期妇女特别重要。有证据表明，钙还有助于防止结肠癌。

11~24岁的男女每天的钙摄入膳食推荐量为1 200毫克，在此年龄阶段补充充足的钙对以后年龄段防止骨质疏松至关重要。据调查，60岁以上的妇女有四分之一的人患有骨质疏松。24岁以上的成年人钙的膳食推荐量为800毫克，这个推荐量为保持强壮骨骼和防止骨折所必要的。一些研究表明，易发生骨质疏松的妇女每天钙的摄入量应该为1 000~1 500毫克。下面的措施可以帮助你增加膳食中的钙摄入。

1. 增加膳食中奶制品的摄入，但应该记住选择低脂肪的奶制品。
2. 选择钙丰富的食品，如鱼、萝卜、绿芥末和花椰菜等。
3. 吃维生素C含量丰富的食物，维生素C可促进钙的吸收。
4. 在吃绿色生菜时，添加柠檬汁和醋制成的酸性调味品，以增加钙的吸收。
5. 假如你不能从你喜欢吃的食物中得到足够的钙，还可以额外地补充钙。但是应该注意那些用石灰岩和骨头粉制成的食品，它们可能存在铅污染。

第三节　营养与体能

有关体能和营养的错误观点每年都在增加。广播、电视、报纸和杂志中的广告是这些谬误主要的来源。成功的运动员常常被看成专家，他们赞同这些营养产品，并试图说服大众，某个特殊食品或饮料对他们的成功起了主要作用。尽管大部分这些观点是商业炒作，未受到研究的支持，但这些观点似乎已被许多人接受。事实上，从来就没有什么神奇的食物可以改善体能。这一节将讨论有规律地从事体育锻炼者的特殊营养需要。

一、糖与体能

运动中能量消耗的增加，加大了对能量的需求。体育锻炼中提供机体能量的主要物质是

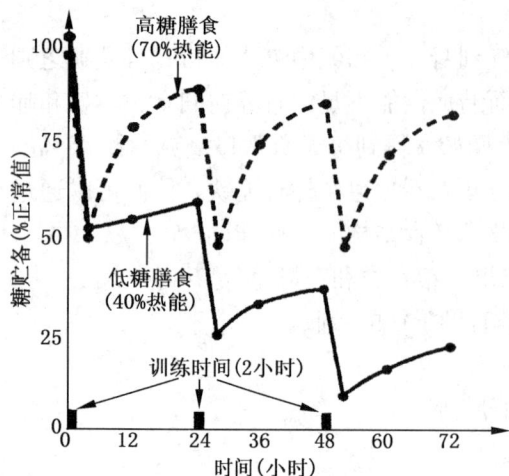

图 7-3 运动中高糖膳食的重要性

糖和脂肪。在运动时并不缺少脂肪，因为即使很瘦的人也有足够脂肪提供能量。然而，在大强度和长时间的运动中，肝脏和肌肉中的糖可降低到临界水平（见图 7-3）。

糖作为能源在运动中起关键作用，所以体育科学家建议参与运动的人应该增加膳食中多糖的摄入，摄入范围为摄入总能量的 58%～70%，但需将脂肪的摄入减少到总能量的 18%。在进行大强度运动时，肝脏和肌肉中的糖元消耗过大，导致了疲劳发生。运动强度决定了糖和脂肪谁是运动中的主要能量来源。

糖果生产商提出了一个错误概念，认为在需要时糖果能够给你一个快速的能源补充。在运动前摄入糖果真能提供一个快速的能量供给吗？答案是"不"。事实上，这种补糖的方法至少存在两个问题，第一，作为能源物质的糖果含有最少量的微量营养素。第二，假如在运动前补糖，会导致血糖水平快速升高，这样造成了激素的重新调配，进而使血糖低于正常水平，导致疲劳产生。在这种情况下，糖果对运动是不利的。增加膳食中多糖的百分比，且保持足够的能量摄入，能够保证肌肉和肝脏中糖的供能，以满足大强度运动的需要。

二、蛋白质与体能

在进行力量练习的人群中，一些人错误地认为必须补充额外的蛋白质才能促进肌肉生长和强壮。事实上，许多力量练习时消耗的大量蛋白质可以被他们正常的膳食蛋白所补充。因此，从事力量练习者增加的能量需要应该来自于食用合理平衡膳食宝塔中的食物，而不是简单地额外补充蛋白质。总之,进行力量练习的人不仅要补充三大营养素，而且也要补充促进能量产生所需的微量营养素。

三、维生素与体能

一些维生素生产者声称服用大剂量的维生素可以提高运动能力。这种说法是基于以下观念，即运动增加了能量需要，而维生素具有分解食物转换为能量的作用，额外补充维生素对能量的产生有作用。但是现在尚没有确切的证据支持这种说法。肌肉收缩的能量供给并没有因为维生素的补充而增加。事实上，大剂量地补充维生素可能造成维生素和其他微量营养素之间的脆弱平衡的失调，也有可能出现维生素的中毒反应。

四、抗氧化剂与体能

近来的研究发现某些维生素和一些无机盐有新的功能。这些维生素和无机盐可作为抗氧化剂，对细胞具有保护作用。抗氧化剂是一些化学物质，它可阻止氧对细胞的损害，即可阻止氧自由基对细胞的攻击。体内不断产生自由基，而过多的自由基产物与癌症、肺病、心脏病和衰老过程密切相关。若在自由基产生时，抗氧化剂能够和自由基结合，这样就大大地降低了自由基的毒性。因此，增加抗氧化剂的水平对健康不仅有益，而且可以预防肌肉损伤和疲劳（见营养框7-2）。几种微量营养素被认为是强有力的抗氧化剂，这些抗氧化剂是维生素A、E和C、β-胡萝卜素、锌和硒等。

营养框7-2　营养与体能、健康的关系

抗氧化剂可以防止肌肉损伤和疲劳吗?

运动引起的肌肉代谢增加可引起自由基产物的增加。一些研究表明，自由基的增加会导致疲劳，甚至可引起肌肉损伤。现在的问题是："运动员是否需要增加抗氧化剂的摄入呢?"一些初步的研究表明，抗氧化剂的主要作用是维生素E可消除运动产生的自由基。事实上，近来的研究已经说明，服用抗氧化剂可以减轻肌肉疲劳。一些研究人员建议每天额外补充400I.U.的维生素E可以防止自由基引起的损伤。然而，在你摄入超过每日膳食推荐量的脂溶性维生素之前，你应该向营养师或保健医生咨询一下，以防止脂溶性维生素过量中毒。

第四节　安全食物——热门话题

食物的安全性对健康有积极影响。近些年来，由于不当的食品贮存和食品加工而导致机体患病和死亡的报告有所增加。下面具体讨论增加食物安全性方面一些最新的建议。

一、食物感染

据报告，每年大约出现8 000万种由食物引起的细菌性疾病，这些疾病在感染后12小时到5天里会出现恶心、呕吐和腹泻等症状，其严重程度取决于微生物的摄入量和受害者的综合健康状况。实际上，对那些免疫系统遭受损害的人和处在疾病中的人来说，食物产生的感染可能对他们是致命的。

最常见的食物中毒之一是由沙门菌引起的，它通常在没有烧熟的鸡、蛋和加工的肉中被发现。另一个相对较少、有时却是致命的食物中毒是肉毒中毒，这种中毒通常是由于不适合的家庭罐装过程所引起的。下面的建议可防止食物中毒。

1. 彻底清洗所有的农产品和生肉，并且确信罐装食品没有泄漏和膨胀现象。
2. 喝消毒过的牛奶。
3. 不吃生蛋。
4. 彻底煮熟家禽。
5. 烹调猪肉时，使猪肉内部的温度达到80℃以上，以致杀死寄生虫。

6. 彻底煮熟所有的水生贝壳类动物。

7. 当心生鱼，其体内可能含有寄生蛔虫，应将鱼冷冻或烧熟。

8. 加工家禽后，用消毒液和非常热的水，清洗器皿、盘子、切菜板、刀、搅拌器和其他烹调用具。

二、食物添加剂

食物添加剂常常用来延长食物贮存的时间，改变食物的口味和颜色。对食物进行一些加工使食物更加诱人，但是它们易形成亚硝酸盐。亚硝酸盐常常在咸猪肉、香肠和午餐肉中发现，可防止食品的腐败和肉毒中毒，但在体内也容易形成致癌物亚硝酸胺。

三、绿色食品

每年有数万公斤农药被利用，尽管这些农药有助于防止植物的病虫害，但它们对人类的健康也构成了威胁。近年来，许多人都开始购买绿色食品。绿色食品是指那些在生长过程中没有使用过农药和其他化学药品而生长出来的食物。由于绿色食品是天然生长出来的食品，且没有太多污染而对健康有益，因此深受大家的欢迎。

在不久的将来，随着生物学的发展，人们可寻找到一种新的基因技术，并能开创一个无农药、无杀虫剂的新的绿色食品世界。这种新技术可以将各种植物中能够抵抗病虫害的基因原料结合起来，产生出高质量无化学污染的高产粮食植物，也可以使植物结合起来形成新品种，最大程度地提高其营养价值。

四、被照射过的食品

照射是指用放射性射线（X射线）来杀死食物中的微生物。这个过程并不使食物含有放射性，但可延长食物的保存时间。事实上，被照射过的食品可以在室温下密闭的容器中保存数年而不变坏。此外，照射可以推迟马铃薯和洋葱等蔬菜的发芽，也可以推迟香蕉、芒果、西红柿、梨等水果的成熟，这可以明显地节省费用。

这些被照射过的食品是否可以安全地食用呢？目前认为是可以食用的。近年来的一些研究表明，这些食物是安全的，但这些研究尚没有充分的事实加以证明。因为目前大部分研究是用非常低的放射量去照射食物的，这就产生了一个问题："对处理食物来说，安全的放射量究竟是多少为宜呢"。

五、用抗菌素和激素治疗过的动物

近年来，消费者越来越担心自己在吃用抗菌素治疗过的动物肉，这种担心还在发展，因为吃了这些肉可能导致体内出现抗菌素抵抗性细菌的繁殖。现在，专家们认为这些用抗菌素治疗过的动物是不宜食用的。

近来的厂家常常用激素来增加牛奶的产量，最值得注意的是，牛生长激素已经用来增加牛奶的产量。这种用激素帮助生产出的奶制品可以导致一些不确定的健康问题，应引起人们的注意，许多超市也严格限制这类奶制品的出售。

小　　结

1. 营养是指获取和利用食物的综合过程，它与健康、疾病密切相关。目前最常见的营养问题是饮食过度。

2. 合理的平衡膳食应该由大约55%～60%的多糖，25%～30%的脂肪和12%～15%的蛋白质组成。这三大营养素是能量物质，它们提供维持身体功能所必需的能量。

3. 糖是提供身体能量的基本能量物质，可分为三大类，即单糖、双糖和多糖。单糖包括果糖、半乳糖、葡萄糖等。双糖包括乳糖、麦芽糖、蔗糖等。多糖包括淀粉和纤维素。淀粉是长链糖；纤维素是不能被人体消化吸收但为人体必需的多糖，大量存在于谷类、蔬菜和水果中。

4. 脂肪是能量的有效贮存形式，每克脂肪的能量含量是糖和蛋白质的两倍。脂肪可来源于膳食脂肪，也可由膳食中过多的糖和蛋白质转化而来。膳食中过多的脂肪贮存在皮下和内脏周围的脂肪组织中。脂肪被分为单脂肪、复合脂肪和派生脂肪。甘油三脂是最常见的单脂肪。从营养学的角度来看，最重要的复合脂肪是脂蛋白。胆固醇是最常见的派生脂肪。

5. 膳食中蛋白质的基本作用是构建和修补全身的组织，同时也参与维持机体的功能。蛋白质是由机体能够合成的11种非必需氨基酸和9种来源于膳食的必需氨基酸所组成的。

6. 维生素在身体中有许多重要作用，包括调节生长和代谢。维生素分为水溶性维生素和脂溶性维生素。水溶性维生素包括维生素B族和维生素C；脂溶性维生素包括维生素A、D、E和K。

7. 无机盐是存在于食物中的化学元素。和维生素一样，无机盐在调节身体功能方面起重要作用。

8. 大约机体的60%～70%是由水构成的。水参与机体所有重要的生命过程。对体育锻炼者来说，水是最应该注意的营养素。除了摄取食物中的水外，人体每天还应该补充8杯水。

9. 形成好的饮食习惯的基本目的是保持理想体重。吃"平衡膳食宝塔"推荐的各种食物。避免摄入过多的脂肪，特别是饱和脂肪和胆固醇。吃含有足够淀粉和纤维素的食物，避免摄入过多的单糖和过多的盐。假如你有饮酒的习惯，注意饮酒适量。

10. 为了保持健康膳食，有些营养素应该尽可能地减少，这些营养素是脂肪（特别是饱和脂肪或动物脂肪）、胆固醇、盐、食糖和酒精等。

11. 在运动中运动强度决定了机体利用糖还是利用脂肪来作为能源。一般来说，低强度的运动，利用脂肪作为能源的比例较高；而大强度的运动，则主要是以糖作为能源。

12. 抗氧化剂是防止氧自由基对细胞造成损伤的营养素。几种微量营养素已经被认为是有效的抗氧化剂，它们是维生素E和C、β-胡萝卜素、锌和硒。

13. 食物的贮存和加工是防止食物中毒的关键。选择干净和新鲜的食物。在冷藏或冷冻状态下贮存食物以防止细菌的生长，彻底清洗新鲜的水果、蔬菜和肉类（特别是鸡肉）。完全烧熟各种肉类。

思 考 题

一、合理营养和不合理营养各自对健康有什么影响？

二、系统地参加体育锻炼者应如何改变膳食结构，以适应体育锻炼的需要。若不改变膳食结构对健康有何影响？

第八章 体育锻炼、饮食与体重控制

学习目标

当学完这一章后，你应该能够解释以下的关键概念和重要问题

关 键 概 念

- 瘦体重
- 脂肪细胞
- 皮下脂肪
- 超重
- 肥胖
- 基础代谢率
- 置点理论

重 要 问 题

- 体重与身体成分的区别
- 能量平衡原理及失衡导致的体重变化
- 肥胖影响健康的机制
- 体育锻炼在控制体重中的作用
- 生活方式在控制体重中的重要性
- 控制体重的方法
- 适合自己的控制体重方案

　　作为人类文明进步的主要标志之一，科学技术在人们日常生活及工作中的含量越来越高，导致家庭休闲时间增加，食品的选择也更加丰富，但身体活动的时间减少，体力消耗的比例下降。这样就出现了所谓的"现代科技双刃剑"，即现代科技一方面使人的生活更加舒适，另一方面又使人的能量收入盈余，表现为身体重量增加，甚至出现肥胖。特别是儿童少年，在该年龄段的肥胖将导致成年时的体脂过多。尽管目前我国儿童少年的平均身高也在增加，但是身体重量的增加量更大，并且主要是身体的脂肪比例提高。研究表明，15～69岁的肥胖男性其死亡率高出正常体重男性50%。每高出正常体重10%，其寿命减少一年。肥胖个体的生活质量也会因为体重的关系而受到严重影响。本章主要讨论身体成分、能量平衡的原理，以及体育锻炼和饮食在减轻体重方面的作用。你了解了这方面的知识后，就能在日常生活中科学地控制自己的体重，以适应现代社会对我们身体的挑战。

第一节　身体成分简介

身体成分是指身体中脂肪和非脂肪部分的组成。总体重中体脂的比例被称为体脂百分数。体重中非脂肪部分又被称作瘦体重或去脂体重，包括肌肉、软组织、骨骼、结缔组织等等。对于身体成分的测量要比简单地称体重烦琐得多，但是如果要精确地测定某人与健康有关的体重增加或减少，对身体成分的评估又是极其重要的（详见第二章）。

一、脂肪细胞

脂肪存在于所有体细胞中，然而有一种特别的细胞，它专门贮存脂肪，被称为脂肪细胞。体脂具有保护组织器官及贮存能量的作用。一般来讲，人类体脂分布在腹部的较多，女性的臀部和大腿部较男性有更多的脂肪。人体大约有一半的体脂分布在皮下，这部分体脂可以用一些方法来测量，比较简单的测量方法见第二章。

两种因素决定了身体中的脂肪数量，即脂肪细胞的数量和脂肪细胞的体积。脂肪细胞在出生前增加、出生后增生至青春期为止。儿童时期的肥胖被认为是有较多的脂肪细胞所致。同样，青少年在青春期的超重通常也与脂肪细胞增多有关。以前认为成年人的脂肪细胞数量相对恒定，但近来研究证据表明，成年人的脂肪细胞在某种条件下也可能增加。除了脂肪细胞数量，该细胞的体积常常由于能量需求的平衡状态而贮存和释放甘油三酯。脂肪细胞贮存较多的甘油三酯就造成总体重中脂肪比例的增加。脂肪细胞由于不断贮存甘油三酯而使其自身变得肥大，过程一般止于成年之初。在此之后其自身的大小变化便成为机体能量平衡的结果。如果从食物中摄入的热能高于机体需求，超出部分便转化成脂肪贮存在脂肪细胞中，结果造成脂肪细胞伴随脂肪而臃肿，当贮存在脂肪细胞中的脂肪作为能源底物提供能量时，脂肪细胞便释放脂肪而变得皱缩。

二、儿童体脂

与传统观念不同的是，从出生到青春期的发育过程中，身体的脂肪不宜过多，因为小学时的身体脂肪往往决定中学甚至成年时的身体脂肪含量。有证据显示，肥胖儿童比正常儿童的成年肥胖发生率高出三倍。儿童时期的肥胖主要是脂肪细胞的增加，而成年时的肥胖主要是脂肪细胞自身肥大的结果。由此可见，儿童少年的身体脂肪组成对成年后的身体成分具有重要的影响。

三、成人体脂分布

成人的体脂分布与遗传和激素的分泌有关。近来的一些研究证据表明，体脂主要存在于腹部而不是臀部，这可能对健康更加不利。很多大腹便便的男性比臀部肥胖的男性更容易患心脏病、高血压以及糖尿病。女性成年人的体脂分布常见于臀部、大腿上部和上肢背面，而腹部的分布却相对显得较为适中。由于激素的作用，女性身体脂肪的分布总体上较男性更趋于躯干的下面。减体重或者通过体育锻炼来消耗体脂主要是针对蜂窝状组织，即臀、大腿上部、上臂等体脂。

第二节　能量需求的平衡

卡路里（Calories）是能量单位，一卡路里是使 1 克水升高 1 度所需的能量。由于该单位太小，故在应用中，常用千卡路里（Kilocalories）单位。食物中的碳水化合物、蛋白质、脂肪、酒精均可提供不同量的卡路里。1 克碳水化合物可以提供 4 千卡路里能量；1 克蛋白质可以提供 4 千卡路里能量；1 克脂肪可以提供 9 千卡路里能量；1 克酒精可以提供 7 千卡路里能量。可见脂肪所能提供的能量最多，并且无论何种营养成分提供的能量，均可以转变成脂肪贮存在机体中。

一、能量平衡

如果你的身体重量一直保持相对恒定，那么一定是你的摄入能量和消耗能量之间保持着平衡。即摄入食物中所含能量与身体各系统的能量使用所消耗的能量相等。如果你正试图去增加体重，你就需要从食物中摄入比你消耗还要多的能量（正能平衡）。相反，如果你要去减少体重，你就需要消耗比你从食物中摄入的更多的能量，此时身体就不得不动用其贮存的脂肪去满足各种生理活动的能量消耗（负能平衡）。由此可见，若要建立一套科学的减体重和增体重的系统方案，在各种复杂的因素中充分考虑卡路里的绝对值是极其重要的。这个绝对值发生改变，身体脂肪组成比例就将相应发生变化。对这种变化来说，摄取食物的种类和数量固然重要，但是体育锻炼的作用更大。研究表明，脂肪过多的人往往是那些不喜欢体育锻炼的人，所以出现正能平衡，导致体脂堆积。这就是说人的行为和生活方式可以改变食物消化后的卡路里贮存及其以后的能量支出。身体活动减少，则卡路里支出下降。随着机体的衰老过程，其基础代谢率下降的原因是由于肌肉组织的总量减少。年龄超过 25 岁以上，每 10 年其卡路里需要摄入量相应要减

细节透视 8-1

怎样降低卡路里摄入

1. 食用低卡路里、高营养的食物
2. 留心食品营养成分
3. 食用低脂食品和少食高脂食品
4. 多食蔬菜、水果
5. 食用不经油烹饪的米和面食
6. 少食用甜食
7. 少饮或不饮酒精饮料

少2.5%。为了避免肥胖，你要么选择降低卡路里摄入量，要么选择体育锻炼。鉴于日常生活中适量的体育锻炼增加你的卡路里支出，所以，请你运动起来。

（一）卡路里摄入评估

每个人摄入的卡路里是否适量，这与个体的行为方式、情绪状况和生活环境等密切相关。我们建议你在评估自己每日卡路里摄入时，首先查阅有关各种食物的单位卡路里含量手册，进而制定科学的饮食方案（见细节透视8-1）。

（二）卡路里消耗评估

身体有三种消耗卡路里的途径：基础代谢、身体活动（见细节透视8-2）和食物的特殊动力作用（食物消化吸收过程的能量消耗）。

（三）基础代谢率的测定（BMR）

基础代谢率是维持生命的最基本能量需求，严格的科学测定过程要求有复杂的仪器设备和苛刻的测试环境，并且程序繁琐、时间很长（24小时）。这里推荐一种简便易行的测定方法供大家参考。

细节透视8-2

通过身体活动增加卡路里消耗

尽量每天保证适量身体活动30分钟，下面是我们推荐的成人适量身体活动的内容，你可以从中选择一至两项。

1. 轻快地步行（5~6千米/小时）　　2. 一般的健美操
3. 做家务　　　　　　　　　　　　4. 乒乓球
5. 高尔夫球　　　　　　　　　　　6. 站立垂钓
7. 慢跑　　　　　　　　　　　　　8. 随意游泳
9. 自行车运动（15千米/小时）　　　10. 跳舞

1. 估算体表面积

在下列三个标尺中（见图8-1），从你的身高、体重与体表面积的连线交点中得到你的体表面积值。

2. 基础代谢因子估算（BMRf）

按表8-1中所给的数据，根据你的性别和年龄，查出基础代谢因子。

3. 计算

（1）　BMR=体表面积 × BMRf

（2）　每日基础代谢需要量 =BMR × 24

（四）体育锻炼与能量消耗

无论是竞技性的比赛还是娱乐性的体育锻炼，其结果都将导致身体能量的消耗增加。如果在坚持体育锻炼的同时，控制饮食中得到的能量，即身体能量的消耗大于饮食营养的摄入，则身体重量就会下降（出现负能平衡）。一般来说，以健身为目的的体育锻炼，主要消耗的是糖、脂肪和蛋白质，而维生素和矿物质丢失较少。

体育锻炼中的能量消耗量主要取决于运动类型、运动强度、运动持续时间以及个体的身体大小。如果我们知道了运动时间和某种运动中单位体重在单位时间内的能量消耗，我们就可以了解该单元体育锻炼的能量消耗。一旦测得基础代谢率，我们就可以估算出一天中大致的能量消耗。再结合饮食摄入中各种食物的卡路里含量，我们就能相对精确地掌握日常生活的能量平衡，从而达到有效控制体重的目的（见自评量表 8-1）。

1. 影响基础代谢率的因素

（1）体表面积　较大体表面积，基础代谢率也较高（请记住不是体重）。

（2）年龄　随着年龄增长，基础代谢率也呈下降趋势，这主要是因为身体肌肉出现萎缩，体育锻炼可以使这种年龄性萎缩保持在最小值。

（3）性别　男性基础代谢率比女性高。

（4）饮食方案　低卡路里食物的摄入使基础代谢率下降。

（5）运动　运动中和运动后一段时间，基础代谢率增加。

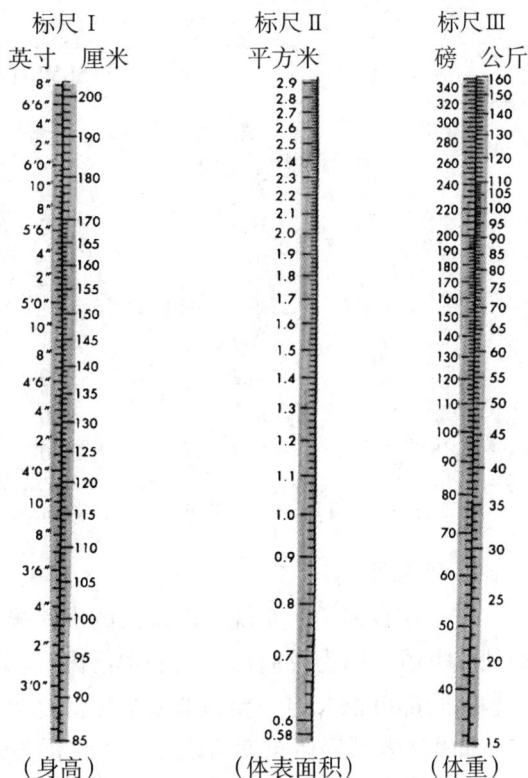

图 8-1　估算体表面积

注：图 8-1 选自 Prentice, W.E. Fitness and Wellness for Life, 1999.

表 8-1　不同年龄、性别的基础代谢率

BMR千卡／米²／小时					
年龄	男	女	年龄	男	女
10	47.7	44.9	29	37.7	35.0
11	46.5	43.5	30	37.6	35.0
12	45.3	42.0	31	37.4	35.0
13	44.5	40.5	32	37.2	34.9
14	43.8	39.2	33	37.1	34.9
15	42.9	38.2	34	37.0	34.9
16	42.0	37.2	35	36.9	34.8
17	41.5	36.4	36	36.8	34.7
18	40.8	35.8	37	36.7	34.6
19	40.5	35.4	38	36.7	34.6
20	39.9	35.3	39	36.6	34.4

BMR千卡/米²/小时					
年龄	男	女	年龄	男	女
21	39.5	35.2	40-44	36.4	34.1
22	39.2	35.2	45-49	36.2	33.8
23	39.0	35.2	50-54	35.8	33.1
24	38.7	35.1	55-59	35.1	32.8
25	38.4	35.1	60-64	34.5	32.0
26	38.2	35.0	65-69	33.5	31.6
27	38.0	35.0	70-74	32.7	31.1
28	37.8	35.0	75+	31.8	

注：表8-1选自 Prentice,W.E. Fitness and Wellness for Life, 1999。

2. 能量平衡评估

对于在校大学生来说，以每天的卡路里摄取和卡路里消耗来估算能量平衡的确是不容易做到的事情，因为我们每一天的生活内容都不尽相同，我们吃的东西和吃的时间以及运动方式和时间都有很大的差异。即大学生活是丰富多彩的，而不是单调刻板的。但是希望大家记住，如果你要减轻体重就请改变一下生活方式，多进行一些体育锻炼，即多消耗一些卡路里；如果你要增加体重，就请多吃一些食物，即增加一些卡路里的摄入。总之，卡路里就是增加或减轻体重的关键所在。

3. 身体活动的能量消耗

请见表8-2。

表8-2　不同运动的能量消耗

项目	千卡/分钟/千克体重	项目	千卡/分钟/千克体重	项目	千卡/分钟/千克体重
射箭	0.066	曲棍球	0.134	滑雪（越野）	0.163
羽毛球	0.097	垂钓	0.062	滑雪（下坡）	0.146
棒球	0.068	高尔夫	0.086	滑水	0.115
篮球	0.139	体操	0.066	潜水（尽力）	0.275
台球	0.040	手球	0.139	潜水（中等）	0.207
拳击（练习）	0.137	远足	0.093	足球	0.130
划船（休闲）	0.044	散步	0.042	墙球	0.212
划船（比赛）	0.104	冰球	0.209	乒乓球	0.068
循环训练法		慢跑	0.152	网球	0.110
（水中）	0.132	柔道	0.196	排球	0.051
（通用）	0.117	跳绳		举重训练	0.070
（螺旋式）	0.093	（70次/分）	0.163	摔跤	0.187
爬山	0.121	（80次/分）	0.165	书写（坐位）	0.029
板球	0.059	（125次/分）	0.176	仰泳	0.170

续　表

项目	千卡/分钟/千克体重	项目	千卡/分钟/千克体重	项目	千卡/分钟/千克体重
自行车		（145次/分）	0.196	蛙泳	0.163
（8.8千米/小时）	0.064	跑步		蝶泳	0.172
（15千米/小时）	0.099	（7.2分/千米）	0.134	自由泳（慢）	0.154
（比赛）	0.174	（5.6分/千米）	0.194	自由泳（快）	0.156
跳舞		（5分/千米）	0.209	踩水（快）	0.170
（中等有氧）	0.104	（4.4分/千米）	0.229	踩水（一般）	0.062
（高强度有氧）	0.134	（3.8分/千米）	0.253		
就餐（坐位）	0.022	（3.5分/千米）	0.289		

注：表8-2选自 Prentice,W.E. Fitness and Wellness for Life,1999。

二、体重控制的"置点"理论

人体具有精确调节自身各种机能的内在系统，身体重量就是这种调节过程的目标之一。每个人的身体重量似乎都存在一个已经设置好了的生理恒量（设置点），机体将抵抗各种试图增加或减少已设置重量的各种因素，以保持其原有的体重范围。这就是为什么在经过艰苦的增加或减少体重的几个月或数年之后，身体重量又恢复如初的缘故。如果依靠节食减肥，在最初的24小时之内，身体的代谢率就会相应下降5%～20%。这就意味着能量消耗自动减少，而能量贮存则自动增加。长期效应表现在，如果肥大的脂肪细胞萎缩，就会有信号反馈给中枢神经系统，其结果是饮食行为发生变化，强烈的饥饿感促使人们摄入更多的卡路里来恢复体内业已设置好的重量。这简直就像日常生活中的空调器一样，一旦温度设置完毕，它就通过制冷或制热来保持这一"置点"。克服这个"置点"被证明是困难的。仅靠意志去忍受饥饿带来的痛苦是不能有效地减肥的。

研究告诉我们，减肥——复原——再减肥——再复原的模式最终会导致体内"置点"的提高，其结果可能是超出原有体重。而且更大的副作用在于肌肉组织减少，脂肪组织增加。每周4～5次的有氧体育锻炼辅以科学的饮食方案就可以调低"置点"，使体重减少并保持在较低水平。

（一）膳食控制法

通过控制饮食来减轻体重时，其结果是身体的代谢率下降以及能量贮存的增加。如果这时体重变轻往往不是脂肪的减少而是水分和肌肉的减少。尽管如此，目前各种书刊杂志还是长篇累牍地刊载很多所谓"有效"的控制膳食减肥法。这里有10点忠告供参考。

1. 每天至少摄入1 200千卡路里的能量。

2. 每天至少饮10杯水。

3. 准确了解你的需要，摄入足够量的蛋白质。

4. 每天至少摄入50～100克碳水化合物和10克脂肪，用以防止蛋白质集约化以及降低食欲。所谓蛋白质集约化是指饮食中要摄取足够量的碳水化合物和脂肪，以防止食物和肌肉组织中的蛋白质转变为糖或脂肪。

5. 即使不饿也要按顿吃饭，并且吃各种食物。

6. 体重减少控制在 0.5～1 千克 / 周，直至达到目的。

7. 预先了解食物成分，记录饮食过程，发现问题，及时纠正。

8. 避免用致泻剂、刺激剂、利尿剂，保证维生素和无机盐的摄入。

9. 饮食方案一定要与体育锻炼相结合，而且每周至少 3 次锻炼，每次至少 30 分钟。

10. 任何一个理想中的方案都要有至少坚持 12 个月的心理准备。

（二）运动控制法

人们试图通过体育锻炼的方法去减肥，特别是针对那些特定部位的脂肪。不幸的是，体育锻炼所需要的能量来自于全身各处脂肪的"燃烧"，而决不是某个特定的活动部位。但是体育锻炼却可以增大特定活动部位的肌肉及增加其肌力，进而改善全身的健康状态。用单纯的体育锻炼方法进行减肥与用单纯的饮食控制法一样难以达到目的。但是它却可以增加呼吸循环系统的耐力，增强肌肉力量，强壮骨骼组织，提高身体的柔韧性。如此优点是任何一种饮食控制减肥法都不能比拟的。

通过体育锻炼达到减肥的目的，应注意以下几点：（1）有氧运动降低全身的脂肪比例。（2）各种运动方式均可达到此目的。（3）每周 3～4 次才有明显效果。（4）低强度运动比高强度运动更有效。（5）高强度力量练习能有效减少脂肪、增长肌肉和增加肌力。

（三）控制体重的几点要素

1. 用长期禁食或控制饮食来"残酷"地限制卡路里摄取，是不科学的，也是危险的。

2. 长期的禁食或控制饮食将以丢失大量的水分、电解质、无机盐、糖以及蛋白质来换取有限脂肪的减少。

3. 长期较为温和地控制饮食也会造成营养不良。

4. 动力性身体活动能增加肌肉组织和骨密度以及减轻体重。

5. 科学地控制饮食结合有效的体育锻炼以及正确的饮食习惯是理想的减肥方法，但是每周体重下降不能超过 1 千克。

6. 要想达到理想的体重和体脂比例，需要一生保持良好的饮食习惯和坚持体育锻炼。

第三节　稳妥控制体重

随着国民经济的发展，人民生活水平不断提高，从儿童少年到中老年人有越来越多的控制体重群体出现在我们的社会中。控制体重甚至已经初步形成了一种有相当商业利润的产业。但是科学的统计研究表明，实施商业性控制体重计划 5 年后的成功率仅有 5%。因为控制体重的根本在于一种科学生活方式的选择，并需其一生保持之。

一、食欲扮演的角色

饥饿感主要指一个人先天的生理反应过程。而食欲则主要指一个心理感受过程，一个获得性过程（见图 8-2）。我们常常会遇到这样的情形：在不饿的时候，出现对某种食物的偏爱而产生食欲，而在对任何食物都无欲望的时候，往往要忍受饥饿的折磨。因此饥饿是一个主动的体验，而食欲则是一个被动过程。了解饥饿、食欲及与控制食物摄取的相关因素对帮助人们控制体重是非常重要的。毋庸置疑，食欲与个人肥胖有密切的关联。令人遗憾的是，身体内调节食欲的机制目前仍然有许多谜团。研究者试图从中枢神经系统、从肝脏、消化道等外围向中枢的反馈过程、激素的分泌活动以及日常饮食中蛋白质与碳水化合物的比例中去寻求一些答案。从现存的成果中得到的总结可以概括为以下几点：（1）保持胃中以低卡路里的食物充盈。（2）提高血糖的水平。（3）增加流食特别是水的摄取。（4）蔬菜汁或果汁是较好的选择。（5）在吃正餐前食入一些糖果。（6）在食入同等量的食物时，尽量延长进餐时间。

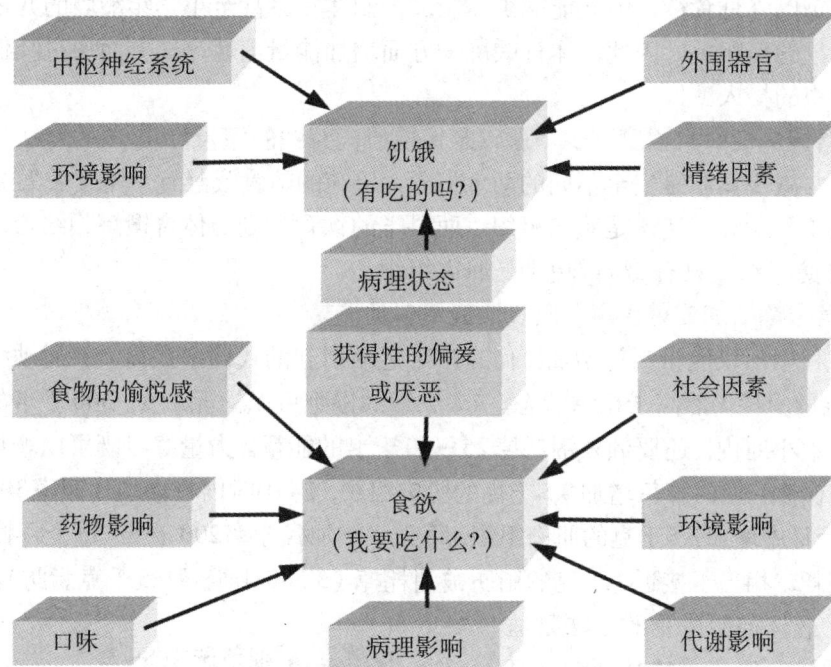

图 8-2　饥饿与食欲以及相关影响因素

二、药物不是万能的

目前商业化的减肥药物正风靡一时，但同时也有被滥用的趋势。尽管人们努力使开发的药物更加安全、更加有效、副作用更少，但是仍然存在很多问题。降低食欲类药物是开发得比较成功的一族减肥药物，但是往往存在药效过短，使用者很快就会产生抗药性，而且容易上瘾。除此之外，还会引起神经质、眩晕症、虚弱症、疲劳症以及失眠症等等。最重要的是药效远没有达到人们的期望值。有些减肥药物甚至被发现能够引起心脏瓣膜问题和严重的心脏杂音。因此药物管理机构也在清理一些存在严重问题的减肥药物。一些商家声称，新近研制开发的减肥药就像体育锻炼一样不仅可以帮助肥胖者增加体内脂肪的利用，而且还可增加肌肉组织和降低食欲。但是这些作用都没有得到更多的证据支持。

至今为止，尚没有一种灵丹妙药能够安全有效地降低你的食欲，减少你的体脂以及控制你的体重。如果你与医生或营养专家合作，制定一整套饮食计划，修正你的生活方式，加强体育锻炼，这可能是目前唯一有效的处方。

三、身体活动有多大帮助

控制体重是一个长期的过程，不要指望一夜之间发生什么奇迹。选择一种积极向上的生活方式并终身去保持它，这才是问题的关键。体育锻炼是这种健康乐观生活方式的基本组成部分。就是说与其在生活中长期忍受饥饿感的折磨，还不如去参加体育锻炼。体育锻炼在控制体重方面的作用主要表现在以下几个方面。

（一）体育锻炼可降低食欲

体育锻炼可以降低食欲，因此能减少体脂，控制体重。甚至小学年龄段的儿童也存在着体育锻炼与食欲的负相关。因此，体育锻炼一方面增加能量消耗，一方面通过降低食欲来减少能量从食物中的摄入。

（二）体育锻炼能最大程度减少体脂以及保持肌肉组织的重量

减轻体重与减少体脂是完全不同的两个概念。单纯的节食或禁食，体重丢失部分70%～80%是脂肪组织，20%～30%是肌肉组织。而科学的饮食计划与体育锻炼相结合，体重丢失部分95%是脂肪组织，只有5%或更少是肌肉组织。

（三）体育锻炼增加能量代谢率以及消耗更多的能量

在运动过程中不仅能量消耗增加，而且由于运动引起的代谢率提高，在运动结束后至少20分钟内，能量消耗仍然高于正常状态。4.8千米的慢跑可以消耗250～300千卡的能量，在运动停止以后数小时内，还要额外消耗掉25～40千卡的能量。力量练习既可以增加肌肉重量也可以增加代谢率。据估算每增加0.5千克的肌肉组织，24小时内将增加代谢率30～40千卡。这样，如果6个月中增加2.5千克的肌肉组织，每天将增加代谢率200千卡，每个月将增加6 000千卡的能量消耗，相当于接近1千克的脂肪被消耗掉（3 500千卡 ≈ 0.5千克脂肪）。所以我们还是要强调，最佳控制体重的方法是适当的饮食习惯结合你喜爱的某种能终身体育锻炼的方法。在选择体育锻炼的方案时应考虑的几点问题见细节透视8-3。

（四）体育锻炼能防止骨质疏松

由于衰老和减体重的缘故，人体的骨骼不断丢失钙和其他无机盐而变得脆性增加。应该增加钙的摄取及体育锻炼，使骨密质增加，防止骨质疏松。

细节透视 8-3

体育锻炼方案选择的注意事项

1. 自己喜欢的运动项目和运动方式
2. 中等强度的体育锻炼，持续时间在30～90分钟
3. 发展心肺功能的体育锻炼效果更佳
4. 制定一个起点，然后逐渐提高适应能力的水平

（五）体育锻炼改变身体脂肪的处理方式

体育锻炼可以降低血浆中低密度脂蛋白的含量，增加高密度脂蛋白含量。高密度脂蛋白的含量增加与心血管疾病的发病率呈负相关。

四、饮食计划是否需要

人们常常借助于书刊杂志及商业广告中的所谓科学的饮食计划来控制体重，但是往往效

果不能持久或者不能出现传说中的奇迹，甚至还会冒损害健康之风险。人群之间的个体差异很大，所存在的体重问题也各不相同，绝对没有一个"放之四海而皆准"的饮食配方可以解决所有人控制体重的问题。在确定你是否考虑需要进行饮食计划控制体重之前，应该首先注意以下10点。

1. 是否一直不断地在担心自己身体的脂肪，哪怕体重已经在平均水平以下。
2. 在体重已经持续下降的情况下，仍然怀有对肥胖或变成肥胖的恐惧心理。
3. 甚至不愿意保持与运动项目、年龄、身高相符合的最低体重。
4. 摄入与自身体重极不相称的过多食物。
5. 是否出现有问题的饮食习惯，即不停地吃零食。
6. 是否存在严酷的节食，甚至禁食。
7. 是否从事明显过头的体育锻炼。
8. 有否压抑情绪或进食之后的自我负罪感。
9. 是否强烈关注同学、亲友们的进食行为。
10. 是否存在已知的家族饮食紊乱或饮食功能障碍病。

如果有上述情况出现，应慎重考虑所谓"特殊的控制体重饮食计划"。

小　结

1. 身体成分与健康关系密切。
2. 身体成分由身体中脂肪和非脂肪部分组成，非脂肪部分包括肌肉、软组织、骨骼和结缔组织等等。
3. 成人的体脂主要存在于腹部而不是臀部，这更容易引起心脏病、高血压和糖尿病。
4. 能量平衡理论告诉我们，若需控制体重，一定要根据能量的摄入和支出的量来安排。
5. 基础代谢率和体育锻炼的能量支出在能量平衡中占重要位置。
6. 饮食计划和体育锻炼在控制体重中是必不可少的。
7. 体育锻炼不仅有益于控制体重，还有增强肌肉、增加耐力及促进健康的作用。

思　考　题

一、人为什么会肥胖？
二、如何通过体育锻炼去控制体重？

8-1

卡路里需求量的自评量表

1. 不同生活方式消耗的能量

生活方式	千卡路里需要量/千克体重
从不运动	5.9
偶尔运动	6.4
适当运动（2次/周有氧锻炼）	6.8
经常运动（3~4次/周有氧锻炼）	7.3
总是运动（≥1小时/每天有氧运动）	7.7

注：自评量表8-1选自 Prentice,W.E. Fitness and Wellness for Life, 1999。

2. 实际体重×卡路里数/千克体重＝个体卡路里需要量/天。如果每天卡路里摄入量近似该值，则能保持体重。如果超过该值则增加体重，少于该值则减少体重。

第四篇 体育锻炼与心理、社会和环境

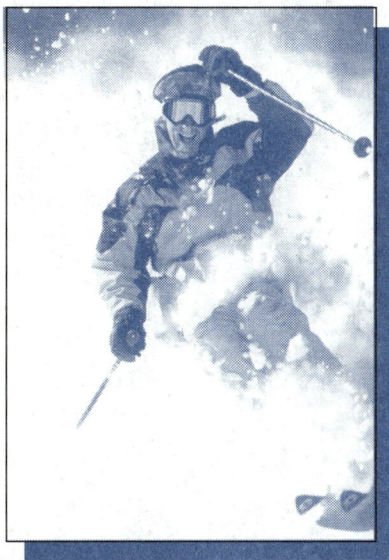

摘自:《体育世界》(2000,光盘),日本富尔特科技股份有限公司

你肯定早已知道体育锻炼有助于人的身体健康,但不一定清楚体育锻炼对人的心理状态和社会适应能力的积极作用。事实上,体育活动既是一种身体活动,也是一种心理和社会活动,因此,它不仅对身体健康有好处,而且有助于改善心理状态和提高社会适应能力。经常进行体育锻炼,你的烦恼会减少,你的心情会开朗,你的交往能力会提高,你才会有健康乐观的生活态度。本篇的第九章、第十章将较为详细地告诉你体育锻炼对于提高人的心理健康水平和社会适应能力的重要意义。

人与自然环境有着密不可分的关系,人的体育锻炼又大多是在自然环境中进行的,而环境因素会影响体育锻炼的效果,哪些环境因素影响着我们的体育锻炼效果?在各种自然环境中锻炼身体需要注意哪些问题?本篇的第十一章将对这些问题作详细的解释。

第九章　体育锻炼与心理健康

学习目标

当学完这一章后，你应该能够解释以下的关键概念和重要问题

关 键 概 念

- 身体表象
- 身体自尊
- 应激
- 应激源
- 焦虑
- 抑郁
- A 型人格
- B 型人格
- C 型人格
- 放松技术
- 表象训练

重 要 问 题

- 体育锻炼对心理健康的影响
- 应激源的类型及应激模式
- A 型人格与 B 型人格类型的人参加体育锻炼的方式
- 体育锻炼为何能控制应激
- 锻炼的时间控制的策略
- 应对应激的放松方法

体育锻炼有助于身体健康，这是许多人所熟知的事实。有些人在自己体弱多病、身体状况不佳时，除了服药打针外，也会考虑通过体育锻炼来增强体能，恢复健康。然而，当某人在学习、工作或生活中遭受挫折而情绪低落，或出现明显的心理障碍时，却很少会想到通过体育锻炼来改善情绪，消除心理障碍。实际上，体育锻炼既是身体活动，又是心理活动和社会活动，因此，体育锻炼不仅有利于身体健康，而且对于人的心理健康和社会适应具有积极的促进作用，从而提高人的生活满足感和生活质量。本章首先一般性地讨论体育锻炼对心理健康的影响；其次，详细叙述现代社会中人们普遍存在的心理问题——应激；最后，介绍控制应激的方法。

第一节　体育锻炼对心理健康的影响

一、体育锻炼可促进心理健康

体育锻炼对心理健康的积极影响主要表现在以下几个方面。

（一）改善情绪状态

情绪状态是衡量体育锻炼对心理健康影响的最主要的指标。人生活在错综复杂的社会中，经常会产生忧愁、紧张、压抑等情绪反应，体育锻炼则可以转移个体不愉快的意识、情绪和行为，使人从烦恼和痛苦中摆脱出来。大学生常因名目繁多的考试、相互间的竞争以及对未来工作分配的担忧而产生持续的焦虑反应，经常参与体育锻炼可使自己的焦虑反应降低。

（二）提高智力功能

经常参加体育锻炼可以提高自己的智力功能，不仅使锻炼者的注意、记忆、反应、思维和想象等能力得到提高，还可以使其情绪稳定、性格开朗、疲劳感下降等，这些非智力成分对人的智力功能具有促进作用。

（三）确立良好的自我概念

自我概念是个体主观上对自己的身体、思想和情感等的整体评价，它是由许许多多的自我认识所组成的，包括"我是什么人"、"我主张什么"、"我喜欢什么"，"我不喜欢什么"等等。由于坚持体育锻炼可使体格强健、精力充沛，因而，体育锻炼对于改善人的身体表象和身体自尊至关重要。

身体表象是指头脑中形成的身体图像。身体表象障碍在正常人群中是普遍存在的，据报告，54%的大学生对他们的体重不甚满意。与男性相比，女性倾向于高估她们的身高和低估她们的体重，而且，身体肥胖的个体更可能有身体表象和身体自尊方面的障碍。身体自尊主要包括一个人对自己运动能力的评价，对自己身体外貌（吸引力）的评价，以及对自己身体的抵抗力和健康状况的评价。身体表象和身体自尊与整体自我概念有关（见图9-1），无论男性还是女性，对身体表象的不满意会使个体自尊变低（自尊指自我概念的积极程度），并产生不安全感和抑郁症状。有研究表明，肌肉力量与身体自尊、情绪稳定性、外向性格和自信心呈正相关，并且加强力量训练会使个体的自我概念显著增强。

（四）培养坚强的意志品质

意志品质指一个人的果断性、坚韧性、自制力以及勇敢顽强和主动独立等精神，意志品质既是在克服困难的过程中表现出来的，又是在克服困难的过程中培养起来的。在体育锻炼中要不断克服客观困难（如气候条件的变化、动作的难度或意外的障碍等）和主观困难（如胆怯和畏惧心理、疲劳和运动损伤等），锻炼者越能努力克服主、客观方面的困难，也就越能培养良好的意志品质。从锻炼中培养起来的坚强意志品质能够迁移到日常的学习、生活和工作中去。

（五）消除疲劳

疲劳是一种综合性症状，与人的生理和心理因素有关，当一个人的情绪消极，或任务超出个人的能力时，生理上和心理上都会很快地产生疲劳。大学生持续紧张的学习压力极易造成身心疲劳和神经衰弱，保持良好的情绪状态和参加中等强度的体育锻炼则可以使他们身心得到放松。

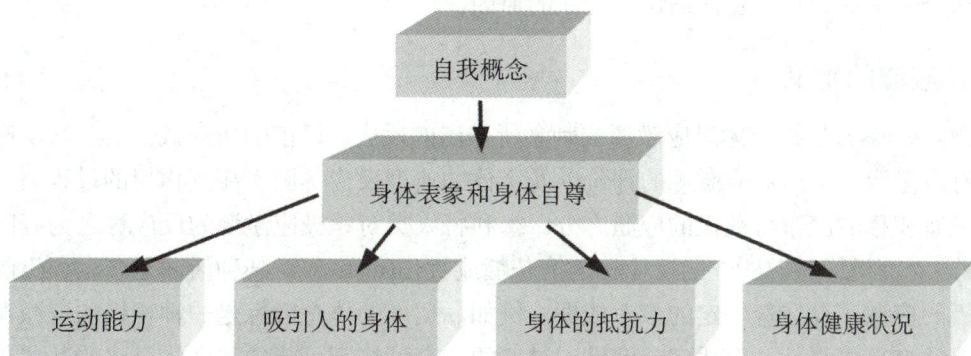

图9-1　身体表象和身体自尊与整体自我概念的关系

（六）治疗心理疾病

体育锻炼被公认为是一种心理治疗方法。美国的一项调查显示，1 750名心理医生中，80%的人认为体育锻炼是治疗抑郁症的有效手段之一，60%的人认为应将体育锻炼作为一种治疗方法来消除焦虑症。在大学生中，有不少人由于学习和其他方面的挫折而引起焦虑症和抑郁症，通过体育锻炼可以减缓或消除这些心理疾病。

二、决定体育锻炼产生良好心理效应的因素

决定体育锻炼产生良好心理效应的因素很多，主要有四方面。

1. 喜爱体育锻炼并从中获得乐趣。这是体育锻炼产生良好心理效应的最重要因素，如果不喜爱或者不能从中获得乐趣，就不可能产生满足感和良好的情绪体验。

2. 体育锻炼应以有氧活动为主，避免激烈的竞争。有氧活动包括散步、跑步、游泳、骑自行车、跳绳、健美操等。当然，对于年轻人或大学生来说，从事自己所喜欢的球类运动也是很有益的。

3. 运动量应以中等强度为宜。研究表明，在体育锻炼过程中，心率最好控制在最大心率的60%～80%之间，每次活动时间不少于20～30分钟，每周3次或3次以上，这样才有利于心理健康。

4. 持之以恒地进行体育锻炼。体育锻炼对心理健康的积极效应只有在有规律的锻炼的基础上才能显示出来。有人在查阅了80篇研究报告后指出，随着身体练习总时间的增加，体育锻炼所产生的良好心理效应就会随之得到增强。

第二节　应激的征兆和模式

现代社会中，环境的严重污染、住房的高度拥挤、交通的阻塞不畅、就业机会的减少、人际关系的淡漠、生活节奏的加快以及竞争的日趋激烈等都会使人们产生心理上的压力和消极的应激反应。应激不仅与许多心身疾病有关，它还会对个体的工作效率和所要达到的目标产生影响。为了提高人的健康水平和生活质量，就必须有效地控制应激反应和矫正不良的行为习惯。这正是本章为什么要详细讨论应激的原因。

一、应激的定义

应激（stress）是指个体对应激源或刺激所作出的反应。目前的研究认为，应激反应是一种包含有应激源、个体对应激源的评价以及个体的典型反应等因素相互作用的过程。

应激有积极的应激与消极的应激之分。塞利将人类对积极应激源的反应称之为好的应激(eustress)，对消极应激源所作的反应称之为苦恼或忧伤(distress)。某种活动是产生积极的应激还是消极的应激，存在着一定的参考依据，例如，适度的体育锻炼是一种积极的应激源，它可以使个体变得更强壮、更适应；但是，过度的体育锻炼则可能导致个体身体的某些部位疼痛或身体受伤，使其变得苦恼。另外，某一事件是引起积极的应激还是消极的应激，还受个体认知评价的影响。例如，一个人认为用雪板滑降是一件有趣而富有刺激性的事，滑雪对其来说是一种愉快的体验；另外一个人也尝试过滑雪，但他害怕寒冷的季节和摔伤，因此，他就将滑雪看成是一件令人烦恼的活动。

在生活与工作中，人需要一定程度的应激，这有助于提高生活的质量和工作的效率。一般而言，轻到中等程度的应激比较适宜，但适宜的应激在个体之间有所不同。如要了解自己的应激程度，请完成本章后的自评量表9-1。

二、应激的征兆

处于消极应激状态下的人会显示某些征兆，但不同个体的征兆有所不同。通常认为，有下列几种比较典型的应激征兆。

（一）生理征兆

应激的生理征兆（如心跳加快、呕吐等）会引起一定的身体器官系统的变化。例如，心跳加快反映了心肌的变化，呕吐反映了消化系统的变化，呼吸困难反映了呼吸系统的变化，经常性的头痛、疲劳、手颤抖反映了肌肉的紧张性变化等等。

（二）焦虑与抑郁

在应激的心理征兆中，最通常的两种表现形式是焦虑与抑郁。焦虑是一种伴随着某种不祥之事而产生模糊的、令人不快的情绪，其中包含有紧张、不安、惧怕、愤怒、忧虑、烦躁和压抑等情绪体验。焦虑的产生通常没有显而易见的原因，它对于未来的不愉快的关注更甚于对当前情景的担忧。例如，当某人来到一个新单位，对将会遇到的事情以及由此而产生烦恼的原因可能并不清楚，然而，正是这些不可名状的原因，使人处于不安情绪的控制之下，被焦虑所困扰。抑郁是指一种持久的心境低落状态，其特点是：对一般的活动失去兴趣、悲哀、缺乏活力、注意力不能集中等，这些情绪活动是由个体对事物的消极评价所引起的。

（三）睡眠障碍

失眠是应激的一种普通征兆，它会使个体的精力衰退。失眠产生的原因可能是对将要发生的事情感到焦虑或过于激动。例如，对将要逼近的考试过于关注和忧虑会产生失眠。虽然对某些人来说，一两个晚上睡不着觉是常有的事，但是，对另一些人来说，这可能是一种应激表现。

（四）性障碍

性障碍也可能是一种应激征兆，由忧虑引起的性障碍会进一步加重应激反应。国外有的心理学家认为性释放是减少紧张的一种方法，没有正常的性活动可能会导致一系列心理问题的产生。另外，怕怀孕、怕通过性途径传染上疾病也会导致应激。

（五）低自尊

在日常生活中，个体看待事物的方式常常会影响到应激的产生。低自尊的人倾向于以消极的方式看待外部环境，在遇到困难时，更容易打退堂鼓。由于不能找到解决问题的有效方法，他们更容易形成抑郁的情绪。正确地看待自己与他人将有助于降低应激水平。

三、应激源类型

应激源是指引起应激反应的刺激因素。引起应激反应的刺激因素有生理的、心理社会的和环境的。生理的应激源有热、冷、痛、饥饿、锻炼、睡眠不足、身体上的疼痛、性唤醒等；心理社会的应激源有家庭的期望、失去朋友、与其他重要人物发生矛盾、孤独、隔离、失业、失学、司法纠纷、抑郁、焦虑、恐惧等；环境的应激源有噪音、污染、洪水、恶劣的气候、人口膨胀等。在日常生活中，这些应激源都有可能会遇到。例如，对大学生来说，应激源可能是测验与考试，或是不喜欢某门课程、不喜欢某位教师、不喜欢与某些同学交往等。多数人都碰到过与家庭成员闹矛盾、对金钱过于关注、与所爱的人发生争执等问题。一种类型的应激源会激起另一种类型的应激源，例如，对期末考试的担忧（心理的）一直萦绕着个体，会使他产生失眠症状（生理的）。

如果一个人在近期内，生活变化比较大，那么，他患与心理因素有关的疾病或遭受意外的可能性将大为增加。本章后面的自评量表9-2可以使你了解自己的生活事件（即应激源）变化情况，这有助于你预防应激反应及降低患病的可能性。

四、应激模式

通过看图9-2能较好地理解应激。应激模式是从将生活情景中的中性事件看做为忧伤的事情开始的。当消极的认知评价出现后，紧接而来的是焦虑、神经质、愤怒等消极的情绪唤醒，随后出现的是心率加快、血压升高、出汗增加等生理唤醒，最后导致像心身疾病、与家庭和朋友发生争执等不良结果。

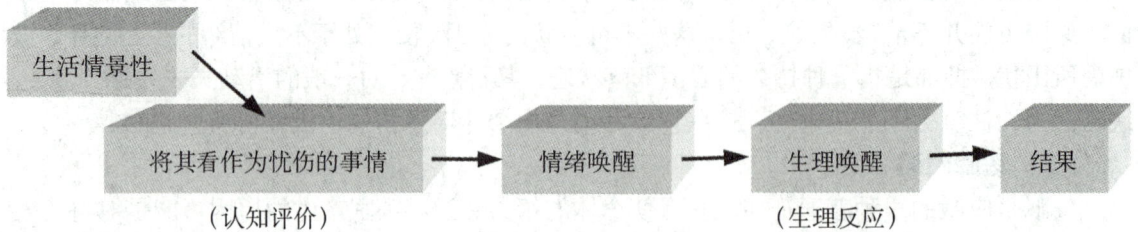

图9-2　应激模式

让我们来看看在应激情景下，这个模式是如何工作的。假设你是位大学生，将在这个学期毕业，还没有拿到体锻合格证（生活情景），你可能对自己说："这是可怕的，我将不能毕业、找工作，我一定是太笨了，亲戚朋友将怎么看待我？"（将生活中的事件看做为忧伤的）这将产生恐惧和对未来的不安全感、焦虑和对体育教师的愤怒（情绪唤醒）。这些不良情绪会导致心率增加、肌肉紧张和其他反应(生理唤醒)。最后，你可能形成紧张性头疼和肠胃不适（结果）。

如果对这个模式的任何一个阶段进行干预，将会使下一个阶段的反应不能出现。例如，假设你在毕业前没拿到体锻合格证，你的评价是这样的："现在没拿到体锻合格证没关系，实际上，我的健康状况不错，老师、同学和我的关系不错，在他们的帮助下，我一定能拿到体锻合格证。"在这种情况下，生活情景没有被看成是忧伤的，消极的情绪反应不会出现，伴随其后的生理唤醒也不会发生，最终，不良的结果也不会产生。另外，暂时没通过体锻标准，可能会促使你更努力地锻炼，你的身体将变得更加健康。

第三节　体育锻炼与应激控制

一、减少应激

有许多研究显示：应激和继之而来的运动损伤之间存在着一定的关系，通过体育锻炼能够有效地控制个体的应激水平。

（一）生活中的应激与运动损伤

根据安德森和威廉斯（Anderson & Williams ,1988)的观点，当个体进入运动情景（如一场体育考试）时，有三个因素会引起应激反应：（1）应激史（如以前的事件、过去的损伤和日常生活中的激烈争论等)；（2）个性特点（如特质焦虑)；（3）应对策略（如其他人的支持、交往技能等)。有应激史、特质焦虑者、对刺激缺乏应对策略的人，更可能产生应激反应。高应激的个体会体验到肌紧张的不断增加，视野缩小，注意力越来越不能集中，因而他更容易产生运动损伤。在生活中也会遇到类似的情况。当驾驶员惊慌失措时，不能保持高度警觉状态，不能对其他违反交通规则的车辆作出迅速反应，就可能导致一场严重的交通事故。

了解应激与运动损伤之间的关系后，你应该在高应激时避免进行锻炼，或在消除应激后再进行锻炼，这样，可以减少运动损伤。

（二）体育锻炼可控制应激

虽然长时间或高强度的锻炼会带来身心的紧张，但是，研究也显示，坚持参加低到中等强度的有氧锻炼（如跑步、游泳或骑自行车等）是减少应激的最有效的方法。图9-3说明了锻炼对降低应激水平的效果。

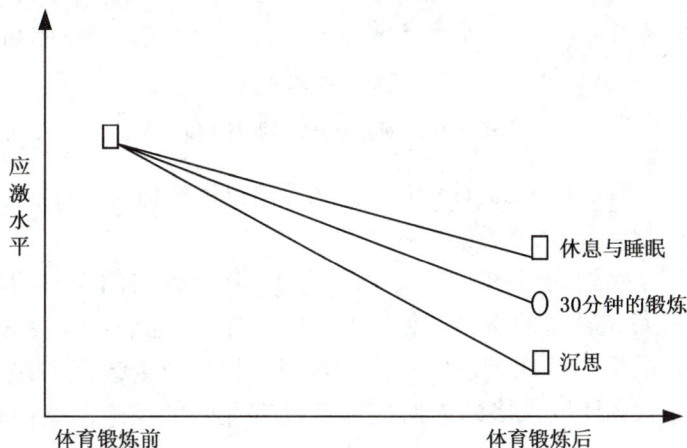

图9-3　体育锻炼与应激水平之间的关系

为什么有规律的锻炼能减少应激？不少理论对之进行了解释。第一种理论认为，锻炼会引起大脑释放自然合成的镇静剂——内啡呔，内啡呔发挥作用时，会阻碍大脑中与应激有关的化学物的作用。第二种理论指出，锻炼是一种娱乐活动，能使人的头脑从担忧以及其他紧张性思维活动中解放出来。第三种理论认为，有规律的锻炼将导致身体适应与积极的自我表象，而这两者将提高人对应激的抵抗力。第四种理论认为，锻炼对应激控制的作用将涉及到上述所有原因。

二、A型人格和B型人格者的行为模式与锻炼的关系

对相同的应激情景，不同的人会作出不同的反应。例如，看同一部暴力片，有的人情绪反应强烈，有的人却无动于衷。这与个体的人格类型有一定的关系，个体的人格类型有三种，他们的行为表现如图9-4所示。

A型人格的人动机强、具有竞争性、好攻击、急躁、易怒和时间紧迫感强，总感到时间不够用，一次想做两件或两件以上的事情。任何悠闲自在的活动对他们来说都是无法忍受的。由于长期处于快节奏和高压紧张的状态下，A型人格的体内的平衡被打乱。为了维持其体内的平衡状态，A型人格的人需要对外部刺激作出强烈的应激反应，从而容易引起有关的心身疾病。不少研究指出，A型人格的人，患心脏病的概率远远高于B型人格的人。A型人格的人在锻炼中可能有下列表现：（1）高攻击性——当他们打高尔夫球击偏了目标时，他们可能将球拍扔在地上；（2）富有敌意——他们可能谴责对手的欺骗行为；（3）富有竞争性——他们不能

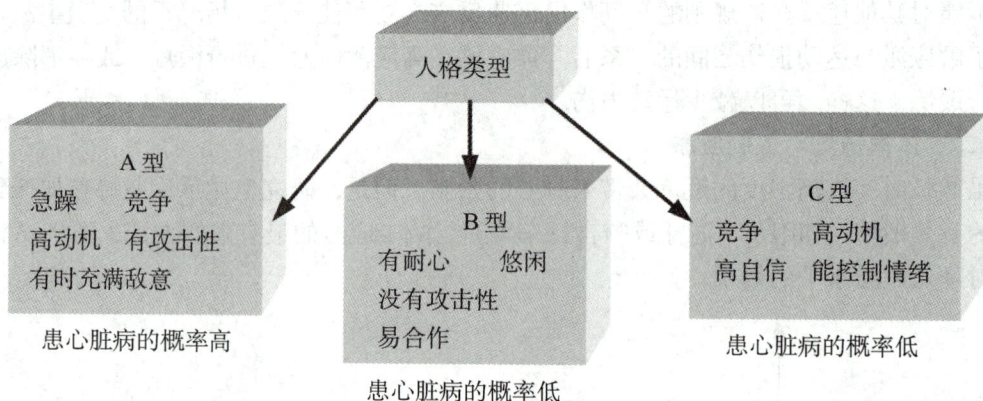

图9-4 三种人格类型者的行为模式

忍受失败；（4）数目定向——他们评价自己是根据自己赢的场次，而不是根据他们的球打得有多好，以及他们对这项活动是否感兴趣。

B型人格的人与A型人格的人有很大的不同。B型人格的人有耐心、不急躁，似乎总有足够的时间来完成要做的事情，攻击性低且易合作。他们不太关心完成工作的数量，而较多地关心所完成工作的质量。例如，跑步时，他们所要表现的是他们喜欢跑步，而不是他们跑得有多快。B型人格的人对应激源没有很强的反应，他们患心脏病的概率比较低。

C型人格的人与A型人格的人有许多相同点。他们也表现出自信、高动机、富有竞争性。与A型人格的人不同的是，他们能很好地控制自己的情绪反应。C型人格的人患心脏病的概率也比较低。

三、锻炼的时间控制

由于应激会逐渐削弱人的注意力以及耗费人的能量与时间，因此，个体必须有效地安排自己的时间，使自己有足够的时间进行锻炼，对付应激。因此，个体必须有下列意识：时间是人生最宝贵的财富；流逝的时间永不复回；对人的一生来讲，时间是有限的，没有一个人会永生，也没有一个人能够做他想做的一切。

（一）评定如何花费时间

个体要学会分析自己一天的时间是如何度过的，为此，可以将一天的时间分成15分钟的小段，如表9-1所示，记录每15分钟所做的事情。另外，经常回顾自己的日记，并注意每天花在每项活动上的时间。例如，个体可能发现，他每天花了3小时社交、4小时吃饭、3小时看电视、1小时做家庭作业、2小时逛商店买东西、2小时听音乐、6小时睡觉、3小时打电话，具体情况如表9-2所示。如果个体对自己一天的活动进行评定，并在此基础上作出合理的调整后，可挤出6.5小时来从事其他的活动，这样，就有足够的时间来进行锻炼。

表 9-1　每天的活动记录

时间（AM）	活　动	时间（PM）	活　动
12:00		12:00	
12:15		12:15	
12:30		12:30	
12:45		12:45	
1:00		1:00	
1:15		1:15	
1:30		1:30	
1:45		1:45	
2:00		2:00	
2:15		2:15	
2:30		2:30	
2:45		2:45	
3:00		3:00	
3:15		3:15	
3:30		3:30	
3:45		3:45	
4:00		4:00	
4:15		4:15	
4:30		4:30	
4:45		4:45	
5:00		5:00	
5:15		5:15	
5:30		5:30	
5:45		5:45	
6:00		6:00	
6:15		6:15	
6:30		6:30	
6:45		6:45	
7:00		7:00	
7:15		7:15	
7:30		7:30	
7:45		7:45	
8:00		8:00	
8:15		8:15	
8:30		8:30	
8:45		8:45	
9:00		9:00	
9:15		9:15	
9:30		9:30	
9:45		9:45	

续　表

时间（AM）	活　　　动	时间（PM）	活　　　动
10:00		10:00	
10:15		10:15	
10:30		10:30	
10:45		10:45	
11:00		11:00	
11:15		11:15	
11:30		11:30	
11:45		11:45	

（二）优先原则

应激控制的一大技术是优先选择要进行的活动，但并不是所有的活动对人都同等重要，个体需要将注意力放在当前必须完成的活动上，锻炼应是人人需要从事的活动之一。为了优先选择从事某些活动，可对每天的活动作出不同的安排，并分别列出不同的清单。

A清单（表）中是今天必须完成的活动。例如，明天是交学年论文的期限，但你现在还没有将论文打印出来。那么，你必须在A清单中将这件事记上。

B清单（表）中记录的是需要完成、而你又喜欢在今天完成的活动。这类活动如果今天不能完成，也不会产生太大的不良后果。例如，你好长时间没有与密友联系上，你一直想给他打电话，那么你可以将这事记在B清单（表）上。这件事如果今天没完成，明天或是后天也可完成。

C清单（表）中列出的是在完成A、B清单（表）中的活动后，你愿意从事的活动。但是，假如C清单（表）中的活动不完成也没关系。例如，百货店在大拍卖，你可以将此事写在C清单（表）内。

此外，在D清单（表）中列出不要完成的事情。例如，假如你认为看电视浪费时间，那么，你可以将此事记在D清单（表）中。通过这种方式，你可以提醒自己今天不要看电视。当然，你认为其他浪费时间的活动也可记在D清单（表）中。

表9-2　　每天活动总结

需要从事的活动	花在每项活动上的时间（小时）	调　　　整
社　交	3	减少1小时
吃　饭	4	减少1小时
看电视	3	减少1.5小时
做家庭作业	1	增加1小时
买东西	2	减少1小时
听音乐	2	减少1小时
睡　觉	6	无　变　化
打电话聊天	3	减少2小时

（三）挤出时间锻炼的其他方式

控制时间的策略有许多，其中合理地安排好各项活动将节省出不少时间来从事体育活动。

1. 说"不"

我们在从事某些活动时，常常考虑别人怎么想的，而没有时间说不。这就需要编制各类清单，选择优先要从事的活动，这将帮助我们确认有多少剩余时间留给其他活动，对较容易或不重要的活动要有勇气说"不"。

2. 委托别人代劳

可能的话，委托别人做一些不需要你亲自做的事，并避免做其他人委托的琐事，这并不意味着你利用别人帮自己干活或你不肯帮助别人。实际上，这意味着对别人委托给你做的事情要加以选择。换句话说，当你时间不够或负担过重时，要毫不犹豫地寻求别人的帮助；当你有时间时，别人向你求援，你也不应拒绝。

3. 一次性完成任务

只要可能，尽量一次完成任务，不要反复做同一件不重要的事情。

4. 对邮件的处理

我们经常收到一些垃圾新邮件，对这类邮件，可以直接扔到垃圾桶中。这样，可以将节省下来的时间从事更重要的活动，如锻炼。

5. 限制干扰

要为每天可能受到的干扰安排时间。另外，要采取一定的方法将干扰限制在最低的水平。例如，使用录音电话，要求来访者只能在你方便的时候来访。

6. 认识到投入时间的重要

为了以后能节省出更多的时间来从事对自己来说是重要的活动，首先需要投入一定的时间，将自己要从事的各项活动安排好。这样做，你将得到良好的回报。比如，每天从烦琐的日常工作与生活中抽出一定的时间来进行有规律的体育锻炼将是获取身心健康的一种有效方法，而良好的身心状态也将有助于各项工作效率的提高。

第四节　应对应激的放松方法

放松方法是以一定的暗示语集中注意，调节呼吸，使肌肉得到充分放松，从而调节中枢神经系统兴奋性的方法。放松的方法有多种，各种放松方法的共同点是：注意高度集中于自我暗示语或他人暗示语、深沉的腹式呼吸、全身肌肉的完全放松。

大脑与骨骼肌具有双向联系。心理紧张时，骨骼肌也会不由自主地紧张，而当心理放松时，骨骼肌则自然放松。反之亦然。因此，通过放松，可以使肌肉得到完全放松，从而降低心理的紧张度。

一、自生训练

奥地利精神病学家舒尔兹提出的自生训练方法是目前普遍采用的一种放松技术。

　　自生训练包括想象你的手臂与腿是沉重的、温暖的。当想象这些情景时，你能够使那些地方的血流量增加，这使得放松反应突然发生。在你的身体得到放松后，想象一下起镇静作用的情景（如在沙滩上的某一天；在绿树成荫的公园里；在夏日平静的湖面上）来放松你的头脑。自生放松练习要在他人指导语或自我指导语的暗示下缓慢地进行。常用的指导语如下：

1. 平静而缓慢地呼吸，我的呼吸很慢、很深。

2. 我感到很安静。

3. 我感到很放松。

4. 我的双脚感到沉重和放松。

5. 我的踝关节感到了沉重和放松，我的膝关节感到了沉重和放松，我的双脚、踝关节、膝关节、臀部全部感到沉重和放松。

6. 我的腹部、我的身体的中间部分感到了沉重和放松。

7. 我的双手感到了沉重和放松，我的手臂感到沉重和放松，我的双肩感到沉重和放松，我的双手、手臂、双肩全部感到沉重和放松。

8. 我的脖子感到沉重和放松，我的下巴感到沉重和放松，我的额部感到沉重和放松，我的脖子、下巴和额部全部感到沉重和放松。

9. 我整个身体都感到安静、沉重、舒适、放松。

10. 我的呼吸越来越深，越来越慢。

11. 我感到很放松。

12. 我的双臂和双手是沉重和温暖的。

13. 我感到十分安静。

14. 我的全身是放松的，我的双手是温暖的、放松的。

15. 轻松的暖流流进了我的双手，我的双手是温暖的、沉重的。

16. 轻松的暖流流进了我的双臂，我的双臂是温暖的、沉重的。

17. 轻松的暖流流进了我的双腿，我的双腿是温暖的、沉重的。

18. 轻松的暖流流进了我的双脚，我的双脚是温暖的、沉重的。

19. 我的呼吸越来越深，越来越慢。

20. 我的全身感到安宁、舒适和放松。

21. 我的头脑是安静的，我感觉不到周围的一切。

22. 我的思想已专注到身体的内部，我是安闲的。

23. 我的身体深处，我的头脑深处是放松、舒畅和平静的。

24. 我是清醒的，但又处于舒适的、安静的、注意内部的状态。

25. 我的头脑安详、平静，我的呼吸更慢更深。

26. 我感到一种内部的平静。

27. 保持 1 分钟。

28. 放松和沉静现在结束。深吸一口气，慢慢地睁开双眼，我感到生命和力量流进了我的双腿、臀部、腹部、胸部、双臂、双手、颈部、头部。这力量使我感到轻松和充满活力。我恢复了活动。

二、呼吸锻炼

呼吸锻炼按如下方式进行:

1. 取一个舒适的位置,坐或躺下来,闭上眼睛。

2. 开始慢慢地呼吸,每次呼气与吸气的时候数数,从一数到三,以维持慢而有规律的呼吸模式。

3. 伸展四肢与呼吸相结合,可以获得更大的放松和减少应激。例如:吸气的时候,手臂向上伸,呼气的时候,手臂向下放。

在安静的室内进行这种锻炼5～15分钟。虽然呼吸锻炼不能减少所有的应激,但是,现有研究已经显示出,这也是减少应激的一种有效手段。

三、沉思

练习沉思的技术将达到放松和内心平静的目的,沉思的方法有多种,常用的沉思方法是每日两次、每次安静地用15～20分钟的时间,将注意力集中于一个单词或一种表象上,慢慢地而有规律地呼吸。沉思的目的是通过身体与心理的完全放松,达到减少应激的目的。这一技术的步骤如下:

1. 一开始,你必须选择一个词或一个声音,在沉思的时候反复多次地重复这个词或声音。所选的词或声音应对你没有任何情绪色彩,它是你完全放松的标志。

2. 开始沉思时,寻找一安静之处,闭上双眼,舒适地坐下来,进行深呼吸,使注意力不要紧张,使身体处于柔软状态。

3. 将注意力集中于你所选定的词或声音,不要听或想任何其他东西。一次又一次地重复你所选定的词或声音,放松,避免分心。

4. 在集中注意力于所选定的词或声音15至20分钟后,睁开眼睛,开始将注意力从所选定的词或声音上转移开来。握紧双拳,对自己说,你已处于警觉状态,精神重新振作起来,结束本次练习。

四、表象训练

表象训练又称念动训练、想象训练、心理演练等,它是指有意识地、积极地利用所有感觉在脑中对过去经历过的事进行重现或再创造的过程。使用这种技术能够降低个体的应激水平,其具体方法有如下几种:

(一)表象转移

这一方法是将个体从应激或失败的情景表象中转移至积极的情景表象中,具体实施时可采用"思维中止法",即当你头脑中浮现应激情景并产生焦虑体验时,应大喝一声"停止",随后,想象愉快的情景。你应经常练习这一方法。

(二)回想成功的情景或经历

当一个人体验到焦虑时,他可以想象以前成功的经历或结果。克拉蒂(Cratty)曾报道过两个研究:一位大学长跑运动员在面临比赛应激情景时,回忆过去在中学比赛时的辉煌经历;

另一位体操运动员在异国体操馆比赛感到紧张时，回想在本国体操馆比赛时受到观众热情支持的情景。结果发现，这两个运动员都降低了已经体验到的焦虑情绪。

细节透视 9-1

注：细节透视9-1选自 Greenberg ,J.S. Comprehensive Stress Management,1996。

（三）技能的表象训练

技能的表象训练有助于降低应激反应，尤其是你在体育考试前应进行表象技能训练，可使自己将对成绩的担忧转移至对活动的注意上。例如，投篮考试前，你可以首先想象自己正在一个无人的体育馆投篮，然后，想象自己在有同伴的情况下投篮，接下去想象所有的同学正注视着自己的情况下投篮，最后，可想象在同学发出对自己伤害性言语的情况下投篮。实施了这一方法后在随后的考试中即使面临各种应激情景时，也会面不改色手不软（指投篮）。

五、休息和睡眠

减少应激与紧张的一种最有效方法是充分的休息与睡眠。休息好是抗击应激与疲劳的最好方法，最好是每晚睡7~9个小时，并且，由于身体自然荷尔蒙节律，建议每晚在接近相同的时间上床休息。除了晚上很好地睡眠外，白天午休15~30分钟也是减少应激的一种有效疗法。如果没有条件上床休息，靠着桌子伸伸腿、闭闭眼也可以。

总之，有多种方式能成功地控制应激，关键是要找到最适合于自己的技术，并加以坚持。为了确定哪种放松技术对你是最有效的，试一试上面所介绍的每种技术，并利用细节透视9-1中的问题来对每种技术作出评定。

小 结

1. 体育锻炼有助于增进人的心理健康，包括改善情绪状态，提高智力功能，确立良好的自我概念，培养坚强的意志品质，消除疲劳，治疗心理疾病等。

2. 应激是个体对应激源或刺激所作出的反应。应激反应是一种包含有应激源、个体对应激源的评价或解释以及个体的典型反应。应激有积极和消极之分。

3. 当个体处于消极的应激状况下时，他或她就会产生不良的生理和心理征兆，如心跳加快、呼吸困难、经常性的疼痛或疲劳、焦虑、抑郁、睡眠障碍、性障碍或低自尊等。

4. 应激源是指引起应激反应的刺激因素。引起应激反应的刺激因素有生理的、心理社会的和环境的。

5. 长时间或高强度的锻炼会带来身心紧张，但低到中等强度的有氧锻炼是减少应激最有效的方法之一。

6. 对相同的应激情景，不同的人会作出不同的反应。A型人格的人经常会对外部刺激作出强烈的应激反应，因而容易引起有关的心身疾病；B型人格的人对应激源没有很强的反应，他们患心脏病的概率比较低。

7. A型人格的人在体育锻炼时表现为高攻击性、富有敌意和竞争性、数目定向等；B型人格的人在锻炼时不太关心体育成绩，而较多地关心动作的质量。

8. 个体完全能挤出时间进行体育锻炼，且有许多挤出时间进行锻炼的方法。

9. 放松技术是控制应激的有效方法，包括自生训练、呼吸锻炼、沉思、表象训练、休息和睡眠等。

思 考 题

一、你打算怎样挤出时间进行有规律的体育锻炼?

二、你如何预防应激反应?

9—1

应激程度自评量表

该量表旨在测试你的应激程度。如果某一题目与你的情况相符，请在"是"的方框中打"√"，否则，在"否"的方框中打"√"。

	是	否
1. 我常常与人发生争执。	☐	☐
2. 我常常在工作中心神不定。	☐	☐
3. 由于焦虑或紧张，我常常胫痛、肩痛。	☐	☐
4. 当在排长队时，我常常感到心烦意乱。	☐	☐
5. 听到本地的、国内的或国外的新闻，或读报时，我常常变得愤怒起来。	☐	☐
6. 我没有足够的钱供自己花。	☐	☐
7. 骑车或驾车时，我常常心烦意乱。	☐	☐
8. 周末我常常感到与紧张有关的疲劳。	☐	☐
9. 在我的生活中，至少有一种连续的应激或焦虑源存在（例如，与领导、邻居、继母等的冲突）。	☐	☐
10. 我常常患有与应激有关的头疼。	☐	☐
11. 我没有练习过应激控制的技术。	☐	☐
12. 我没有时间做自己的事。	☐	☐
13. 我不善于控制时间。	☐	☐
14. 我常难于入眠。	☐	☐
15. 我通常是急匆匆的。	☐	☐
16. 我总是感到没有足够的时间来做我需要做的事。	☐	☐
17. 我常常感到自己受到朋友和同事的虐待。	☐	☐
18. 我常常难于控制自己的愤怒和敌意。	☐	☐
19. 我没有从事有规律的体育活动。	☐	☐
20. 我每晚睡眠不足。	☐	☐

注：自评量表9-1选自 Powers,S.K. Total Fitness, 1999。

分数的解释

回答"是"，计1分；回答"否"不记分。下面是对应激程度的分类：

高应激	6～20分
中等应激	3～5分
低应激	0～2分

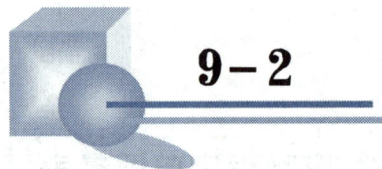

9-2

最近生活事件自评量表

本量表可以使你预测是否患与应激有关的疾病。请在每一题目后面的横线上填写最近12个月内，你在每种生活事件上变动的次数。

1. 进大学。　　　　　　　　　　　　　　――	2. 结婚。　　　　　　　　　　　　　　　――
3. 与你的上司有过一次以上的麻烦。　　――	4. 上学的同时，还在兼职。　　　　　　　――
5. 配偶死亡。　　　　　　　　　　　　　――	6. 睡眠习惯有大的改变（午休时间发生变化）。　――
7. 家庭中的一位重要成员死亡。　　　　　――	8. 饮食习惯改变（吃得更多或更少，或吃饭的时间改变，或吃饭的地点改变了）。
9. 换了专业。　　　　　　　　　　　　　――	10. 个人习惯改变了（交友、服饰、打扮、参加的社团都发生了变化）。　　　　――
11. 密友死亡。　　　　　　　　　　　　　――	12. 轻度的违法（违反交通规则等）。　　　――
13. 取得杰出的个人成就。　　　　　　　　――	14. 怀孕（女性）或妻子怀孕（男性）。　　――
15. 家庭成员健康和行为有重大变化。　　　――	16. 性障碍。　　　　　　　　　　　　　　――
17. 司法纠纷。　　　　　　　　　　　　　――	18. 家庭团聚次数发生变化（增多或减少）。　――
19. 经济状况发生变化（有所改善或进一步恶化）。　　　　　　　　　　　　　　――	20. 家庭成员增多（生了孩子、领养了孩子或老人迁入）。　　　　　　　　　――
21. 改变了住所或居住条件。　　　　　　　――	22. 价值观发生重大变化。　　　　　　　　――
23. 参加宗教活动的情况有重大变化。　　　――	24. 与配偶进行婚姻上的协商。　　　　　　――
25. 失业。　　　　　　　　　　　　　　　――	26. 离婚。　　　　　　　　　　　　　　　――
27. 改行。　　　　　　　　　　　　　　　――	28. 与配偶发生争执的次数发生变化。　　　――
29. 工作岗位发生变化（升职、降职、或平调）。　――	30. 配偶开始或停止在外的工作。　　　　　――
31. 与配偶分居。　　　　　　　　　　　　――	32. 娱乐的形式与花在娱乐上的时间发生变化。――
33. 用药发生变化。　　　　　　　　　　　――	34. 分期付款购买了大宗的物品、贷了款。　――
35. 受了伤，或生过病。　　　　　　　　　――	36. 饮酒情况发生了重大变化。　　　　　　――
37. 社交活动发生了重大变化。　　　　　　――	38. 参与学校活动的情况发生了重大变化。　――
39. 独立性和责任发生了变化。　　　　　　――	40. 外出度假或旅行。　　　　　　　　　　――
41. 准备结婚。　　　　　　　　　　　　　――	42. 转校。　　　　　　　　　　　　　　　――
43. 改变了约会习惯。　　　　　　　　　　――	44. 与学校管理人员发生冲突。　　　　　　――
45. 取消婚约或与老朋友断交。　　　　　　――	46. 自我概念或自我意识发生重大变化。　　――

注：自评量表9-2选自 Prentice,W.E. Fitness and Wellness for Life, 1999。

评分方法：

你在填写完最近12个月内所经历过的每种生活事件发生变动的次数后，将这个次数与一个系数相乘，得到一个分数，然后将这46种生活事件的分数相加，则得到一个总的分数。根据得分情况，将生活变化的大小分为轻微（分数为0～499）、中等（分数为500～999）、严重三个等级（分数为1 000分或1 000分以上）。分数越高，个体患病和遭受意外的可能性越大。各种生活事件所乘的系数按序如下：

1～50；2～77；3～38；4～43；5～87；6～34；7～77；8～30；9～41；10～45；11～68；12～22：13～40；14～68；15～56；16～58；17～42；18～26；19～53；20～50；21～42；22～50；23～36；24～58；25～62；26～76；27～50；28～50；29～47；30～41；31～74；32～37；33～52；34～52；35～65；36～46；37～43；38～38；39～49；40～33；41～54；42～50；43～41；44～44；45～60；46～57。

第十章 体育锻炼与社会健康

学习目标

当学完这一章后，你应该能够解释以下的关键概念和重要问题

关键概念

- 社会健康
- 人际关系
- 沟通
- 妥协
- 合作
- 人际交往
- 竞争

重要问题

- 社会健康的标准
- 社会健康对身心健康的重要性
- 沟通的作用和方式
- 结交朋友的方法
- 应对同伴消极压力的方法
- 体育锻炼对于促进社会健康的作用

现实生活中，当一些人出现孤独、人际关系不良等障碍时，很少会考虑通过体育手段来加以消除。事实上，体育活动既是身心活动，也是社会活动，不仅有利于身心健康，而且对人的社会健康具有积极的促进作用。经常参与体育活动，可以使你的人际交往更频繁，社会适应能力更强。本章首先对社会健康作概述性介绍，然后讨论人际关系对社会健康的影响，再者分析家庭、朋友与社会健康的关系，最后说明体育锻炼对促进社会健康的作用。

第一节 社会健康概述

一、社会健康的定义与标准

人既是有着细胞器官等组织的生物人，又是有着丰富情感和独特个性的心理人，而从本质上看，人是一个社会人（见细节透视10-1），扮演着各种各样的社会角色。每个人总是生活在社会中，而不是生活在世外桃源，因此，在不同层次的人际关系网络之中，个人与社会的适应情况不仅表现在对自己、对他人、对家庭、对集体、对社会的态度上，而且还表现在与他人和社会建立联系的方式和程度及对各种事情的处理上。例如，一个人在单位里，与同事关系差，与领导又处不好，经常抱怨工作环境太差，在换了一个单位后，人际关系依然紧张。这说明他的社会健康水平很低。

社会健康，也称社会适应，指个体与他人及社会环境相互作用、具有良好的人际关系和实现社会角色的能力。有此能力的个体在交往中有自信感和安全感，与人友好相处，心情舒畅，少生烦恼，他知道如何结交朋友、维持友谊，知道如何帮助他人和求助他人，能聆听他人意见、表达自己思想，能以负责的态度行事并在社会中找到自己合适的位置。

社会健康不像生理健康那样有客观的评价标准，但有主观的评价方法（见自评量表10-1）。综合国内外的一些研究成果，可以主要从以下几个方面对一个人的社会健康状况作出评价。

1. 能接受与他人的差异。

2. 与家庭成员和睦相处。

3. 有1到2个亲密的朋友。

4. 共同工作时，能接受他人的思想与建议。

5. 能与同性、异性交朋友。

6. 当自己的意见与多数人的意见不同时，能保留意见，继续工作。

7. 主动与人交往，有稳定而广泛的人际关系。

8. 交往中客观评价他人，取人之长，补己之短。

 **细节透视 10-1**

人离不开社会

美国一位心理学家进行孤独对人体影响的实验，请受试者单独居住在一间完全与他人隔绝的小屋里，里面有多种美味佳肴，可自由吃、喝、睡、玩，但却没有任何东西可阅读。两天后，所有受试者都忍受不了这种"坐享其成"的生活，他们拼命敲打墙壁，要求重回"人间"，表情上均表现得痴呆、麻木，动作的协调性和灵敏性大大降低。这一实验表明，一个人一旦脱离了社会群体，失去了人际交往的可能，处于孤独境地时会产生一种不安全感和恐惧感，这种感觉将会对人的健康造成严重的威胁。

社会健康水平低的个体与他人交流时往往只倾诉自己的不满，没有耐心听取他人的劝告或建议，拒绝从另一角度考虑问题。也有的社会健康水平低的个体的行为指向内部，如避免与他人接触、具有社交焦虑情绪等。

二、社会健康对身心健康的影响

社会健康水平低对人的身心健康会产生消极的影响。社会健康水平低的人常因人际关系的矛盾而产生心理上的烦恼，并持续地出现焦虑、压抑、愤怒等不良情绪反应，而不良的情绪反应可使人的免疫能力下降，进而，生理疾病发生的可能性大大增加。我国著名的医学心理学家丁瓒教授说："人类的心理适应，最主要的就是对于人际关系的适应，所以人类的心理病态，主要是由于人际关系的失调而来。"另外，研究表明，交际越广泛，寿命也越长。在美国，有一项调查对 6 900 名成人进行了为期 9 年的观察，结果发现，社会交往少的人死亡比例大（占总人数的 30.8%），而社会交往多者的死亡率只有 9.6%。调查结果还表明，社会交往频繁与否，对男子死亡率的影响要比女子大。

因此，为了保持身心健康，人们既需要营养、体育锻炼、休息和其他生理方面的满足，也需要安全、友谊、爱情、亲情、支持、理解、归属和尊重等通过人际关系所获得的心理方面的满足。从一定意义上讲，良好的人际关系是人的生命所需的非常宝贵的滋补剂，善与人处是一个人诸多能力中最重要的、不可缺少的能力之一。因此，为了学习进步、为了家庭幸福、为了事业成功、为了健康长寿，总而言之，为了提高我们的生活质量，应该努力培养和提高善与人处的能力。

第二节　人际关系与社会健康

一、建立良好人际关系的重要性

你的社会健康与你和他人的关系紧密相关，人际关系是生活中你与他人、团体交往中形成的联系，这种联系是你为人处世的基础。良好的人际关系使你有安全感和归属感，使你感到生活充满乐趣。反之，则会有孤独感和退缩感，处处觉得别扭。

人一生中可能需要与各种人建立关系，并且各种关系的密切程度也有所差异。例如，处理与兄弟、姐妹的关系和处理与父母、老师的关系有所不同；你可能与一个朋友关系比较密切，而与其他朋友关系一般；假如某人与你的价值观差异很大，你也可能不愿与他形成任何关系。因此，处理好与不同人的关系并非易事，但十分重要，你应该努力与各种人处理好关系，这对于你的社会健康具有重要影响。

二、建立良好人际关系的技能

你可以通过学习一些特殊的技能来建立良好的人际关系，这些技能有助于你与他人和睦相处，以下是一些建立良好人际关系的技能。

（一）沟通

沟通是人们之间在思想、信念、观点等方面的交流。沟通有助于我们相互理解，化解矛盾，缩短人与人之间的距离；有助于我们提高自尊，降低应激水平；有助于我们促进身体、情感、精神和社会等方面健康水平的提高；有助于我们融于社会，并被社会接受。如果你想了解自己与他人的沟通情况，请完成自评量表10-2。

人实际上是社会性动物，从出生之日起，就努力向他人表达自己的需要（如拥抱等），一个婴儿会使用许多微妙的表情、声音及一些身体动作去沟通，努力形成联系，向大人表达情感与需要。作为社会的一员，在生命的长河中，我们需要别人关心，也需要为别人着想，与他人分享乐趣。

言语、手势、表情和行为等都是良好沟通的方式，沟通越多，就越可能建立诚实、理解和信任的人际关系。交谈是人与人之间沟通的重要方式（见细节透视10-2），但人与人之间的谈话并不意味着是良好的沟通，经常发现讲者滔滔不绝而听者不知所云或讲者语速太快等，都不一定能形成良好的沟通。此外，努力延续交谈对于更好地沟通起积极作用（见细节透视10-3）。总之，要提高良好的沟通能力，就需要掌握一定的基本技能，并不断努力尝试更有效的沟通方法，才会形成良好的沟通风格。

细节透视10-2

交谈的技巧

良好的沟通需要清晰、细致的语言表达，因而提高讲话技巧就显得特别重要，这里提供一些提高讲话技巧的要点。

1. 避免喋喋不休。如果你不停地讲，而他人无法插话，他会很快产生厌烦感，不愿交谈，甚至离去，因此应让别人有讲话的机会。

2. 考虑仔细再讲话。考虑不周而讲错会导致他人的误解或反感，应经过仔细考虑后再讲话。

3. 营造愉快的交流氛围。除非讨论严肃的事情，与人交谈时应努力谈一些相互都感到轻松愉快的话题。

4. 直来直去。与人交谈时应明确表达自己的思想。

5. 变换表达方式。如果别人一时无法理解你所说的意思，可用其他方法加以表达。

细节透视10-3

延续交谈的建议

你可能与熟悉的人交谈时轻松自在、畅所欲言，但与陌生人或不太熟悉的人交谈时却支支吾吾、十分窘迫。你应该了解一些与陌生人延续交谈的技巧。比如，你想与其他班级篮球基础比较好的、但又不太熟悉的同学一起打篮球，你可能问："你想打篮球吗？"别人可能回答说"不打"，交谈可能因此而终止。但如果你问一些开放式的话题（如"你为什么喜欢篮球运动"，"我怎么能加入到你们的篮球活动中去？"等等），交谈就可能延续下去。总之，与人交谈时，不要问一些用"是"或"不是"来回答的问题，而应该用开放式的话题，这样才能使别人有话可谈，使交谈延续下去。

沟通的另一种重要方式是非言语沟通，大约90%的交流是非言语的。当我们用声带说话的同时，我们还用我们的面部表情、手、肩、腿、躯体、姿态进行交流。美国心理学教授阿尔伯特曾指出，形体语言是一种基础水平的交流，人们会不知不觉地作出反应，它是更高级的言语交流形式的基石。实际上，学会解读他人的形体语言更重要，形体语言比言语能够揭示出更多、更深的意义。

文化与形体语言有很大关联，在某些文化中，目光的直接接触被看作是敌意或挑战性的表现，而在其他文化中，目光的接触则传达了友善的信息。非言语信息还揭示了一些关于个人的信息，它代表了你心灵深处的东西，表明了你对自己的看法。因此，了解非言语的一些特点，对于你认识自己和他人，对于处理人际关系具有重要的作用。

听也是一种沟通方式，良好的沟通需要认真、真诚地聆听他人的讲话，努力去理解讲话者的真实含义（见细节透视 10-4）。如果别人讲话时你心不在焉，他就可能中断与你的交谈。

细节透视 10-4

听 的 技 巧

1. 努力听。专心致志地注意讲话者叙述的内容，比如，别人说话时不要去看电视，不要考虑无关的事情。

2. 让别人表达清楚自己的思想。在别人讲话时尽量不打断其讲话，这样他将会更好地表达清楚自己的思想。

3. 提供言语与非言语反馈。用言语、表情或身体语言鼓励他人继续讲话，在需要时可礼貌地提问题，如问"然后发生了什么"，让其知道你正在听他说话。

4. 必要时参与讨论。即使你正在听一些不感兴趣或与你的观点有差异的话题，也应该努力注意听讲，必要时可以与对方进行讨论。

（二）妥协

妥协是人们之间彼此作些让步以找到合适解决问题的办法，并使大家都满意的一种行为。例如，你想看甲 A 足球联赛，而你的朋友却想与你一起看某某歌星演唱会，你该如何处理？可采取妥协办法，如这次去听演唱会，下次去看甲 A 足球联赛，或者两人选择各自的活动。当然，对原则性的问题绝不能妥协。

（三）宽容

你的同学具有不同的背景，如有的来自农村，有的来自城市；有的家庭经济比较贫困，有的家庭经济比较富足。同学之间的生活习惯、个性特征也不尽相同。如果要与同学处好关系，你就必须承认和接纳个体间的差异，容许他人用不同的方式来表达自己的思想，表现自己的行为。

（四）合作

合作是指人们为了共同的目的在一起工作或共同完成某项任务的行为。假如你和同学组成一个班级篮球队，并准备与其他班级进行一场篮球友谊赛，为做好准备工作，你与同学各自应承担相应的责任。例如，你负责该场的比赛方案，你的同学负责具体的后勤工作等。总之，你和同学为了打好这场友谊比赛而协同工作，就是一种合作行为。

（五）学会拒绝

为了形成和发展良好的人际关系，你需要接受别人的想法和期望，然而，有时朋友和熟人想让你做你并不想做的事情，也许你是没有时间去做，也许是这不符合你的价值取向，也许是你对其不感兴趣，但你可能害怕说"不"，担心伤害他的感情，担心其不再喜欢与你交往。然而，生活中你有必要掌握拒绝的技巧，这会帮助你摆脱窘境而不感到内疚，并保持与他人的交往。下面是一些能够使你掌握拒绝技巧的一些建议。

1. 诚实：告诉他人你对某些情况的真实感觉，并说明你不想做和不能做的真正原因。

2. 友善和礼貌：不要嘲笑、讽刺或侮辱他人。

3. 口气坚定：如果你的回答听起来不坚定，别人就会试图改变你的主意，让你去做你不愿做的事情，故拒绝时口气要坚定。

4. 提供一些选择的空间：向他人表明，如有可能的话，以后去做现在不能做的事情。

总之，要想与他人处理好人际关系，你就需要多与他人沟通，必要时作出一定的妥协，并具有宽容的态度和合作的精神。当然，了解一些影响人际交往的消极因素（见细节透视10-5），对你处理好人际关系具有更大的帮助作用。

细节透视 10-5

人际交往的障碍

1. 晕轮效应：看到一个人举止热情、大方，便容易得出该人聪明、慷慨、能力强的结论；看到一个人性格冷漠，则可能得出该人狡猾、僵化的结论。

2. 刻板印象：认为南方人精明，北方人厚道；女孩子软弱、无主见，男孩子刚强、有思想等。

3. 投射效应：某男生暗地喜欢一位女生，平常交往自然会察言观色，以探虚实，但往往把对方不具有特定含义的信息理解为"她对我有意思"，鼓足勇气表白却遭拒绝后，仍深信自己判断正确，认为对方是不好意思。

4. 角色固执：总认为某一同学不成熟，需要管教，因此，常摆出一副架势对其加以训斥。

第三节　家庭、朋友与社会健康

一、家庭与社会健康

人是社会人，因而每个人都有归属感。在人生的多数时间里，你将归属于许多群体，归属的需要通过各种群体而得到满足。家庭是第一个归属的群体，你的社会健康程度始于家庭，从你出生起，由于家庭成员间有强烈的情感联系，家庭在很大程度上影响着你的价值观和人生态度。

家庭生活可以带来许多快乐，同时也会面临一定的挑战，如家庭成员遇到麻烦不能共同解决时，整个家庭的良好关系就会受到影响。因此，家庭要维持稳定、健康的关系就必须应对挑战。每个家庭都会碰到这样或那样的问题，良好的沟通有助于家庭成员共同处理问题，但对于下列严重的问题有时需要求助于外部的力量。

1. 父母离婚。婚姻的破裂对孩子的生活水平、心灵等具有重大的影响：学前儿童可能会变得更幼稚、烦躁和具有依赖性；学龄儿童会变得自责、孤独、无助和压抑，他们可能在人际交往方面出现障碍；青少年可能会离家出走或结识不良朋友，形成畸形的人格。

如果父母再婚，新组合的家庭虽然通过增加沟通和交流，可以解决一些问题，但离婚给孩子所造成的心灵创伤却是难以愈合的。

2. 父母失业。在我国，父母工资是家庭的主要经济来源，由于一些原因，父母失去工作会导致家庭生活方式的改变。

3. 家庭的功能不良。家庭成员间不能正常地交流，缺乏诚实、亲密和信任，或家庭成员中有人吸毒、酗酒等，都容易使孩子产生学习障碍、心理缺陷、交往不良，甚至产生破坏性行为。

总之，良好的家庭关系需要互相沟通和共同的价值观念。在健康的家庭里，成员应能够自由地表达思想和情感，也乐意倾听和尊重他人的意见。保持良好的家庭关系应注意以下几个方面：

1. 沟通。家庭成员应敞开心扉交谈，以建立信任关系。

2. 相聚。家庭成员应多花一些时间在一起玩乐、交谈等。

3. 保持传统。家庭中一些优良的传统要保持。

4. 灵活。家庭成员要相互适应。

二、朋友与社会健康

（一）结交朋友的方法

朋友是拥有共同喜好、共同分享利益的人们之间的一种特殊类型的友谊关系。朋友会给你支持、给你力量、给你的生活带来乐趣。衡量你是否属于一个社会健康人的重要标志之一，就是看你有没有朋友。

在你的成长过程中，你与许多人接触，有时彼此接触时间虽短，但很快成为朋友，有时彼此虽朝夕相处，却形如路人，何以如此？其主要原因在于彼此之间的志趣、价值观等相同与否。

朋友对你的生活、学习和工作都会产生重要的影响，那么，如何结交新朋友呢？以下是一些建议，供你参考。

1. 在班级中主动与其他同学交往，如问一个问题，给一句问候，谈一谈课堂作业等。

2. 参加俱乐部或其他团体的活动。相同的爱好与兴趣是结交新朋友的切入点，加入学校的学生社团，会使结交新朋友的可能性大大增加。

3. 帮助和关心他人。如果同学有困难，就尽力给予帮助和关心，让他知道你想成为他的朋友。

4. 花一些时间聆听他人的谈话，并与其进行讨论，交换看法。

结交新朋友固然重要，但成为好朋友更重要（见细节透视10-6）。你需要了解下列一些结交好朋友的方法。

1. 信任。不要在他人面前议论你朋友的长处和短处，以免引起误解。

2. 坦诚。俗话说"浇花浇根，交人交心"。在朋友面前切忌虚伪、说假话，应让朋友知道你的真实想法。

3. 友善。与朋友相处时可以指出朋友的不足之处，但不要加以训斥。做到原则性问题绝不妥协，方式上应和风细雨。

4. 现实的期望。朋友之间的关系也会出现波折，当矛盾出现或扩大时应及时进行沟通和交流。

（二）正确认识同伴压力

同伴压力有两种类型：积极压力与消极压力。

1. 积极的同伴压力。当看到同伴或朋友做有益的事情时，你会深受鼓舞。如你看到同伴或朋友参与体育运动，受其影响也参与其中，并由此喜欢上体育运动。积极压力能促使你更好地学习和生活。下面是一些积极压力的例子。

（1）把你当作集体的一员，鼓励你努力学习。

（2）鼓励你积极锻炼，改善和保持体形，增进身心健康。

（3）鼓励你与他人共事，增强集体意识。

（4）鼓励你尊老爱幼，保持传统美德。

2. 消极的同伴压力。指同伴或朋友指使你做错误或违背价值观的事情，如诱使你少年吸烟、酗酒，或诱使你结交不良朋友，参与打架、斗殴，等等。

在生活中，有时你很难判断同伴或朋友行为的好坏，有时你会担心如果不听从他或他们的意见，他或他们就可能不喜欢自己，从而受到孤立。然而，对你而言，抵御消极压力，不做违背自己意愿的事情，你才能健康地成长。

如果需要抵御消极压力，你可以向老师或你信任的人求助，也可以学习一些应对方法。

（1）摆脱不良环境。明确说明自己的理由，然后离开此环境，不要接受折中的建议，避免误入歧途。

（2）做有意义的事情。当你面对同伴或朋友的消极压力时，应该考虑是否违背自己的意愿，是否应该去做同伴或朋友要你做的事情。

（3）找托辞或借口。面对同伴或朋友的不合理建议或要求，想办法终止谈话，不要进行太多争论，并借口立即离开现场，事后再对同伴或朋友作出解释。

（4）坚决说"不"。

第四节　体育锻炼对促进社会健康的作用

体育锻炼对于提高人的社会健康水平具有重要的促进作用，这是由体育活动的社会特性

细节透视 10-6

好朋友的一些特征

1. 忠诚。好朋友喜欢你，支持你，有人无端说你坏话，朋友会维护你。他在你需要时总会给予帮忙。

2. 可靠。好朋友是可信赖的人，他会敞开心扉向你表达思想和情感。你能够靠他去做一些事或去说一些话。

3. 同情。好朋友总是能够体会、了解你内心的感受与情感，他能与你一起分享快乐和幸福，更能与你一起分担忧愁和痛苦。

所决定的。人在体育锻炼时，既需要交往与合作，又存在相互竞争的现象。这种在体育锻炼过程中形成的交往、合作和竞争的意识和行为会迁移到日常的生活、学习和工作中去。

一、体育锻炼有助于人际交往

人际交往是指在社会活动中人与人之间进行信息交流和情感沟通的联系过程。体育锻炼能增加人与人接触和交往的机会。通过参与体育活动，你可以忘却烦恼和痛苦，消除孤独感，并逐渐形成与人交往的意识和习惯。有研究表明，外向性格者比内向性格者的社会交往需要更强烈，这种社交需要通过集体性的体育活动得到满足。性格内向者更应该参与集体性的体育活动，使个性逐步得到改变。

研究表明，个体坚持体育锻炼的一个重要原因是为了与他人交往或参与群体活动。布拉尼（Brawley）认为个体参与群体活动可增加群体认同感、社会强化、刺激性及参与活动的机会。参与体育活动者要比中途退出者更能与他人形成亲密的关系。

女性坚持体育锻炼似乎更与体育活动的社会特性有关。美国有一项研究显示，62%的女性喜欢与朋友一起进行锻炼，而男性只有26%。25%的女性和18%的男性认为，与同伴一起练习是自己坚持体育锻炼的重要原因之一。斯蒂芬（Stephens）等人研究指出，在他们所调查的加拿大被试中，18%的女性和12%的男性认为，不与他人一起练习就会阻碍自己继续参加活动。此外，35%的女性和24%的男性将社会交往看成是坚持体育锻炼的重要原因。

一些研究认为，青少年参与运动的程度与家庭成员、好朋友的参与运动程度紧密相关；好朋友比家庭成员更能影响青少年参与运动的程度；对个体参与运动程度而言，同性别家庭成员要比异性成员更能影响青少年的运动参与程度；家庭、好朋友喜欢体育锻炼的青少年更易形成朋友支持网络，并形成良好的人际关系。

由此可见，体育锻炼不仅能促进人的社会交往活动，而且体育活动的社会交往特性又会吸引人参与和坚持体育锻炼。

二、体育锻炼有助于培养合作精神

合作是建立在团体成员对团体目标的认识相同的基础上的。在合作的社会情景中，个人所得有助于团体所得。合作的优越性体现在个人与他人一起工作时所获得的社会效益，如增加交流、相互信任等。在一些相互依赖性的任务（如篮球运动等）中，合作会使活动变得更为有效，因为团体要获得成功，团体成员就必须相互协作、共同努力。

现代社会需要合作精神，一个人的力量微不足道，一个人要想在社会中取得成功和成就，就需要与他人合作，需要得到他人的帮助。孤军奋战，难成大业。

合作能力既是体育活动参与者必备的素质，也是通过体育活动需要发展的一种能力。从事体育活动，特别是从事集体性的体育活动，需要你与他人通力合作，这不但能使集体的目标得以实现，而且个人的作用也能充分地发挥。

经常性参与体育活动，特别是参与集体性的体育活动，有助于你加强合作意识，有助于你培养团队精神。

三、体育锻炼有助于形成竞争意识

竞争与合作相对立，指为了自己的利益和需要而同他人争胜的行为。在竞争的社会情景中，一方的得益会引起另一方利益的损失，而且个人对个体目标的追求程度高于对集体目标的追求程度。一般而言，在独立性的任务中，竞争有优越性，因为在这样的任务中，对成员间相互协作的要求不是很高，个体的活动目标不是击败他人，而是指向任务的成功。

现代社会竞争日趋激烈，努力培养竞争意识和能力有助于你走出校门、走向社会后能更好地适应社会。

竞争是体育运动的主要特性之一。在体育运动过程中，时时处处都充斥着竞争，既有对自己运动能力的挑战，也有与他人的争胜；既有人与人之间的竞争，也有团体与团体之间的竞争。需注意的是，在运动中与他人竞争时，要有良好的体育道德，争胜主要是靠自己的能力，而不是不择手段地通过伤害他人来达到目的。要通过竞争来培养自己积极进取、顽强拼搏的精神。

小　结

1. 社会健康指个体与他人及社会环境相互作用、有良好人际关系和实现社会角色的能力。

2. 社会健康水平低的人常因人际关系的矛盾而产生心理上的烦恼，并持续地出现焦虑、压抑、愤怒等不良情绪反应，而不良的情绪反应可使人的免疫能力下降，进而，生理疾病发生的可能性大大增加。

3. 人际关系对促进个体的社会健康具有重要的作用。建立良好人际关系的技能包括沟通、妥协、宽容、合作和学会拒绝等。

4. 社会健康的人应能够处理好家庭成员间的关系。保持良好的家庭关系应注意多沟通、多相聚，家庭成员间相互适应。

5. 社会健康的人应拥有朋友，朋友会给你支持、给你力量、给你生活带来乐趣。

6. 同伴的压力有两种：积极压力和消极压力。前者对你具有良好的影响，后者对你具有不良影响，应加以抵御。

7. 体育锻炼能增加人与人接触和交往的机会，有助于消除孤独感以及形成与人交往的意识和习惯。

8. 体育锻炼有助于培养良好的合作精神和能力，合作能力既是体育活动参与者必备的素质，也是通过体育活动需要发展的一种能力。

9. 竞争是体育运动的主要特性之一，通过参与运动所培养出来的竞争意识可使你走向社会后更好地适应社会。

思　考　题

一、社会健康为什么对你如此重要？

二、你认为体育锻炼对促进社会健康的作用表现在哪些方面？

10-1

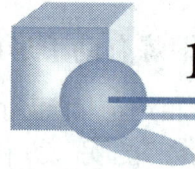

社会健康自评量表

该调查表旨在测试你的社会健康程度,请你根据自己的情况在关于程度的4个选项中进行选择。

	很少	有时	许多	经常
1. 当我遇到他人时，我感到给他们留下很好的印象。	1	2	3	4
2. 我对他人坦诚、诚实，能与其和谐相处。	1	2	3	4
3. 我广泛参加各种社会活动，乐于与不同人交往。	1	2	3	4
4. 我努力成为"好人"，努力消除与他人交往引起问题的行为。	1	2	3	4
5. 我与家庭成员友好相处。	1	2	3	4
6. 我是一位真诚的聆听者。	1	2	3	4
7. 我在人际交往时持负责的态度。	1	2	3	4
8. 我有可以交谈私人情感的朋友。	1	2	3	4
9. 我考虑他人的情感，不用伤害、自私的方式去行事。	1	2	3	4
10. 讲话前我考虑怎样说以便他人理解。	1	2	3	4

注: 自评量表 10-1 选自 Donatelle,R.J. Health Style : A Self Test , 1981。

分数解释

35~40 分　表明你的社会健康水平高。

30~34 分　表明你的社会健康水平较高。

20~29 分　表明你的社会健康水平一般。

20 分以下　表明你的社会健康水平不高，有待提高。

10-2

你与同伴的沟通情况自评量表

该量表有助于你了解自己与同伴的沟通情况。仔细阅读以下每一个问题，如果符合你的情况，在是的一栏小方框中打"+"，否则在否的一栏方框中打"–"。

	是	否
1. 你感到你的同伴常不理解你吗？	☐	☐
2. 你认为你的同伴对你整体外表很满意吗？	☐	☐
3. 你与同伴经常相互间进行建设性的批评吗？	☐	☐
4. 在合适场合，你坦诚表露自己的情感吗？	☐	☐
5. 当你与同伴意见不一致时，也经常作出让步吗？	☐	☐
6. 你与同伴经常谈论金钱问题吗？	☐	☐
7. 你与同伴经常无争执地讨论思想问题吗？	☐	☐
8. 你常常在同伴没说话前预感到他将说什么吗？	☐	☐
9. 你经常担心你的话同伴会作出反应吗？	☐	☐
10. 你知道你的同伴五年后想去哪里吗？	☐	☐
11. 你与同伴有同样的幽默感吗？	☐	☐
12. 你总有与同伴互不了解或无法谈论重要问题的感觉吗？	☐	☐
13. 你对同伴的经历了解吗？	☐	☐
14. 你知道同伴的嗜好吗？	☐	☐
15. 你感到你必须避免与同伴讨论许多问题吗？	☐	☐
16. 你同伴知道你最大的缺陷吗？	☐	☐
17. 你同伴知道你最担心什么吗？	☐	☐
18. 平时你俩有共同的兴趣吗？	☐	☐
19. 通过身体语言你能准确判断你同伴的情绪吗？	☐	☐
20. 你知道同伴喜欢的亲属是谁吗？	☐	☐
21. 你知道你不能说伤害同伴感情的事吗？	☐	☐
22. 你知道同伴最喜欢的朋友有多少吗？	☐	☐

注：自评量表 10-2 选自 Donatelle,R.J. Health Style： A Self Test ，1981。

分数解释

+号为 2，3，4，6，7，8，10，11，13，14，16，17，18，19，20，21，22。

–号为 1，5，9，12，15。

选对计 1 分，选错计 0 分

1~5分 差的沟通　6~9分 较差的沟通　10~14分 一般沟通　15~18 较好的沟通　19~22分 好的沟通

第十一章 体育锻炼与环境

学习目标

当学完这一章后，你应该能够解释以下的关键概念和重要问题

关 键 概 念

- 对流
- 蒸发
- 湿度
- 热习服
- 热痉挛
- 热衰竭
- 中暑
- 冷习服
- 高原习服
- 臭氧
- 二氧化碳

重 要 问 题

- 体育锻炼中如何防止身体热量的散失
- 热环境中进行体育锻炼的原则
- 热环境中体育锻炼时应穿什么样的服装
- 各种热辐射所造成的伤害之间的异同点
- 热习服是如何减少了热辐射对身体的伤害
- 冷环境中体育锻炼时应穿什么样的服装
- 为什么在高海拔地区进行体育锻炼会引起心率的加快和呼吸的短促
- 影响体育锻炼效果的两种主要的空气污染
- 体育锻炼中应对空气污染的策略

人体与周围环境有着密不可分的关系,作为人体活动的体育锻炼当然与环境须臾不可分。环境包括自然环境和社会环境:自然环境是诸如阳光、空气、水、气候、动植物等自然界各种因素的综合,是人类赖以生存和发展的必要条件,同时,自然环境中的有害因素又会危害人的健康,造成人的疾病。社会环境是由社会经济条件、劳动条件、生活方式等因素所组成的,对人体的健康有着有利和有害的影响。良好的社会经济条件、适宜的劳动条件、有规律的生活方式、合理的膳食营养、经常性的体育锻炼等会增进人的健康;反之,不良的社会环境有害人体的健康。本章探讨的是体育锻炼与自然环境的关系。

经常从事体育锻炼的人会明白环境因素影响体育锻炼的效果。例如,热环境、高海拔和空气污染能导致体育锻炼时心率加快、呼吸急促、耐力下降等。因此,了解环境因素如何影响体育锻炼的效果,对于从事体育锻炼的每个人来说是至关重要的。

本章将讨论对体育锻炼效果产生影响的几个比较普遍的环境因素,以便当我们制定体育锻炼计划及采取各种方法适应环境变化时,能考虑这些因素。热、湿度、冷、海拔高度及空气污染等影响锻炼效果的环境因素正是下面将要探讨的问题。

第一节 热环境中的体育锻炼

人类是恒温动物,体内应保持着恒定的温度。人体进行的生理活动要求体温维持在37℃左右,太大的体温变化会直接导致对身体的严重伤害。人对自身的温度调节能力是有限度的,当体温超过41℃时,人体对此温度只能耐受很短时间,热辐射疾病将会发生。人体出现肌肉痉挛、眩晕、呕吐、干热的皮肤等外在表现都可能是发生热辐射疾病的征兆。

体温升高对人体的机能将会产生不利的影响,不仅使运动能力降低,而且还会使体温调节中枢的机能失调,给机体带来严重的伤害,甚至引起机体死亡。

在人体进行新陈代谢的过程中,机体内的各种生物化学反应都需要在酶的催化下进行,而酶在正常的体温范围内才能保持较高的活性,体温过高或过低将会降低酶的活性。如果酶体系发生紊乱,新陈代谢将无法继续进行,身体的机能将不可避免地受到危害。因此,身体必须维持对体温的精确调节,以避免过高或过低的体温变化对生命所造成的威胁。

在体育锻炼期间,热量是肌肉收缩所产生的副产品,高强度的体育锻炼动用大肌肉群所产生的热量要比低强度的体育锻炼动用小肌肉群所产生的热量要多。为了阻止大肌肉群所产生的热量引起体温的升高,机体必须运用自身的调节能力,使超额热量散发掉,从而维持体温恒定。下面将讨论在热环境中锻炼时应注意的几个问题。

一、体育锻炼期间热量的散发

在体育锻炼中热量散发的主要形式有对流和蒸发。对流指体内热量借助身体周围的空气(或水)的流动而散发于体外的一种散热形式;蒸发指体热通过体内水分转化为气体并散发于周围环境的一种散热方式,即人体通过出汗,由汗液在皮肤表面蒸发转变为水蒸气而散发热量。

皮肤是重要的散热器官，对流引起的热量散发是由于身体周围流动的空气和水的温度比皮肤更低的缘故。身体周围的空气和水流动得越快，热量散发得也就越多。有限的空气流动，将导致体育锻炼中发生最低限度的对流冷却过程(例如，骑静止的自行车)。相比较而言，在冷天骑自行车或在冷水中游泳将导致大量的对流冷却过程，因为身体周围的空气和水流动得越快，散发的热量也就越多。

在一个暖和的天气中，由于空气流动有限，蒸发就成为一种最重要的身体散发热量的方式。在皮肤表面汗的蒸发可吸收大量的热量，随着蒸气逸出体外，每克汗液在皮肤表面蒸发可带走2.43(KJ)的热量。身体排汗散发热量受气温和湿度的影响，即使气温比体温高，只要空气保持干燥，对流的空气足以使体表的汗液迅速蒸发。假如湿度过高，这就说明了空气中水的饱和度比较高，蒸发将受到阻碍和热量的散发将大大降低。在这种情况下，由于肌肉收缩产生的热量被滞留，体温将由于体育锻炼的进行而逐渐增加。在湿度大而通风状况又差的热环境中延长体育锻炼时间将会导致体温的增加超过正常范围,在此情景下要注意防暑降温。图11-1显示了在高温／高湿环境、高温／低湿环境、低温／低湿环境中进行体育锻炼时机体所获取热量的不同。

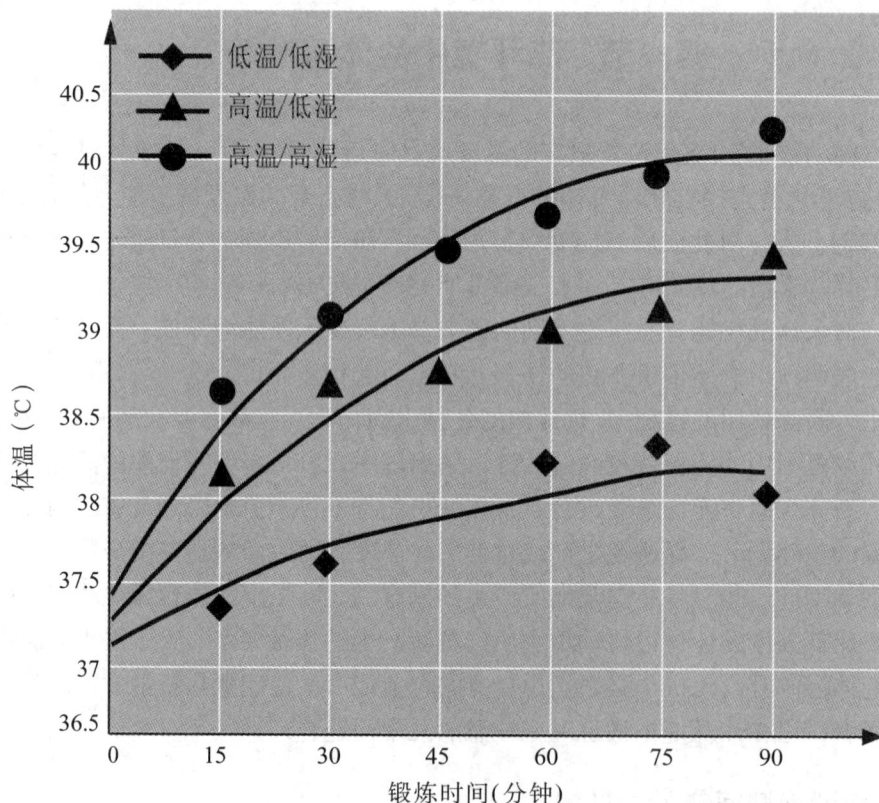

图11-1　在三种环境条件下(高温／高湿，高温／低湿，低温／低湿)延长锻炼时间所对应的体温的不同变化

二、热环境中体育锻炼的原则

人们短时间暴露在热环境中30~60分钟，为了维持体温的恒定，使产热过程和散热过程

保持动态平衡，就要依赖人体的调节功能来对付体温的升高，使机体正常的功能活动不受影响。但对于那些上了年纪的人或一些心血管系统适应能力低的人来说，调节体温的能力比较差，易患一些热辐射疾病。即使对那些适应在热环境中进行工作的人而言，在热环境中进行体育锻炼，也会有患热辐射疾病的可能。

人体在热环境中进行体育锻炼会造成正的热平衡，机体内积蓄的热量过多，机体会产生一系列的反应——热应激。在热环境中锻炼时，血管扩张和张力降低、肌肉工作及皮肤毛细血管血流量增加会使机体散热加强。为代偿肌肉工作和皮肤的血流量的增加，内脏血管收缩，最大吸氧量下降，肌肉的耐力降低；在热环境中运动，会抑制甲状腺素分泌，使能量代谢水平有所降低，有助于提高机体对炎热的耐受性；排汗加快了体内热量的散发，钠流失相应增加；由于内脏血流量的减少，尿量也明显减少。

热应激是由热量和湿度两者共同引起的，不仅仅是由于气温的缘故，如图11-2所显示的那样，湿度越高，身体的"实际的"温度也就越高，所谓"实际的"温度是指身体实际所感觉到的温度。在高湿度环境中，蒸发将受到阻碍，机体不能通过蒸发过程使正常情况下应散发的热量散发掉，这样体温便会增高。

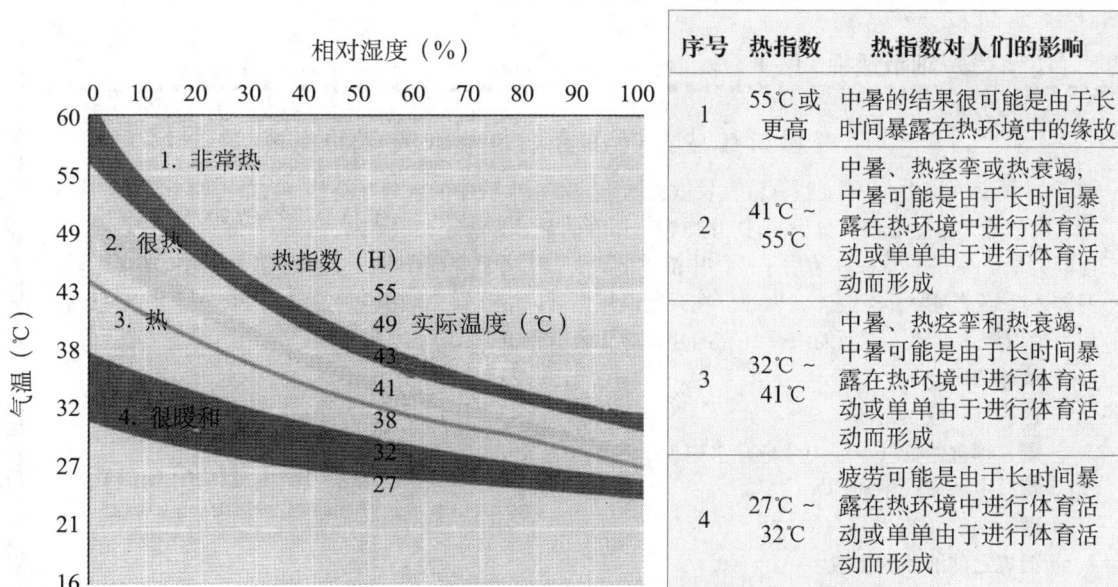

图11-2　"热指数"或"实际的"温度的概念

注：图11-2选自 Donatelle,R.T.,et al. Access to Health,1996。

显而易见，在55℃高温下进行体育锻炼是非常危险的，然而对于大多数人来说，在环境温度为29.5℃且湿度高的情景下进行锻炼，同样具有危险。换句话说，这后一种情况，身体所感觉到的"实际的"温度仍然很高。身体在中等程度高的环境温度和高湿度情况下，实际感觉的温度要比环境温度高。究竟热环境对你的身体产生多大影响，最好的方法是监测心率。在热环境中进行体育锻炼引起的体温增加大大超过冷环境中进行同样锻炼所引起的体温增加。图11-3显示了三种不同环境所对应的心率的不同变化。

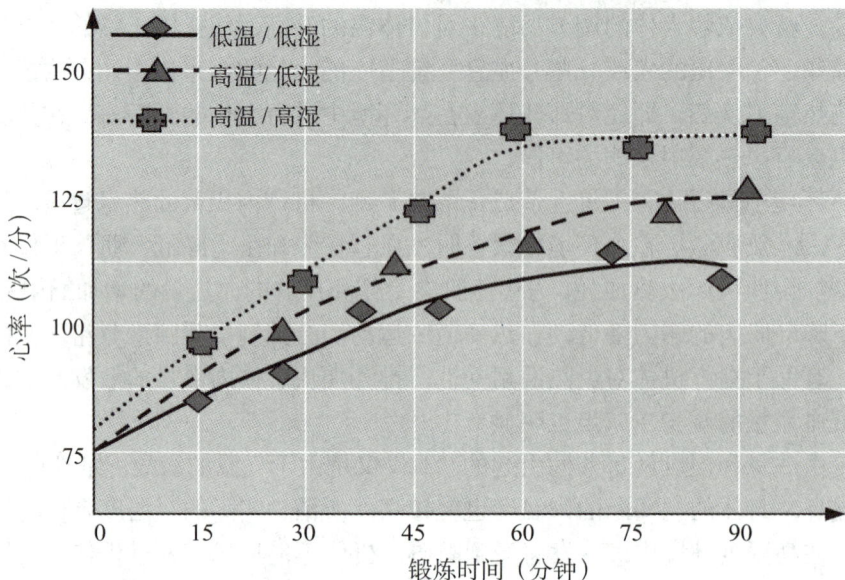

图 11-3　在三种环境条件下(高温／高湿，高温／低湿，低温／低湿)
延长锻炼时间所对应的心率变化

细节透视 11-1

在热环境中进行体育锻炼摄取液体的指南

在体育锻炼中,身体通过汗液蒸发散失的水分需由血液中的水分来补偿,所以在热环境中延长锻炼时间的最大危险是血容量下降。防止血容量下降的最好方法是在锻炼时保持一个固定的摄取液体的时间。然而,渴的感觉往往落后于身体中液体的丢失,这是因为只有当血液的组成成分发生变化之后,身体才会感觉到要补充液体。因此,在开始锻炼之后,液体缺失堆积之前的10～20分钟之内,你就应当摄取液体饮料。下面的液体补充的建议对你很有帮助。

液体的成分

这种饮料应当是:

■　糖含量低(一般 100 毫升水中少于 8 克)

■　电解质(钠和钾)

■　温度(约 7℃～13℃)

锻炼之前液体的摄取

在锻炼之前的 20～30 分钟之内,喝大约 200 ml 的液体

锻炼期间液体的摄取

当你感觉到渴时,这就表明你的身体中液体的缺失已经达到一定程度,补充液体已经迟了。所以不管你渴不渴,都应当在锻炼期间每隔 10～20 分钟喝大约 100～200 毫升液体。

锻炼后液体的补充

一般来说,每进行一分钟的锻炼,身体将消耗 30 毫升的液体。另一种估计自己在锻炼后应补充多少液体的方法是,分别在锻炼前和整理活动做完后即刻称量体重,两者之差表明通过流汗所失去的液体量,补充的液体应当超过这个量。

考虑到热量和湿度相结合,会对身体造成一定的危害,因此在热环境中锻炼必须遵循以

下几点原则，争取把危害降低到最低限度。

1. 开始进行体育锻炼时，速度不宜太快，应逐渐增加速度。锻炼时间不宜太长，保持在15～20分钟之间。

2. 锻炼强度不宜大，应经常检查自己的心率，以便控制心率在目标心率之内。

3. 穿着合适的服装。

4. 不要服用过量的盐分。通过服用过量的盐分来补充体育锻炼中身体失去的盐分，这已经习以为常了。但最近的研究表明，没有必要这样做，因为许多人在他们的饮食当中就含有大量的盐分。实际上，过量的盐分对应付热应激和补充身体所失去的钠是多余的，而补充身体在体育锻炼中所丧失的水分却是尤为重要的(见细节透视11-1)。

5. 在锻炼之前、期间、之后，喝足够量的凉的饮料(见细节透视11-2)。

6. 在一天之中最凉爽的时候进行锻炼。早晨进行锻炼是最好的，因为大量的从地面辐射的热量经过一夜已经散发掉了，这时的气温可能是一天之中最低的。日落之后，这又是一个比较好的锻炼时间，可以避免太阳的直接辐射。如果你不得不在一天中最热的时候锻炼，必须寻找阴凉处进行，以避免阳光的直接照射。

三、热环境中体育锻炼的服装

有许多的方法和手段能够减少热辐射伤害，穿着合适的服装就是其中一个重要方法，它能使身体吸收热量降低到最小。穿着的服装应尽可能少，以便最大限度地加大身体与外界环境接触的表面积，这有利于热量蒸发。穿着的服装应当是轻便的，原料应当是透气性和吸水力强的轻质棉、亚麻制品之类，这将促进对流和蒸发的冷却过程。笨重的服装和由橡胶或塑

细节透视11-2

脱水的负面影响

在热环境中进行体育锻炼的危险性取决于练习的强度、环境温度、相对湿度、服装和水湿状态。尽管一些热辐射疾病发生在由于流汗而造成的相应的体重降低之前，但以下显示了体重的降低是热辐射疾病的一个重要预测因素。在热环境中进行体育锻炼时体重的降低是由于排汗使水散失的缘故。因此长时间的、大量的流汗是脱水即将发生的一个标志。

体重降低（%）	症 状
0.5	渴
2.0	非常渴、食欲不振
3.0	粘稠的血、嘴发干、尿量减少
4.0	锻炼吃力、皮肤发红、表情冷漠
5.0	注意力不集中
6.0	温度调控失调，心率加快
8.0	眩晕、呼吸困难、意识处于混乱状态
10.0	肌肉痉挛、神志不清
11.0	循环系统障碍、血容量下降、肾衰竭

料所制成的服装透气性差，会阻碍身体热量的蒸发，这是因为潮湿的空气被限制在皮肤周围，使热量散发不出去，这样的服装不宜选用。同样材料的服装，浸湿的比干燥的更不利于热量的交换。当你的服装由于出汗而使水分饱和时，从温度调控的角度来说，对于促进热量的交换意义不大，必须换干衣服。由于深色的衣服较易吸收从太阳辐射的热量，在户外锻炼应当穿浅色的服装。在太阳直接照射的地方锻炼，要戴遮阳帽，以防中暑的发生。

四、体育锻炼中的热习服和热伤害

在热环境中进行体育锻炼，身体会逐渐适应环境温度的变化，同时生理上发生相应的变化能协助身体更好地散发热量，并对炎热的耐受力提高，导致一种热适应状态称为热习服。热习服发生是非常迅速的，在短期(10～12 天)暴露在热环境中，生理状况发生巨大的变化——排汗阈值下降、排汗明显增加、排汗率提高、血容量增加、皮肤导热能力增强、心率降低等，最终导致心率和体温降低。最重要的是热习服降低了锻炼期间受热伤害威胁的可能性。

热伤害指在体育锻炼时，热负荷超过了身体调节体温的能力，并对身体造成了伤害。它能对神经系统产生严重的损害，甚至会导致死亡。有以下几种最常见的热伤害：

1. 热痉挛。其特征是肌肉产生痉挛或肢体发生抽搐，这经常发生在不适应热环境的人群当中。热痉挛往往是由于体育锻炼中出汗多，造成人体脱水及盐分丢失，特别是由于出汗所引起的细胞内外钠钾比例的失调所造成的。伴有这种症状的人应当被及时送到通风良好的阴凉处，仰卧，并及时给患者喝两杯含有盐分的凉水(每杯水中含半汤匙的盐分)。

2. 热衰竭。是由于循环血量不能满足皮肤血管的舒张而引起低血压和虚弱。热衰竭能造成视觉的模糊、偶尔的意识丧失、苍白的脸色、粘湿的皮肤等症状。热衰竭也能发生在一个已经热习服的个体身上。伴有这种症状的人应被及时送到阴凉处，仰卧，解开衣服，用冷水或冰袋降温，在 1 小时当中每隔 15 分钟喂患者半杯水(每杯水中包括 1 汤匙的盐分)。

3. 中暑。这是一种严重地威胁生命的紧急状态，发病时体温可达 41℃。其症状为：流汗停止、发热、干燥的皮肤、软弱无力的肌肉、肢体不由自主的抽动、腹泻、呕吐、急促而强烈的心脏搏动、幻觉、精神混乱及昏迷等。应当认真对待任何一种症状并采取相应的措施。把患者移到阴凉的地方，使患者仰卧，解开衣服，头部垫高并冷敷，尽可能快地降低体温(如使用水、冰、软饮料、风扇等)，并立即把患者送往医院。

上述这些症状都是由于身体暴露在热环境中所造成的，中暑者身体内丢失了大量必需的水分和电解质，热量的贮存量增加导致体温升高，其中最重要的是水分的丢失。为了补充丢失的水分，可以通过饮用适量的液体饮料来解决。总之，不注意任何引起热辐射疾病的先兆，将会导致症状的进一步加重。

第二节　冷环境中的体育锻炼

在冷环境中进行体育锻炼，严寒会给机体带来一些不利影响，例如骨骼肌的粘滞性增大、伸展性和弹性降低、工作效率下降、运动能力受到影响；保温的服装使动作不便，增加了额外重量等等。如何克服这些不利影响，以尽快适应环境的变化呢?下面将作一些讨论。

一、体育锻炼期间热量的维持

在实际气温 26.7℃ 以下进行体育锻炼时，你的散热能力增强和患热辐射疾病的概率大大缩减。在 15.6℃ 以下进行体育锻炼时，为防止身体热量的过多散发，穿着合适的保暖服装是必要的。人体在冷环境中锻炼，机体的反应可归纳为产热和保温两个方面：在冷刺激的作用下，机体内分泌系统分泌有关激素，交感神经末梢释放的去甲肾上腺素使体内产热；同时在冷刺激作用下，皮下血管收缩、皮肤和皮下组织血流量减少、皮肤表面与环境之间的温度差偏小、导致体内散热减少，从而保持体温在正常范围。

在冷环境中进行长时间锻炼(1～4 小时)或在冷水中游泳，会导致身体热量过度散发超过机体对体温的调节控制能力，引起过低的体温。体温过低会损害中枢神经系统，造成精神迟钝和判断能力下降，将会增加冷伤害的危险性。

为了避免体温过低对身体造成的危险，可以通过缩短冷环境中锻炼的持续时间，穿着合适的服装及避免在水温过低的冷水中游泳来维持体温恒定。

人们常常会问"在冷环境中锻炼，呼吸冷空气，会对肺造成损害吗?"其实你不用担心，因为吸入的冷空气将会通过鼻腔和呼吸道被加温和湿润而很快升温，到达肺部时，气体的温度已经接近体温，不会损害你的肺组织。

二、冷环境中体育锻炼的注意事项

正确的冬练"三九"，对提高人体的适应能力是有益的。坚持在冷环境中进行体育锻炼的人与一般人相比，抗寒能力可增加 8～12 倍，并可增强对疾病的抵抗力，防止感冒、贫血、肺炎等疾病的发生。

在冷环境中血液循环缓慢，肌肉和韧带弹性、伸展性降低，关节灵活性变差，很容易造成肌肉损伤和关节扭伤，因此，在冷环境中进行锻炼必须对以下几点建议予以重视。

（一）在冷环境中锻炼要因时、因地、因人制宜

一般来说，南方冬季气候较温和，可做强度较大的运动，像足球、篮球等都是很好的锻炼项目；北方比较寒冷，户外可进行滑冰、长跑等项目，室内可以练习举重等。个人可根据自己的能力和喜好，选择合适的项目，强度和时间要安排适当，量力而行。

（二）在体育锻炼前一定要充分地做准备活动

充分的准备活动对冷环境中进行锻炼至关重要。由于冷环境中气温低，人的肌肉和韧带的弹性、伸展性及关节的灵活性都较差，肌肉的粘滞性较大，而做准备活动可使体温升高、参加活动的肌肉得到充分伸展、肌肉韧带的弹性增强、肌肉的粘滞性降低，关节活动的幅度增大等，这有助于防止锻炼时肌肉、关节和韧带的损伤。同时，做准备活动还可以提高神经中枢的兴奋性，增强内分泌活动，克服内脏器官的惰性，加快血液循环和新陈代谢，以及更好地满足体育锻炼时的需要。

（三）体育锻炼时要注意呼吸的方法

在冷环境中进行体育锻炼，主要用鼻子呼吸，不要张大嘴巴呼吸。因为鼻粘膜的血管丰

富，腔道弯曲，对吸入的冷空气有加温和湿润作用，可以避免冷空气直接刺激咽喉而引起呼吸道感染、喉痛和咳嗽等。

（四） 在体育锻炼中要注意预防冻伤和感冒

户外锻炼时间不宜太长，锻炼后要及时穿戴保暖。在特别寒冷的时候，注意对手、脚、耳廓、鼻尖和面颊等处的保护，因为这些地方最容易冻伤。锻炼结束之后，要把汗及时擦干并换上干衣服，以防感冒。

三、冷环境中体育锻炼的服装

在冷环境中进行体育锻炼，合适的服装是一个关键问题。理想的服装应当在具有保温、防寒作用的同时，又能保证汗液的正常蒸发，使锻炼期间所产生的过剩热量能够被散发，以维持正常体温。在冷环境中锻炼维持正常体温的服装应当是多层服装，可以通过层与层之间滞留的空气达到防止热量散发的目的。空气是一种很好的绝缘体，多层服装能够非常有效地滞留空气，接近身体被滞留的空气区域越厚，绝缘的实际效果就会越好，因此多层的轻质服装比一个单单只有厚度和体积的服装有更好的绝缘效果。制造多层服装的最好材料应当是羊毛或者是诸如聚丙烯之类的合成材料。

太臃肿的服装不仅会限制你行动的自由，而且还会导致体热不易散出，体热的增加将导致流汗，被汗浸湿的服装将失去绝缘性能。实际上湿衣服促进身体热量的散发，在特别冷的天气状况下，会导致体温的降低，这往往是十分有害的(见细节透视 11－3)。在锻炼期间所穿的服装，随着温度、风速、运动、强度和持续时间的变化而变化。风在冷环境当中是一个重要的影响因素，风速越快，就会使人感觉越冷。由于风的影响而导致的一种冷的感觉要比单单由气温导致的冷的感觉来得强烈。也就是说，由于风而导致身体感觉到的实际温度比正常气温更低(见表 11－1)。

细节透视 11－3

冷环境中体育锻炼——服装不能太潮湿

只要穿着合适的服装，在冷环境中锻炼也是非常安全和舒适的。假如运动的强度导致流汗浸湿了衣服或由于下雨淋湿了衣服，那么在冷环境中锻炼将会发生体温下降的危险。最近的一个研究测试了寒冷、下雨、刮风三者对体育锻炼的耐受力和体温过低的影响，被试以轻快的步速在 5℃ 的环境条件下步行 5 小时。在开始的 1 小时结束后，使被试进入寒冷、下雨和刮风的环境中，这种环境条件非常恶劣，结果是 16 个人当中只有 5 个人最终完成了 5 小时的步行。

在最先的 1 小时步行当中，体温实际上上升了 1℃，但是随着刮风和下雨这样的外界环境影响，体温开始下降，甚至发生打寒颤的现象。寒颤导致身体的虚弱和操作的灵活性下降。在 5 个完成测验的人当中，有 2 个人体温过低，由于寒颤而造成的疲劳致使他们不能维持步行的速度。

如果你在冷环境中锻炼，由于下雨使衣服潮湿，将会导致热量非常快地散发，并造成锻炼期间所产生的热不能有效地维持体温恒定。以上显示的是被试没有穿防雨服的情景，如果穿防雨服将延长被试在雨中和风中锻炼的持续时间。当然，一个有很强适应能力的人可以通过降低运动强度，在不穿防雨服的情况下也能完成 5 小时的步行。

表 11-1 "风冷"指数

风速（千米/小时）	环境温度 ℃														
	5	2	-1	-4	-7	-10	-12	-15	-18	-21	-23	-26	-29	-32	-35
	实际温度 ℃														
无风	5	2	-1	-4	-7	-10	-12	-15	-18	-21	-23	-26	-29	-32	-35
8	3	1	-3	-6	-9	-11	-15	-17	-21	-24	-26	-29	-32	-35	-37
16	-2	-6	-9	-13	-16	-19	-23	-26	-30	-33	-36	-39	-43	-47	-50
24	-6	-9	-12	-17	-21	-24	-28	-32	-38	-40	-43	-46	-50	-54	-57
32	-8	-11	-16	-20	-23	-27	-32	-36	-40	-43	-47	-51	-55	-60	-63
40	-9	-14	-18	-22	-26	-30	-34	-38	-42	-47	-51	-55	-59	-64	-67
48	-11	-16	-19	-24	-28	-32	-36	-41	-45	-49	-53	-57	-62	-66	-70
56	-12	-16	-20	-25	-29	-33	-37	-42	-45	-51	-55	-58	-63	-68	-72
64	-12	-17	-21	-26	-30	-34	-38	-43	-47	-52	-56	-60	-65	-70	-74

少量危险　　　　　危险　　　　　很危险

注：表 11-1 选自 McArdle,W.D.,et al. Exercise Physiology, 1996。

还要选择大小合适的帽子，使头部保暖，帽子与人体热量平衡关系十分密切。因为头部皮肤毛细血管丰富，血液循环旺盛，所以头部散热能力较高，头部散发的热量占人体总产热量的30%～40%。有研究表明：处于静止状态不戴帽子的人在气温为15℃时，从头部散发的热量占人体总产热量的1/3，4℃时为2/3，-15℃时为3/4。由此可见，在冷环境中戴帽子对保持正常体温至关重要。

四、冷习服

人体经过在冷环境中有规律地体育锻炼，可对环境温度逐渐产生适应，耐寒力增强，维持身体正常生理状态，产生冷习服。具体表现为：在低温环境中，体温不易降低、基础代谢率较高、皮肤血管紧张度较高，皮肤温度较一般人低。

评定人体对冷的习服有三种基本方法：（1）测定产生寒颤的皮肤温度阈值，习服者寒颤发生推迟。（2）测量手和足的温度，习服者手、足温度保持正常，而未习服者温度下降。（3）观察在寒冷中入睡的能力，未经习服的人会因打寒颤太厉害而不能入睡。习服者入睡能力提高，可以在寒冷中入睡。

第三节　体育锻炼与海拔高度

今后会有越来越多的人去高海拔地区进行滑雪、徒步旅行、野营探险等体育活动。海拔高度越高，气压越低。高海拔地区日照时间长、气温低、日温差大、气候多变。大气压与氧分压随着不同海拔高度的变化而变化，对人体的机能活动以及运动能力都会产生很大影响。那么,在高海拔地区进行体育锻炼身体的反应如何呢?你将如何调整自己的锻炼习惯以适应高海拔这一特殊环境的变化呢?

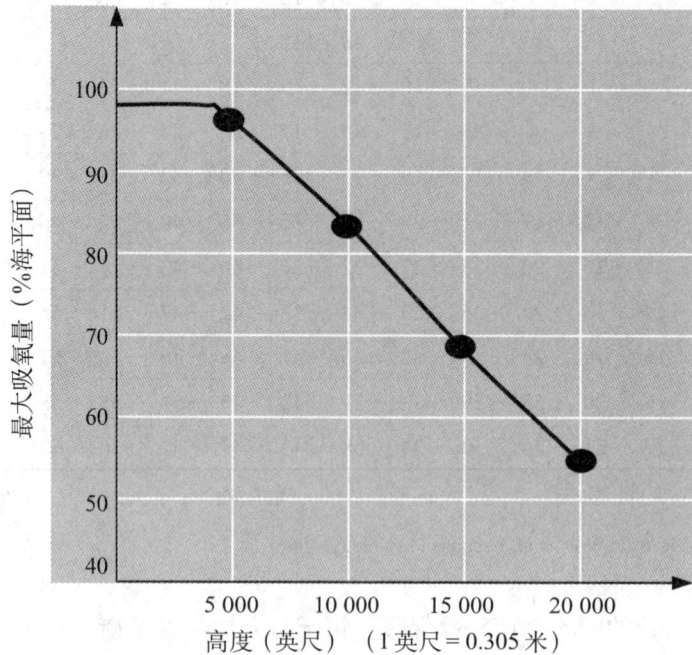

图11-4　高度对最大吸氧量的影响

一、高海拔地区体育锻炼对运动能力的影响

在高海拔地区进行体育锻炼时,最主要的问题是低气压限制动脉血中运输的氧气量。海拔越高,空气越稀薄,大气压越低,氧分压也会随之下降。肺泡里的氧分压取决于大气进入肺泡的氧量,海拔越高,从大气中获得的氧气量会越少,肺泡氧分压就会随之降低,对肺泡与血液之间的气体交换有直接的影响,动脉血氧分压也将同样降低。氧分压过低会对身体进行各种活动产生严重影响,可导致红细胞中运输氧的血红蛋白氧饱和度下降,机体组织利用氧的量减少。这一结果导致了向锻炼中所动用的肌肉运输的氧气量的减少,从而使体育锻炼的持续时间以及最大吸氧量都被减少。也就是说,海拔高度越高,最大吸氧量和锻炼的耐久力下降也就越大,并导致运动能力的下降。图11-4说明了直到海拔高度达到约5 000英尺时,最大吸氧量才会发生比较大的变化。超过5 000英尺,最大吸氧量有一个逐渐降低的过程。

二、高原习服

高海拔的低氧环境会给人体各系统,特别是对呼吸循环系统带来不利的影响。但伴随着在高海拔地区停留时间的延长,身体将产生对缺氧的一系列适应,这被称为高海拔适应或称高原习服。

为了解决锻炼中肌肉的低氧问题,身体将运用生理调节手段,以适应高海拔低氧环境(图11-5)。

机体对低氧的适应，表现为在安静状态或运动时保持较大的肺通气量，肺通气量的增大可使肺泡通气量加大，肺泡与动脉血中氧分压升高，这有利于促进氧向组织的扩散，使组织获得充分的氧气供应；血液氧容量增大(即血液运输氧的能力增强)、血液中红细胞数量增多、血红蛋白浓度增加、动脉血氧容量可提高1/4以上；骨骼肌等器官中毛细血管增生、数量增多、毛细血管开放的数量增加、组织中的毛细血管网的密度增高，这有利于氧向组织细胞的扩散。在高海拔地区进行体育锻炼时，降低运动强度(与海平面高度的强度相比)是很有必要的。但假如在高海拔地区锻炼的时间短暂，就没有必要改变你的锻炼频率和持续时间。由于在高海拔地区空气比较干燥，锻炼时急促的呼吸将导致水分丢失，因此在锻炼期间及锻炼后要及时补充水分。

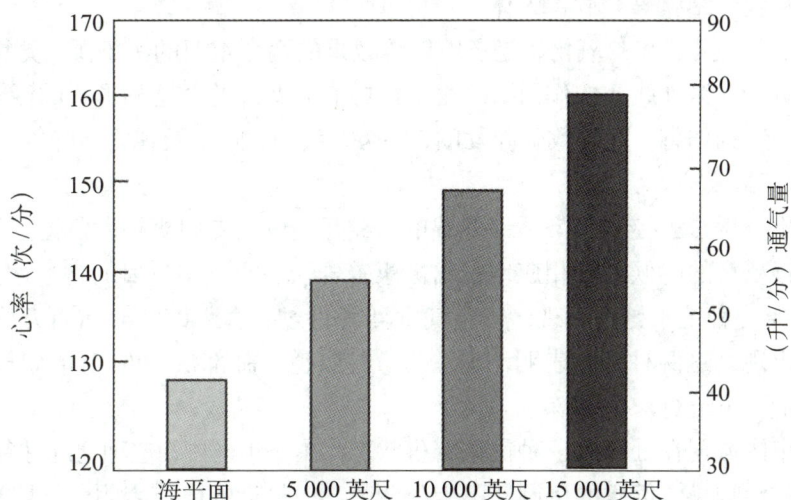

图11-5　在不同海拔高度进行中等强度体育锻炼时的心率和通气量
（在每个高度锻炼的负荷量是恒定的）

三、高海拔反应与预防

进入高海拔地区，多数人或多或少地有一些缺氧的表现。特别是当海拔高度超过3 000米时，人体对缺氧的反应比较明显：头晕、胸闷、心慌、气短、恶心、呕吐、腹泻、疲倦、失眠或嗜睡、心率加快、血压升高、食欲减退等等，这些不良的反应一般3周后可自动消失。进行有计划的适应性锻炼(例如人工低压环境中的锻炼)，对尽快适应高海拔环境是一种积极而有效的措施。进入高海拔地区之后，要先休息一段时间，然后逐渐加大体育锻炼时的运动强度，提高机体对缺氧的耐受能力。在高海拔地区进行体育锻炼，要严格控制锻炼的强度和时间，并注意饮食，以糖类和蛋白质及含维生素多的食物为主，少吃多餐。还要注意预防感冒，冬季注意防寒、防冻伤。

第四节　体育锻炼与空气污染

成人每天约呼吸10 000升空气，其重约13.6千克。人要维持正常的生命活动，就需要从空气中吸入氧气，呼出体内二氧化碳。假如断绝空气，人将会死亡。由此可见，空气是人类所不可缺少的生存条件。但是，伴随着工业化的进程以及人口的不断增长，环境问题越来越突出。人类在生产生活中产生出大量有害物质，排入空气，所造成的空气污染不利于人类的生存和发展。

一、空气污染对体育锻炼效果的影响

大气污染的种类很多，约有100多种，其中对人类有较大威胁的是：烟雾尘、硫化物、氧化物、氮化物、卤化物、有机物等。大气污染物一般通过呼吸系统进入人体，但也可以通过接触（如皮肤、粘膜、结膜等）危害人体。

在体育锻炼中，臭氧和二氧化碳是影响锻炼效果的两个重要的污染源。臭氧 O_3 主要是指在放电时或在日光（紫外线）的作用下，由空气中的氧变成的。这种形式的污染会对肺和呼吸道产生不同程度的伤害，并导致胸腔发闷、咳嗽、头痛、眩晕及视力下降等。最糟糕的是，将导致支气管哮喘。

人们正在想方设法去控制污染，许多城市已经开始设立专门机构，监控空气的质量，当空气污染变得很糟糕的时候，会相应地发出健康警告。当空气中臭氧的含量达到 0.2 ppm(百万分之一)时，第一种健康警告出现；当空气中臭氧的含量达到 0.75 ppm(百万分之一)时，第二种健康警告出现。这两种警告表明，那些患有呼吸道、肺部疾病的人(诸如哮喘之类)，一般不应在此种情况下进行户外锻炼。

许多大城市区域现在处于第一种健康警告状态，在一年当中，这种情况往往超过100天。尽管现在对臭氧影响身体健康的机制并不十分清楚，但最近的研究表明，长期暴露在臭氧当中将会使肺功能下降。

二氧化碳是燃烧矿物燃料，诸如使用汽油和煤时所产生的一种气体，它也存在于香烟的烟雾之中。这种污染物减少了血液中血红蛋白的数量，而血红蛋白是携带氧的，因而降低了血液运输氧的能力。高浓度的二氧化碳通过减少供给肌肉的氧气量使锻炼效果降低。在交通拥挤、阻塞的城市里，二氧化碳对锻炼者来说是一个严重的威胁物。据调查显示，在大城市中进行跑步锻炼的人，其血液中二氧化碳含量的水平是影响锻炼效果的。

二、体育锻炼中对付污染的策略

在体育锻炼中，对付污染的唯一方法是当空气中臭氧和二氧化碳含量高时,不要进行锻炼（图11-6）。在炎热夏季的中午(11:00～15:00)，臭氧的含量是最高的，阳光中的紫外线辐射也是最强烈的。

在大城市中，人们通常是在公路边的人行道、空地或广场等地方进行身体锻炼的，这些地方在交通拥挤的时候，空气中二氧化碳、臭氧的含量水平是非常高的，这期间最好不要进行体育锻炼。在交通通畅时，空气中二氧化碳含量水平大约是 35 ppm，而在缓慢和拥挤不堪的交通条件下超过 100 ppm，这时的二氧化碳含量的水平可以扩展到交通线外 18～27 米的距离，所以进行锻炼要离开公路至少 27 米的距离。

7:00　　　8:00　　　11:00　　　　　　15:00　　　17:00　　　18:00

在交通区域二氧化碳含量高　　　臭氧含量高　　　在交通区域二氧化碳含量高
　　避免锻炼　　　　　　　　　避免锻炼　　　　　　　　避免锻炼

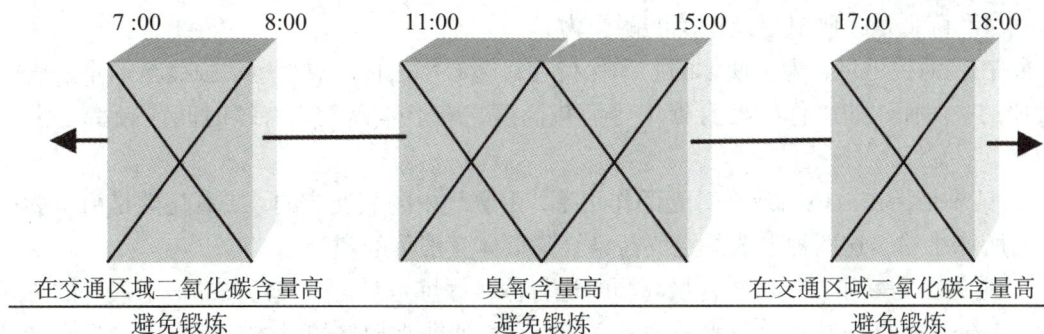

图11-6　臭氧和二氧化碳含量水平高时应避免进行锻炼的时间

　　在进行体育锻炼前，如果你已经处在二氧化碳含量高的环境中(如坐在交通线上行驶的汽车窗户旁边或坐在充满香烟烟雾的房间内)，身体也会受到不利的影响。因为这期间二氧化碳与血液中血红蛋白相结合，血液运输氧的能力降低。我们要花大约6个小时方能把对身体产生负面影响的这部分二氧化碳从血液中排出。

　　空气污染不是凭肉眼就能发现的，我们必须意识到各种污染物在一天当中含量最高的时间，从而避免在这一时间内进行锻炼。污染物不仅仅影响锻炼的效果，而且长期地处于污染当中也会对身体健康造成很大的危害。然而，简单地尝试着去躲避污染是徒劳无益的。为了降低污染，除了减少污染源的排放外，我们还需要身体力行，做我们所能做的任何减少污染，保持更清洁的环境的事情。植树造林既可绿化环境又能吸收、过滤有害物质，保持空气清洁。绿化不仅能净化空气、改善空气质量，还能阻挡、过滤和吸附灰尘和粉尘，从而减轻大气污染。绿化可以减弱噪音的强度，还能改善微小气候。不要燃烧落叶或垃圾，以防燃烧时有害物质随烟雾排入空气。由于烟雾中含有有毒物质，故不要在烟雾中进行跑步等身体锻炼，以免吸入更多的有害物质。为了追求一个使人精神焕发、心旷神怡的环境，这些都是我们能够也应该做到的事情。

小　结

1. 在热环境中进行体育锻炼时，蒸发是热量散发的主要形式。

2. 一般来说，在热环境中进行锻炼是安全的，但要遵循下列的一些原则：

(1) 开始进行锻炼的时候要慢慢地进行，总的锻炼时间要适当减少。

(2) 调整你的运动强度以避免超出你的目标心率范围。

(3) 穿宽松的、颜色浅的服装。

(4) 从事体育锻炼之前、期间、之后要饮用适量的饮料。

(5) 在热环境中锻炼几天之后，热习服就会开始产生，它导致了身体散发热量能力的增强和减少受热辐射伤害的机会。

3. 尽管在冷环境中进行长时间体育锻炼会导致体温过低，但一般来说，在冷环境中进行短期的锻炼不会造成对热量平衡的严重威胁。

4. 在高海拔地区进行体育锻炼会导致动脉血中氧含量的减少，因此会减少向工作肌运输的氧气量和降低最大吸氧量及锻炼的耐受力。

5. 在高海拔地区，为了使你的心率保持在目标心率之内，减小运动强度至通常强度之下是必要的。然而，如果你短期身处中等海拔高度，减小体育锻炼持续时间或频率是没有必要的。

6. 臭氧是指在放电时或在日光的作用下，由空气中的氧变成的；二氧化碳是由于燃烧矿物燃料所产生的，这两种形式的空气污染会降低体育锻炼的耐受力。

7. 避免在臭氧和二氧化碳含量高峰时进行体育锻炼是对付空气污染的一个最好的方式和手段，在炎热的夏季臭氧含量水平是最高的，在交通非常拥挤的时候二氧化碳含量水平是最高的。

思 考 题

一、如何提高在热环境中的锻炼效果？
二、如何提高在冷环境中的锻炼效果？

第五篇 体育锻炼与疾病防治

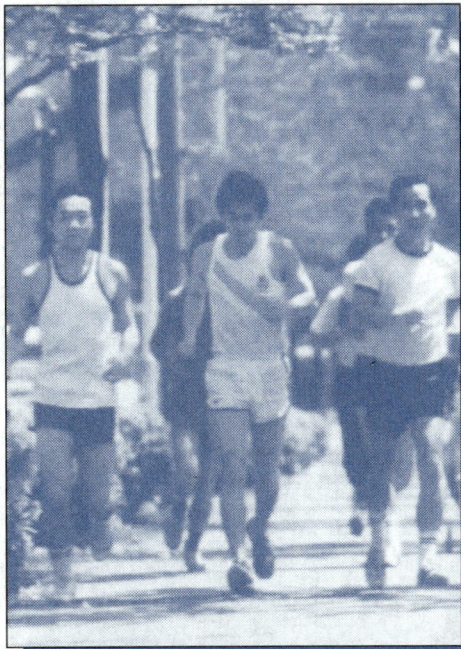

摘自：大木昭一郎等《新编保健体育》，日本一桥出版株式会社，1999 年

众所周知，体育锻炼具有防病治病之良效，这是因为体育锻炼可以促进新陈代谢，提高免疫能力，改善心理状态，有利于体能增强。本篇的第十二章、第十三章和第十五章分别阐明了体育锻炼对于防治心血管、癌症、运动损伤等疾病的作用。第十四章讨论了如何预防药物滥用和性病传播等问题，因为这些问题会导致疾病的发生。

由于大多数高校都为患有各种身心疾病的学生开设了体育保健班，本篇专辟第十六章阐述了体育锻炼对防治保健班中一些常见疾病的意义，以及保健班学生锻炼时应注意的一些问题。如果你是一位患有某种疾病的保健班学生，更应该认真阅读这一章中的有关内容；倘若你是一位健康者，也需要了解这一章中的内容，这有助于你预防有关疾病的发生。

只要你坚持科学的锻炼身体，你的疾病发生率会大大降低，你的健康水平定会提高。

第十二章　体育锻炼与心血管疾病的防治

学习目标

当学完这一章后，你应该能够解释以下的关键概念和重要问题

关 键 概 念

- ❧ 心血管疾病
- ❧ 动脉硬化
- ❧ 冠心病
- ❧ 供血不足
- ❧ 高血压

重 要 问 题

- 📖 心脏的功能和作用
- 📖 常见的四种心血管疾病
- 📖 冠心病的影响因素
- 📖 控制心血管疾病危险因素的方法
- 📖 防治冠心病和高血压的体育锻炼方法

　　心血管疾病是世界上危及人类生命的主要杀手，每年有数百万人死于此病。心血管疾病在工业化国家中发生率最高，其中美国是世界上心血管疾病死亡率最高的国家之一，这一疾病的死亡者几乎占整个死亡人数的50%，每年损失的工资和医疗费用超过950亿美元。目前的数据表明，已有6 000多万成年人患有一种或多种心血管疾病，每年约有100万人因心血管功能紊乱而死亡。我国现有心脏梗塞患者200万，每年新发病患者30万，死亡20万，估计全国冠心病患者突破1 000万人数。据1991年我国抽样调查显示，高血压患病率高达11.8%，与10年前的患病率相比上升了50%，由此推算，目前我国高血压患者已达1亿之多，平均每3

个家庭中就有一位高血压患者。心血管疾病并不仅局限于老年人，35~44岁男性此病的死亡率也很高。而且，心血管疾病男性死亡率高于女性，近年来的研究发现，女性心血管疾病患者人数也在逐年增加。触目惊心的事实警示我们必须重视对心血管疾病的预防。

第一节 心血管疾病概述

一、心脏的功能

心脏的主要功能是泵血到身体的各个组织，以便使各个组织能获得更多的氧气和营养物质。同时，将机体内产生的废物（如二氧化碳）运输到肺，通过呼吸排出体外。如果血管受阻或破损就会影响氧气的运输和供给，机体的各个组织就不能获得含氧的血液，最终人就会死亡。当然，如果心脏本身供血被阻断也会导致死亡。这就是为什么心脏病发作会导致死亡的原因。冠状动脉是指供给心脏血液的动脉，当其出现障碍时临床上称为冠心病（CHD）或冠状动脉疾病。

二、常见心血管疾病

心血管疾病是指影响心脏和血管的任何疾病。据文献报导，有数百种损害正常心血管功能的疾病，这里仅讨论四种常见的心血管疾病。

（一）动脉硬化

动脉硬化是一种动脉血管狭窄或硬化为主要特征的疾病。由于动脉血管变窄，或任何形式的动脉硬化最终都会使一些重要器官的血流供给受阻碍。动脉硬化症是一种动脉硬化的特殊类型，其主要特征是脂肪状物质在血管内的沉积，并形成粥样斑（亦称粥样斑动脉硬化），这种粥样斑是由胆固醇、细胞碎片、纤维蛋白（血液中凝结物）和钙等构成。动脉硬化症是一种进行性疾病，即始于儿童时期，症状在生命的后期（中、老年）显现出来。该症不是一种"全或无"的疾病，是逐渐变化而形成的，它的进一步发展是所有心脏病发作的原因。

（二）冠心病

冠心病是心血管系统的主要疾病，世

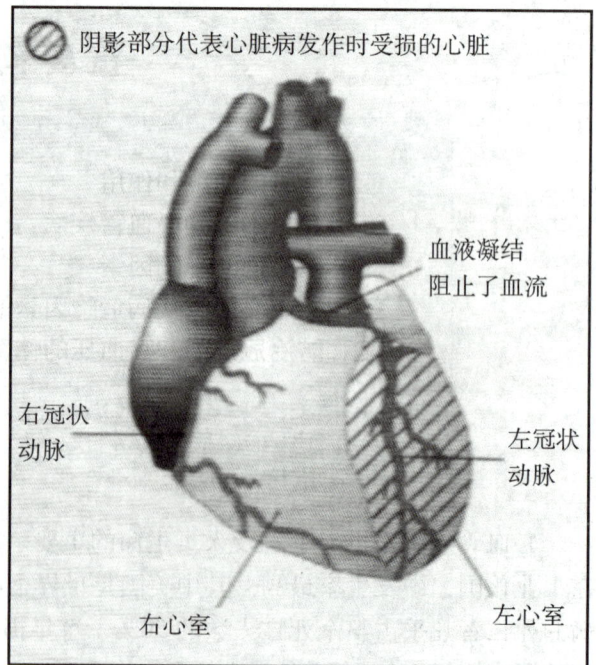

阴影部分代表心脏病发作时受损的心脏

血液凝结阻止了血流

右冠状动脉

左冠状动脉

右心室

左心室

图12-1 心肌梗死的实例（心脏病突然发作）
心脏病发作时由于血液减少导致的心脏受损

注：图12-1选自Melvin, H. W. Lifetime Fitness and Wellness, 1993.

界卫生组织早在1969年就发出警告：如果不控制冠心病的流行趋势，冠心病将成为"人类最大的流行病"，现已成为危害人类健康的最主要的原因。近年来，冠心病在我国有向年轻化发展的趋势。

冠心病（CHD）是冠状动脉粥样硬化性心脏病的简称，是一种由冠状动脉粥样硬化所引起的心脏疾病，临床上表现为心肌梗塞、心绞痛和心源性猝死。一部分病人无症状，称为隐性冠心病，是由冠状动脉硬化粥样斑形成的结果，妨碍一条或更多条对心脏的供血的冠状动脉及其分支。

当一条主要冠状动脉的孔径被阻断75%时，因对工作的心肌供血减少会引起胸痛，这种胸痛即为心绞痛，常在运动期间和情绪应激时发生。冠状动脉严重受阻，可造成动脉粥样斑层周围形成一个凝块，出现这种情况时，心脏血流可完全被阻断，并导致心脏病发作（也称心肌梗塞）（见图12-1）。

左冠状动脉完全受阻引起的心脏病发作最终会使左心室心肌细胞死亡。心脏病发作的严重程度可通过有多少心肌细胞被毁坏来判断。轻微的心脏病发作仅能损害少量的心肌细胞，而严重的心脏病发作可损害大量心肌细胞。一般说来，心脏病发作时心肌细胞被损害的数量决定了病人恢复的可能性和快慢。心脏病发作时的症状是什么？心脏病发作时如何采取急救措施？请见细节透视12-1。

细节透视 12-1

心脏病发作：症状的识别和急救的措施

了解心脏病发作的症状和有效的急救措施可能会解救你或他人的生命。心脏病发作的症状和正确的急救措施如下：

1. 心脏病发作的最常见的症状

（1）胸部有轻微或中等程度的疼痛，且这种疼痛可能扩散到肩部、颈部或臂膀。

（2）胸闷或胸部感觉不舒服。

（3）胸部感到剧痛、头晕眼花、晕厥、出汗、呕吐或呼吸短促等。

应当注意的是，并非每次心脏病发作时所有的症状都出现，所以，如果你或某人的上述某一症状持续2分钟或更长时间，应立即采取应急措施。

2. 心脏病发作时的急救措施

如果你或他人上述症状持续2分钟或更长时间，应呼叫医疗急救中心或将病人立即送往附近的医院。如果你懂得心肺急救方法，当病人停止呼吸或停止心跳时，应立即就地采取人工心肺急救措施。对心脏病发作者，迅速采取行动是特别重要的，因为40%的人是在心脏病发作后的1小时内死亡的。

（三）脑供血不足（突然发作）

据报道，每年约有200万左右的美国人遭受脑供血不足之苦，脑供血不足是通向脑的动脉血管粥样硬化，使动脉发生阻碍所造成的。当脑血管破裂和脑区正常血流受阻时，也会出现脑供血不足（见图12-2）。

与心脏病突然发作导致心肌细胞死亡相类似，脑供血不足的突然发生也会引起脑组织细胞死亡。脑供血不足有轻重之分，这与被损害的脑细胞所在的区域和数量有关。轻微的供血不足会影响记忆和语言，还会造成视力减弱或轻微麻痹。严重的脑供血不足可导致瘫痪或死亡。

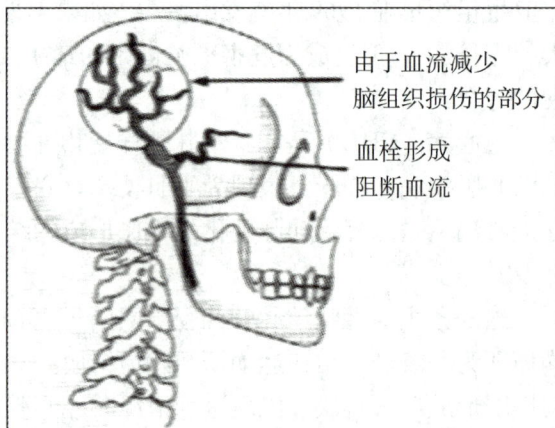

由于血流减少
脑组织损伤的部分

血栓形成
阻断血流

图 12-2　说明脑供血不足引起脑组织损伤

供血不足时，脑组织血流中断，导致部分脑细胞死亡。图中圆圈部分代表供血不足时脑组织损伤的部分。

注：图 12-2 选自 Melvin, H. W. Lifetime Fitness and Wellness, 1993.

（四）高血压

高血压在国际上素有"无声杀手"之称，而且脑卒中、冠心病和肾功能衰竭等并发症的致残率和致死率极高。我国已经成为名副其实的高血压和脑卒中大国。

高血压是指血压异常升高，临床上是指安静时收缩压超过140毫米汞柱（mmHg）和舒张压超过90毫米汞柱（mmHg）。在高血压患者中，约10%的病人是由某一特殊疾病（例如肾病）所引起的，这种高血压称为继发性高血压。然而在90%的病例中，高血压的确切原因还不清楚，这种高血压称为原发性高血压。

高血压发生的因素包括缺乏体育锻炼、高盐膳食、肥胖、长期应激、高血压家庭史和性别（男性比女性有更大的危险性）。

高血压是影响人们健康的一种常见性心血管疾病，这是因为：（1）高血压可增加心脏的工作负荷，会降低心肌向全身有效泵血的能力。（2）高血压会损伤动脉血管内壁，导致动脉粥样硬化的发展，增加了冠心病和脑供血不足发生的危险性。

尽管运动会引起血压快速升高，但这种升高是暂时的，并不是高血压（高血压是指血压持续升高），而且，运动引起的血压升高并不会损坏心脏或血管。

由于高血压常无症状，所以一些高血压患者常常不能意识到自己已患高血压。尽管严重的高血压可导致头痛和晕眩，但这些症状常常不出现，因此，定期进行检查显得非常必要。

第二节　冠心病的影响因素

一、冠心病的危险因素

一些学者研究认为，引起冠心病和供血不足的危险性因素可分为原发性危险因素和继发性危险因素。

（一）原发性危险因素

原发性危险因素是指与发生冠心病和供血不足直接相关的因素，包括吸烟、高血压、血胆固醇水平升高、缺乏体育锻炼、遗传、性别和年龄增长等；继发性危险因素是指可使冠心病发生的危险性增大的因素，包括糖尿病、肥胖和应激等（见图12-3）。

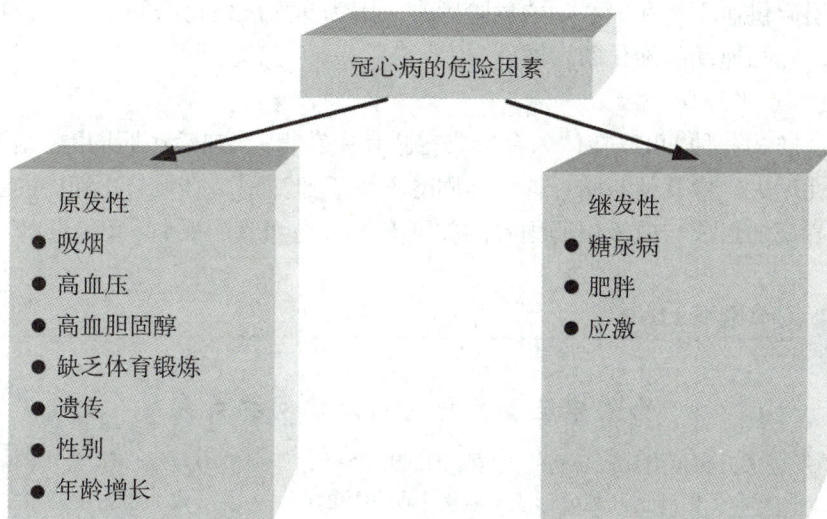

```
              冠心病的危险因素

原发性                          继发性
● 吸烟                          ● 糖尿病
● 高血压                        ● 肥胖
● 高血胆固醇                    ● 应激
● 缺乏体育锻炼
● 遗传
● 性别
● 年龄增长
```

图 12 - 3 冠心病的危险性因素

个体存在的危险因素越多，患冠心病的概率越高（见图12-4）。下面分别讨论冠心病和供血不足的原发性危险因素。

1. 吸烟

吸烟是引起疾病和早逝的最主要的原因。吸烟与癌症、肺病和心血管病等30多种疾病有关。吸烟者患冠心病的概率是不吸烟者的2倍。吸烟不仅是引起心脏病而死亡（心动停止、心脏病突然发作或心率异常）的最大危险因素，而且还会增加外周动脉血管（臂和腿动脉阻碍）粥样硬化的形成。此外，吸烟者比不吸烟者更有可能突发心脏病而死亡（在发作后1小时内）。大量研究表明，不吸烟者因被动吸烟也会导致心血管和肺疾病，所以，一些国家政府在许多公共场合禁止吸烟。吸烟对心血管疾病的影响至少包括4个方

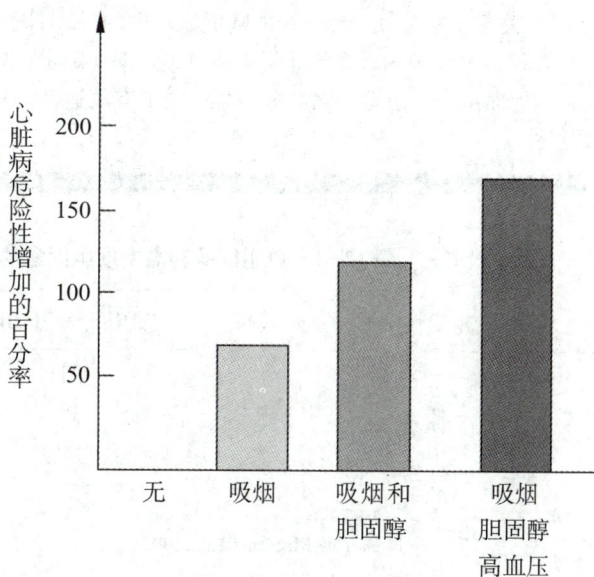

图 12 - 4 当危险性因素增加时，患冠心病的可能性增加

面：（1）香烟中的有害物质尼古丁可使心率加快，血压升高。（2）吸烟可引起血液凝结，这增加了患突发性心脏病的可能性。（3）尼古丁会影响心脏的功能，并导致心率失常（心率不

齐）。（4）吸烟提高了血液中的胆固醇水平，使脂肪沉积在动脉血管壁周围，从而增加了患动脉粥样硬化的可能性。

当一个人戒烟后，其患心脏病的危险性迅速下降。当戒烟10年后，心血管疾病导致死亡的危险性可降低到如同从不吸烟者的水平。

2．高血压

高血压是引起供血不足和冠心病的危险因素，因为高血压使得心脏工作负荷加重，这会导致心肌损伤，并加速动脉硬化的发展。

3．血胆固醇水平升高

胆固醇是脂肪的一种，可以在体内合成或在膳食中获得，当血液中胆固醇水平升高时，患冠心病的危险性增大。像其他脂肪一样，胆固醇不溶于血液中，必须与血液中的蛋白结合才能被运输。冠心病的形成与血液中胆固醇的类型有关（见细节透视12-2和表12-1）。

细节透视 12-2

血液中胆固醇与冠心病之间的关系

血液中总胆固醇升高是引发冠心病的主要原因。胆固醇不溶于血液中，必须与血液中的蛋白结合才能被运输。胆固醇和蛋白到达肝脏后形成了血液中胆固醇的两种主要形式：低密度脂蛋白（LDL）和高密度脂蛋白（HDL）。研究发现，个体血液中LDL胆固醇升高会增加患冠心病的危险性。相反，血液中HDL胆固醇升高会降低患冠心病的危险性。因此，LDL胆固醇被称为"坏胆固醇"，HDL胆固醇被称为"好胆固醇"。计算患冠心病危险性的另一种方法是用总胆固醇与HDL胆固醇的比值来表示，见表12-1。

关于定期有氧运动是否能降低血液中的LDL胆固醇仍有争议。一些研究认为可以降低，也有一些报道没有影响。但已证明定期有氧运动（跑步、自行车和游泳等）可以导致HDL胆固醇的升高，因而减小了患冠心病的危险性。至于有氧运动可提高HDL胆固醇的机制还不清楚，仍在研究之中。

表12-1　总胆固醇和高密度胆固醇的比值与患冠心病危险性的关系

危险性	总胆固醇与HDL胆固醇比值（总胆固醇/HDL胆固醇）	
	男性	女性
低	3:1	3:1
中	5:1	4.5:1
高	>9:1	>7:1

注：表12-1选自 Barrow,M. Heart Talk,1992。

研究发现，血液中的总胆固醇含量可作为患冠心病危险性的较好的早期预测指标。当血液中胆固醇水平低于200毫克（mg）/100毫升（dl）时，患冠心病的危险性较低；当血胆固醇水平在200~239 mg/dl时，有中等危险；当血胆固醇水平等于或大于240 mg/dl时，患冠心病的危险性较大（见图12-5）。在美国，由于吃高脂肪膳食和缺乏运动，有21%的人血液胆固醇水平高于240 mg/dl。

4. 缺乏体育锻炼

研究表明，不参加有规律体育锻炼的人冠心病发病率高于有规律参加体育锻炼者，因为有规律的体育锻炼可预防冠心病的发生。此外，适宜的体育锻炼（每天步行20～30分钟，每周3～5次）可降低患冠心病的危险性。

5. 遗传

业已证实，遗传特性可增加患冠心病和供血不足等病的危险性，双亲患有冠心病的儿童较双亲未患冠心病的儿童更易患冠心病。目前研究也表明，冠心病家族史可能与高血胆固醇、高血压、糖尿病和肥胖等有关。

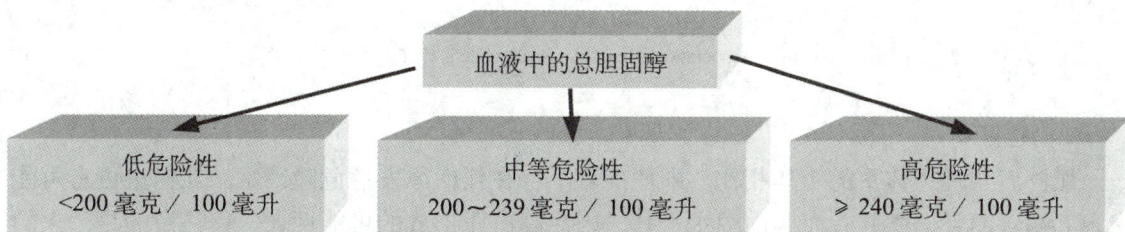

图12-5　血液中总胆固醇水平和患冠心病的危险性

6. 性别

男性患冠心病和供血不足的危险性高于女性。女性该病的发生率较低与女性体内的雌激素有关，后者可以提高高密度胆固醇（HDL），HDL是由血液中蛋白质、甘油三酯和胆固醇构成的体积较大的蛋白。对导致心脏冠状动脉中的脂肪粥样斑的形成有保护作用，因而，可以减少患冠心病的危险性。尽管更年期以后的妇女患冠心病的危险性增高，但与男性不同。

7. 年龄的增长

随着年龄的增长，患冠心病的危险性增大，因为动脉粥样斑的形成是一个进行性过程。一个人生活的时间越长，动脉粥样斑的形成也就越多。研究表明，心脏突发病患者中，有50%的人年龄在65岁以上。

（二）继发性危险因素

继发性危险因素是指增加患冠心病危险性的一些因素，但其对疾病过程的直接作用不详，它们可以使原发性危险因素的作用增大。目前，糖尿病、肥胖和应激被视为继发性危险因素（见表12-2）。

1. 糖尿病

糖尿病是机体丧失了适当利用血糖的能力以及血糖水平进一步升高的一种疾病。中年人和肥胖者更易患糖尿病。该病会加重肾病、眼疾和神经损伤疾病的病情。糖尿病还增加了患冠心病和供血不足的危险性。糖尿病病人患冠心病与其高血胆固醇水平、高血压和不参加体育锻炼有关。据报道，超过80%的糖尿病患者死于不同的心血管疾病。

表 12-2　患冠心病的原发性危险因素和继发性危险因素

危险性因素	危险性因素分类	是否能改变	降低危险性的方法
吸　烟	原发性	是	停止吸烟
高血压	原发性	是	运动和适宜的膳食
高血胆固醇	原发性	是	运动和适宜的膳食
缺乏体育锻炼	原发性	是	运　动
遗　传	原发性	不	
性　别	原发性	不	
年龄增长	原发性	不	
糖尿病	继发性	是	适宜的营养、运动
肥　胖	继发性	是	减轻体重、适宜的营养、运动
应　激	继发性	是	应激的控制、运动

注：表 12-2 选自 American Heart Association. Heart and Stroke Facts,1996。

2. 肥胖

肥胖者与理想体重的个体相比，即使前者不存在任何原发性危险因素，他们也更有可能患冠心病。而且，肥胖者血胆固醇水平高，因而高血压形成的可能性大。需注意的是，人的脂肪分布类型对冠心病的形成有影响。当男性腰和臀部外周比率大于1.0，女性大于0.8时，患冠心病的危险性显著增大，这可能由于腰和臀部外周比率高的个体经常吃高脂膳食，使血中胆固醇水平升高所致。肥胖与高血压也有着密切的关系，肥胖者患高血压的原因可能是其常吃高盐膳食，这会使血压升高，导致血管阻力增加，进而使血流到其他组织的压力增大。此外，钠在高血压的形成中起着重要作用（见营养框12-1）。

营养框 12-1　营养与体能、健康的关系

高钠的摄入可增加患高血压的危险性

调节血压的关键因素是膳食中的钠，高钠的摄入会增加血流量，导致血压升高，因此，要预防高血压就必须控制钠的摄入。钠作为机体所需的微量营养素，多数人的需要量是很少的（每天摄入盐400 mg左右）。对于通过皮肤排汗使大量的水和电解质丢失的运动员和工人来说，其每天的摄入量不应超过3 000 mg。目前，许多人每天盐的摄入量超过12 000 mg，显然这种高钠的摄入只会增加高血压发生的可能性。那么，每天机体摄入最大的钠量是多少才不会引起高血压？迄今为止，还没有准确的答案。但据报道，在一些国家中每天盐的摄入不超过2 000 mg的人患高血压的可能性很小。总之，减少钠的摄入的关键就是避免摄入食物中含有较高的盐量，使每天盐的摄入不超过2 000 mg。

3. 应激

应激可以增加患冠心病的危险性，尽管其机理目前尚不清楚。应激对冠心病形成的几个主要危险因素有影响，例如应激与吸烟习惯有关。在应激状况下，人们常用吸烟的方式来放松自己，应激也会使吸烟者比平常吸更多的烟。此外，应激使血中胆固醇水平升高，因而增加了患高血压的可能性。其生理机制可能是应激促使了血压升高的激素释放。

二、冠心病危险因素的控制

尽管心脏病是很多人丧命的"元凶"，但在过去的30年中，患心血管疾病的人数相对有所下降，主要是由于人们采取了一些有效的预防措施。

在影响患冠心病原发性的7种因素中有4种因素可以控制，而继发性3种因素中有2种因素可以得到阻止。通过控制这些因素就可以降低患心血管疾病的危险性。

（一）原发性危险因素的控制

吸烟、高血压、高血胆固醇和缺乏体育锻炼等是冠心病发生的原发性因素。众所周知，吸烟有害于健康，只要去除吸烟的习惯，患高血压的危险性就会降低。一些专家对吸烟者提出忠告："如果你没有吸烟，就不要开始吸烟；如果你已经吸烟，就立即停止吸烟。"当然，对于吸烟者来说，戒烟是一件很难的事情，这需要一定的决心、信心和意志力。

可以通过几种方法降低患高血压的危险性，如药物治疗、体育锻炼和摄入低钠的膳食等。

血中高胆固醇可以通过膳食、体育锻炼和药物治疗（包括增加烟酸的摄入）等方法来减少，其中，最简单的方法是通过膳食来降低胆固醇水平（见营养框12-2）。

抗氧化维生素也可以减小患冠心病的危险性。最新的研究表明，膳食中含有较高的抗氧化剂维生素E、维生素C和β-胡萝卜素，它们可以减少患冠状动脉硬化的危险性（见营养框12-3）。

营养框 12-2　营养与体能、健康的关系

膳食和血液中胆固醇水平

降低血液中的胆固醇水平最容易的方法之一是减少饱和脂肪和胆固醇的摄入。饱和脂肪可以刺激肝脏中胆固醇的合成，使血液中的胆固醇水平升高。饱和脂肪主要存在于肉类和奶制品中，应避免对这些食物的过多摄入，以降低血液中的胆固醇水平。

营养框 12-3　营养与体能、健康的关系

抗氧化维生素可以减少患冠心病的危险性

最新的研究表明，膳食中含有较高的抗氧化剂维生素E、维生素C和β-胡萝卜素，可以减少患冠状动脉硬化和冠心病的危险性，其机理是LDL（坏胆固醇）在动脉管壁中减少。抗氧化剂维生素最适宜的摄入量仍有争议，多数研究表明，这些维生素摄入量高具有抗氧化保护作用。也有一些营养专家认为，这些维生素的摄入量高会导致副作用。但有一点是比较一致的，即人们应吃大量的新鲜水果和蔬菜，这样可以从中获得许多的抗氧化剂，达到预防心血管疾病的目的。

有规律地进行体育锻炼也是降低患冠心病危险性的另一种行之有效的方法。研究表明，适宜的体育锻炼可以降低患冠心病的危险性，例如，每周3～5次，每次进行20～30分钟的步行运动。另外，有氧运动也可以改变血压、身体成分和血液中的胆固醇水平，因而，个体患冠心病的危险性大大降低。

（二）继发性危险因素的控制

三种可以控制的继发性危险因素是肥胖、应激和糖尿病。通过调整膳食和进行体育锻炼可以减轻体重，例如，摄入低热量和低脂肪膳食与有规律锻炼可减少过多的体脂。此外，采用放松方法有助于减缓生活应激，从而减少患冠心病的危险性。

总之，通过积极控制冠心病的危险因素，就可以减少患病的危险性。一个人控制冠心病危险因素的能力越强，就越能更好地阻止心血管疾病的发生。因此，正确地对冠心病危险因素加以控制可以提高生活的质量和延年益寿。

第三节　体育锻炼对心血管疾病的防治

一、体育锻炼对冠心病的防治

研究表明，体育锻炼是冠心病康复治疗方案中的重要组成部分。这是因为体育锻炼（运动疗法）可控制冠心病的危险因素，如降低血压、甘油三酯和体脂，提高高密度脂蛋白胆固醇，改善糖耐量，以及调节心理状态（减轻压抑和焦虑）。动物实验研究表明，体育锻炼有可能降低血液粘度和血小板的凝聚力，并提高纤溶蛋白活性，从而降低冠心病发作的危险。此外，研究还发现，体育锻炼可以明显降低猝死的发生率。总之，冠心病人如果及早进行体育锻炼，就可以缩短住院时间，并增加恢复原先工作能力的可能性。

冠心病人理想的运动包括有氧运动、力量性练习、职业性运动、放松性练习、娱乐性运动、医疗体操以及中国传统的锻炼方法。

1. 有氧运动是冠心病患者的主要锻炼方法。常用的有氧运动包括：步行、慢跑、游泳、骑车、登山和滑雪等。运动强度应控制在50%～80%最大吸氧量（$VO_2 max$）或60%～90%最大心率（HRmax）范围之内。每次锻炼的时间至少15分钟，每周3次以上。一般而言，中、低强度运动最适合于冠心病患者。

2. 力量性练习曾一度被排斥在心脏病患者的康复方法之外。自1986年起，一种叫做循环力量练习（CWT）的方法开始应用于冠心病人的康复。CWT的练习强度一般掌握在一次40%～50%最大抗阻负荷，在10秒中内重复8～10次肌肉收缩为一组，5组左右为一循环。每组运动之间休息30秒钟。一次练习重复2个循环。每周练习3次。在逐步适应后可按5%的增量逐渐加大运动量。练习应以大肌群（如腿、躯干和上臂）为主。力量练习时，肌肉的收缩应缓慢进行。

3. 娱乐性运动包括各种棋牌类活动和交谊舞等，但应避免任何有竞争性的活动，以免产生过强的心血管应激。

4. 放松性运动包括腹式呼吸锻炼、放松术等。这些是国际上心脏病康复中普遍推荐的应激处理的主要方法。

二、体育锻炼对高血压的防治

高血压是指由于动脉血管硬化以及血管运动中枢调节异常所造成的动脉血压持续性升高的一种疾病，又称为原发性高血压。继发于其他疾病的血压升高不包括在内。

体育锻炼可以调整植物神经系统的功能，降低交感神经的兴奋性，提高副交感神经系统的兴奋，缓解小动脉痉挛，扩张运动肌血管，增加毛细血管的密度或数量，改善血液循环和代谢，以及降低机体对外界刺激的心血管应激反应等，从而可以稳定血压水平。高血压病人适宜的体育锻炼有：

1. 低强度有氧运动：常用的方法是步行。强度一般控制在最大心率的50%～60%。停止活动后心率应在3～5分钟内恢复正常。步行的速度不应超过110米/分钟，一般为50～80米/分钟，每次锻炼30分钟左右。50岁以上者活动时的心率一般不超过120～130次/分钟。活动强度越大，越要注重准备活动和整理放松活动。

2. 降压舒心操、太极拳和其他民族形式的拳操：要求锻炼时动作柔和、舒展、有节律、注意力集中、肌肉放松、思绪宁静。动作与呼吸相结合，如有弯腰动作，注意头不宜低于心脏位置。一般在一套降压舒心操或太极拳后血压可下降1.3～2.7 kPa[10～20毫米汞柱(mmHg)]。

3. 抗阻运动：近年来的研究显示，中、小强度的抗阻运动可产生良好的降压作用，不会引起血压升高。一般应采用循环抗阻练习，即采用相当于最大一次收缩力的40%作为运动强度。还应作大肌群（肱二头肌、腰背肌、胸大肌、股四头肌等）的抗阻收缩，即每节运动重复10～15次收缩，每10～15节为一个循环，各节运动之间休息10～30秒，每次练习1～2个循环，每周3次，8～12周为一个疗程。注意用力时的呼吸，这样可减轻对心血管的反应性。据文献报道，练习后收缩压可下降10%左右。

4. 其他：放松性按摩、游泳、音乐疗法等也有一定的治疗作用。

小　结

1. 心脏病是一种危险性很大的疾病，在美国，几乎每2个死亡者中就有1人死于心脏病。

2. 心血管疾病是指影响心脏和血管的任何疾病。常见的心血管疾病包括动脉硬化、冠心病、供血不足和高血压。

3. 冠心病的危险因素可分为原发性危险因素和继发性危险因素。原发性危险因素是指可以直接增加患冠心病危险的因素；继发性危险因素是使原发性危险因素作用增大的因素。

4. 冠心病形成的原发性危险因素包括吸烟、高血胆固醇、缺乏体育锻炼、遗传、性别和年龄增长等。

5. 冠心病形成的继发性危险因素包括糖尿病、肥胖和应激等。

6. 为降低患冠心病的危险性，可以控制下列危险因素：吸烟、高血压、高血胆固醇、缺乏体育锻炼、肥胖和应激。

7. 冠心病病人的理想运动包括有氧运动、力量性运动、职业性运动、放松性运动和娱乐性运动等。

8. 高血压病人的理想运动包括低强度有氧运动、降压舒心操、太极拳、拳操、抗阻运动、放松性按摩和游泳等。

思 考 题

一、引起冠心病的原发性危险因素和继发性危险因素的区别是什么?

二、生活中你应注意哪些问题才能预防高血压?

第十三章　体育锻炼与癌症的预防

学习目标

当学完这一章后，你应该能够解释以下的关键概念和重要问题

关键概念

- 肿瘤
- 癌
- 癌变
- 癌基因
- 职业性致癌物
- 辐射
- 自由基

重要问题

- 癌症的危害性
- 肿瘤的特征
- 常见的几种癌症
- 癌症发病的机理
- 致癌的因素
- 自由基对癌症的作用
- 饮食和体育锻炼在预防癌症中的作用

　　癌症，亦称恶性肿瘤，是严重危害人类健康、生命的常见病。近几十年来，世界绝大多数国家的死亡率都有所下降，特别是传染病的控制，使世界人口总死亡率有明显降低。然而，因癌症而死亡的人数却有增无减，呈逐年上升趋势。尤其是20世纪70年代以后，癌症发病数以年均3%～5%的速度递增，癌症的死亡已成为人类第二大死因。据世界卫生组织（WHO）报道：1997年全世界癌症死亡人数高达620多万，其中中国有100多万。而全世界癌症的发

病人数在 1975 年为 582 万，到 1990 年为 807 万，二者相比上升了 37.48%。其中男性癌症发病人数从 1975 年到 1980 年增加了 9.42%，而到 1990 年增高到 44.44%。女性癌症发病人数也增加迅速，1990 年女性癌症发病人数比 1975 年增加了近 90 万。另据美国的报道，美国社会中约有 3/4 的家庭正受到癌症威胁，在 1999 年中又诊断出 140 多万新的癌症患者，并且约有 30% 的美国公民以后将可能发生癌症。目前癌症正侵袭着任何年龄段的人，老人更加危险。为此，癌症的防治与研究正成为全世界医务工作者和社会各界日益关注的社会问题。

细节透视 13-1

癌症的七个危险信号

每个人都应知道癌症的七个危险信号，如果发现这些信号，你应立即去医院作进一步的身体检查。

1. 疣或痣突然增大或变色；
2. 疮或溃疡一直不愈合或愈合很慢；
3. 不正确或无法解释的出血，如大肠、乳头、阴道和尿中（血尿）等部位；
4. 乳腺、嘴唇、舌上增厚或有肿块；
5. 持续地消化不良或无食欲；
6. 大、小便有明显习惯改变；
7. 断断续续地或一直咳嗽、嗓子嘶哑、吞咽困难。

当然，随着科学技术的发展、癌症防治与研究工作的进一步深入，人们已经初步摸清了一些癌症的流行情况，癌症病因的研究尤其在环境因素方面的研究成果累累。由于多种新的检测方法(如肿瘤标记、内窥镜、影像学技术等)和新的治疗方法(如生物疗法已成为继手术治疗、放射治疗、化学治疗后的又一新疗法。)的应用，癌症已不再是防不胜防，治疗癌症也有许多成功的方法。据美国癌症协会的资料：目前已有 800 多万美国癌症患者成为幸存者，他们幸存的奥秘是早期发现、早期治疗(见细节透视 13-1)。一旦有更多的癌症患者能被早期发现或诊断，约有 50% 以上的癌症患者能从病魔中解救出来，挽回宝贵的生命。

许多专家认为，癌症发病率的升高，既与水和食物中致癌的化学物质有关，也受不良生活方式影响，如吸烟、高脂饮食、过量饮酒、日光浴和不锻炼等等。所以，避免致癌物质、养成良好的生活方式，是防病防癌、延年益寿的关键。

第一节 癌症的概述

一、肿瘤的特征

肿瘤是指人体内正在发育的（或成熟的）正常细胞出现过度增生或异常分化而形成的结构。通常正常细胞的新陈代谢和分裂生长是在 DNA 严格控制下的、有规律的进行。但有时正常细胞会受到某些因素（如致癌物）的长期作用而导致 DNA 破坏，细胞因此变得不受制约，无规律地迅速分裂生长，最终将破坏正常组织器官的结构，并影响其功能。这种不正常的细胞被称为肿瘤细胞。所以肿瘤细胞的主要特征是具有超常的增生能力。

细胞增生可以是生理性的，也可以是病理性的。肿瘤性增生是病理性的，能很快形成肿瘤，在临床上肿瘤按其生长的特征和对人体的破坏程度又可分为良性肿瘤和恶性肿瘤（即癌）。增生的肿瘤细胞与相应的正常细胞在形态结构、生理功能以及代谢等方面有着本质的区别。一旦形成被称为恶性肿瘤——癌，它能从原发部位向四周浸润蔓延，扩散转移到其他器官，继续成倍地分裂增长，大面积破坏、损害机体。只要要害器官受损，就会危及生命。例如原发性乳房肿瘤，可以转移到胰腺及其他组织，从而影响食物的消化、吸收(见图13-1)。这种迅速播散的癌，由于有多个癌症病灶，给治疗带来了困难，从而降低了患者的生存机会。

人体内除头发、牙齿和指(趾)甲等以外，几乎所有的器官和组织都有可能发生肿瘤，大约有400多种不同类型的肿瘤。其实，肿瘤并不是一种单纯的疾病，而是一大类复杂的疾病(如癌)。

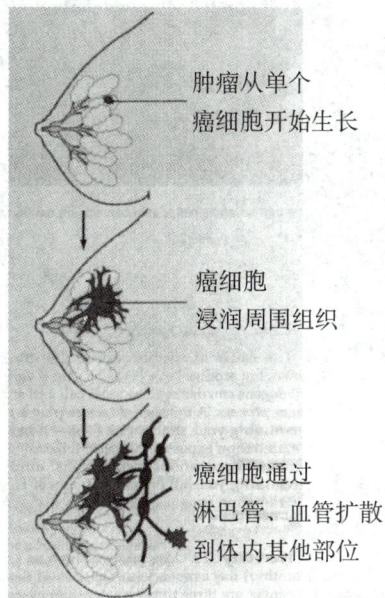

图13-1　癌细胞扩散

肿瘤从单个癌细胞开始生长

癌细胞浸润周围组织

癌细胞通过淋巴管、血管扩散到体内其他部位

二、常见的癌症

癌症几乎可以发生在全身的任何组织，但是发病率较高的是肺癌、乳腺癌、前列腺癌、直肠癌、皮肤癌和口腔癌等。其中在男性中值得注意的癌是前列腺癌，在1975~1980年期间前列腺癌发病率是第十位，而到1990年则跃居第六位。1998年美国前列腺癌发病率已超过肺癌。预计随着世界人口老龄化，未来20年前列腺癌发病率将会有更大增长。在女性中，乳腺癌的发病率是近年来增长速度最快的一种。在1975年乳腺癌的发病人数是54万，到1990年高达约80万。其中，中国是增长最快的国家之一，在1980年乳腺癌的发病人数是3.09万，到1985年猛增至6.72万。但是成功的事实告诉我们：有95%以上的乳腺癌首先发现的是女性自己。所以每个妇女都应进行每月一次的定期自我乳房检查(见细节透视13-2　　　　)。

细节透视13-2

乳房的自我检查

您知道吗？95%的乳腺癌首先是自己发现的，而且越早发现，越容易治愈。

当然，大多数肿块并不一定是癌肿。但每月一次的乳房自我检查，这一习惯对您的健康很有帮助。一般在月经后一或二天内进行自我检查。如果您已停经，可以自定一天进行。如果发现乳房有肿块、增厚或渗出物，应立即去医院检查。

大多数癌症发生在40岁以上的人群中，但睾丸癌是青年男性中最常见的癌症之一，其中检查时，先面对镜子，双手插腰或双臂上举，观察双侧乳房外形是否对称、大小是否一致、皮肤上是否有凸块或凹陷等。

然后再检查内部组织。用左手触摸右侧乳房，而右臂上举置头后。卧床时，可将枕头垫于右肩下，充分舒展前胸。用左手的手指触摸，从边缘开始一点一点地慢慢移动。以螺旋方式、顺时针方向一圈圈向乳头逐渐靠近；从外到内至少三圈。这样无一遗漏地检查乳房的每一部位。最后用拇指和食指稳稳地捻一下乳头，检查是否有渗出物，不管是清清的液体还是浓浓的血液，都应去医院作进一步检查。右侧乳房检查完毕，按上述方法，用右手检查左侧乳房。

细节透视 13－3

睾丸的自我检查

睾丸癌在 15～34 岁的男性中是最常见的癌肿，占这个年龄段的所有死因中的 12%。睾丸癌患者幸存的关键是早期发现，因而建议青年男性有必要每月进行自我检查睾丸一次。时间最好选在洗热水澡以后，那时阴囊（包在二个睾丸外的一个囊状结构）因受热而皮肤非常松弛，故便于检查。检查方法是用双手的拇指和其他手指围绕一侧睾丸四周触摸，特别是在睾丸的边缘和前面。如果发现有肿块（豌豆状）或其他异常，应该马上去医院作进一步检查。当然肿块并不一定是癌肿，但医院检查可作一个明确的诊断，比较完全可靠。美国癌症协会（1990 年）曾列出以下几个危险信号：

1. 睾丸上某部有肿块；
2. 一侧睾丸的结实度（硬度）发生改变；
3. 在下腹部或腹股沟处有钝痛，而睾丸无疼痛感；
4. 睾丸有下坠感或牵拉痛。

15～34 岁之间发病率最高。通常最初发现时无疼痛，仅仅是睾丸肿大，但这需要引起警惕。因为早期发现睾丸癌可以及时治疗、早日治愈。所以，建议每个年青小伙子都要进行定期的自我检查(见细节透视 13-3)。如果发现可疑的肿块，应及时去医院作进一步诊断。

最近，在癌症发病率中增长较快的是一种皮肤癌，称为恶性黑色素瘤。这种癌发病率升高的原因，很可能是由于地球周围的臭氧层减少。臭氧层的存在可避免太阳光过度照射人体，而紫外线（阳光中）的过度照射是引起皮肤癌的主要因素。

自 1960 年以来，肺癌的发生在男性和女性中均有大幅度升高(男性上升约 90%，女性上升约为 500%，即 5 倍)，成为癌症发病率的首位，1990 年肺癌的新病例高达 104 万。肺癌发病率高与吸烟有密切关系，有证据表明：近年来女性的肺癌发病率升高的原因，就是与在这时间段内女性吸烟者人数增加有关。而男性中肺癌发病率仍在上升的原因，很可能还与城市中空气质量(如空气中的致癌物)有关。这里要提醒的是：肺癌的危害性很大，不论男女，肺癌的死亡率都高于其他种类的癌症，因此希望人们引起足够的重视。

第二节 癌症的发病机理和影响因素

一、癌症的发病机理

正常细胞转化为癌细胞的过程称为"癌变"或"恶变"。癌变的原因和过程，至今尚未完全清楚。一般认为是外界的或内在的因素通过各种方式影响其正常细胞内DNA或基因结构变化所致。癌变通常分三个阶段，即启动阶段、促进阶段和演进阶段。一般完成这三阶段需要较长的时间，少则几年，多则十几年或数十年的时间，是一个缓慢的、由量变到质变的过程。近年来，也有人认为：人体细胞内天然就存在着一些能够引起细胞癌变的基因——"癌基因"，和另一些能够抑制细胞癌变的基因——"抑癌基因"。在正常情况下，癌基因的存在对人体非但无害，而且对细胞的生长和分化均起重要作用。因此，癌基因是人皆有之，但并非人人都得癌症。只有当正常细胞受到外界和内部致癌因素的反复作用后，细胞内癌基因才被激活，即基因结构产生突变或基因表达推动控制，使正常细胞变成了癌细胞。同样，如果抑癌基因被削弱，阻止细胞恶变的功能失去，正常细胞也会发生上述变化。

二、癌症的影响因素

明显的直接致癌原因目前尚不清楚。一般认为：人体发生癌症的原因很多，大致可分为外源性致癌因素和内源性致癌因素。其发病率就取决于这些因素的性质、强度和作用时间。外源性致癌因素包括化学、生物、物理性致癌因素；内源性致癌因素包括生理状态(免疫功能、内分泌功能)、精神因素和遗传等。尽管外源性致癌因素的存在容易发生癌症，但是处于同样条件下接触同质、同量致癌因素，有人发病，而有人则不见异常。可见外因虽是重要，但必须在内因的基础上才能起作用。

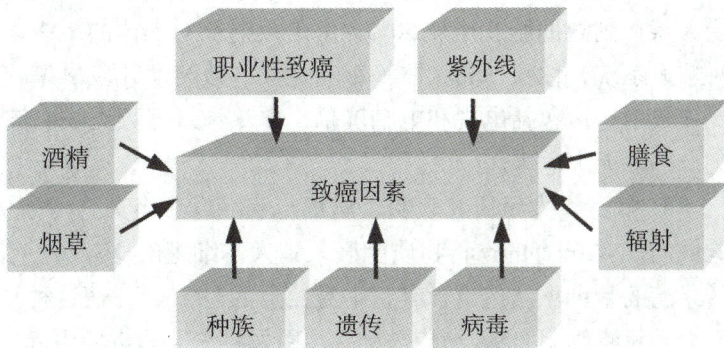

图 13-2 致癌因素

下面列举几个主要的致癌因素。

1. 遗传。自从拿破仑本人、其祖父、父亲、1 个兄弟和 3 个姐妹均死于胃癌的事实公布以后，有关"癌症家族"或"家族遗传性肿瘤"的报道逐步增多。目前发现：乳肿癌、胃癌、直肠癌、前列腺癌、子宫癌、卵巢癌、肺癌等均有较明显的遗传倾向。这在人群及家系水平的研究中已得到了一些证据。如果直系亲属（如亲生父母）中有癌症，子女发生癌症的可能性要高于平均患癌率的三倍。当然这种精确的对应关系尚未能肯定，但毋庸置疑，癌症家族子女的高癌病率与父母的遗传以及共同生活的环境和习惯是有一定关系的。一般认为，癌症的遗传可能有内因，但内因与外因的交互作用就更易患病。于是有人认为：遗传可能提供了一种内因，即由于遗传（DNA 或染色体的改变），增加了对病毒、化学性或物理性致癌因素的敏感作用，也影响了 DNA 分子的正常修复和免疫反应能力的下降等，就更有可能发生癌变。癌症家族的外因即共同的生活环境和习惯，也是不可忽视的诱发因素。

2. 种族。有些癌症在不同的种族中患病率是不同的。欧美人乳腺癌、结、直肠癌患病率高；日本和中国人胃癌患病率高；非洲和东南亚人群中多见肝癌，而在欧美人中却少见；中国广东人的鼻咽癌发病率高；犹太人几乎无阴茎癌，子宫癌也极罕见。在美国，白人多发皮肤癌，黑人中宫颈癌患者较多。这些都有种族特点。

种族与癌症的关系是受人体内因和外因影响的。如白人中皮肤癌多发，可能是其皮肤缺少黑色素保护有关。非洲和东南亚一些国家包括中国、日本的人群肝癌发病率高可能与肝炎病毒有关。最近 40 年来美国白人的癌症死亡率比黑人低（黑人癌症死亡率以 50% 的速率增加，而白人只有 10% 的速率增加），其原因是因为白人经常检查，能早期发现、早期治疗。

3. 辐射。目前已可肯定有 5% 以上的癌症发病率是由于直接接触辐射所致。辐射可分为天然辐射和人工辐射两种。天然辐射剂量很少，对人体不足为患。而人工辐射包括医学上所能接触到的 X 射线、放射性物质释放的射线等，以及生产环境中接触的放射性物质、电磁场等，这些都有可能引起癌变。当然辐射致癌作用与辐射的方式、剂量、受辐射者的年龄及照射部位有关。一般来讲，人体所受到的辐射剂量越大，发生癌症的可能性也就越大。

研究发现：辐射致癌的常见病有白血病（血癌）、乳腺癌、皮肤癌、甲状腺肿瘤、肺癌、骨肿瘤、淋巴系统的恶性肿瘤等。如果肺结核的女性常因拍摄肺部 X 光片或透视检查，患乳腺癌的机会会显著增加。母亲在怀孕期接受 X 线检查，其胎儿长大后患癌症的机会要比未接受 X 线照射过的胎儿增加 50%。由于放射线对人体的组织、器官有不同程度的损害，特别是对造血系统、性腺、晶状体等影响更大，故婴幼儿应尽量减少透视、拍片。

辐射还应包括电视和电脑屏幕、电热毯、低频无线电波、移动电话等，因其辐射剂量很小，一般无大危害。

4. 病毒。大量研究表明，病毒与癌症发生有关。专家认为，病毒致癌的机理是由 DNA 构成的 DNA 病毒的遗传物质能嵌入到人体细胞的 DNA 中，或由 RNA 构成的 RNA 病毒在 DNA 转录酶的帮助下制造出含有它本身信息的 DNA，并使这种 DNA 混入正常细胞的 DNA 中，从而导致正常细胞 DNA 结构被破坏，引发癌变。病毒能引起白血病、淋巴系统癌、肝癌、宫颈癌和鼻咽癌。致癌过程是一个相当复杂的过程，很可能是多种因素相互作用的综合结果，而在这一过程中，病毒起着至关重要的作用。

5. 烟草。烟草与肿瘤的关系已被成百上千个调查所证实。1975年全世界发生肺癌约有59万例，1980年上升到66万例，1985年为80万例，1990年已到达104万例。其中1/3发生在发展中国家。以上海市男性为例，发病率已达54人/10万，占男性死因的第1位。我国香港地区的女性肺癌发病率居世界女性肺癌发病率第二位，仅次于美国的女性。究其原因，主要是我国目前烟草生产量太大，吸烟率太高(成年男性中吸烟率高达50%～60%)。不改变此现状，估计在2010年将有200万人过早死于与吸烟有关的疾病。另据报道，美国公民中85%～90%的肺癌与吸烟有关。重吸烟者比不吸烟者在癌死亡率上高出15～25倍。长期吸烟者的预测寿命比不吸烟要短7年。大约25%的癌死亡是由吸烟造成的，吸烟已成为全世界癌死亡的最大因素。国际抗癌中心（IARC）已明文规定烟草为人类的致癌物，不论其使用方式如何，烟草都是有致癌性的。烟草中有大量燃烧物可致癌，也有非燃烧性的同样能致癌，如口嚼烟草易得口腔癌。被动吸烟者（在吸烟者身旁）虽然吸入的为卷烟燃烧时的边流，但边流的气体对健康的危害并不轻于吸烟者。

6. 酒精。人类饮酒已有几千年的历史。一般认为，少量饮酒可以增强血流循环，使神经系统轻度兴奋，活络关节、肌肉。但在法国及日本等大量饮酒国家已经发现：过量饮酒使一些癌症的发病率和死亡率增加。我国也发现，过量饮酒能诱发口腔癌、肝癌、食管癌和咽喉癌。美国等国家还发现，中度饮酒在妇女中也易得乳腺癌。饮酒后，酒精易在人体中产生乙醛。酒中还夹杂着一些亚硝胺类化合物、霉菌毒素等，这些都是已明确的致癌物。另外，过量饮酒，再同时吸烟可显示协同作用，会明显增加致癌物的致癌作用。

7. 职业性致癌物。由于生产需要或生活在工厂附近，人们不得不接触与生产有关的致癌物，这些物质称职业性致癌物。在工业化早期，因为缺乏认识加之劳动条件太差，接触上述物质的人群中出现过很高的癌发病率和死亡率。这些人群所承受的致癌危害为一般人群的千百倍。这些致癌物，有化学性的（如苯、镍、铬酸盐、石棉、氯乙烯等），也有物理性的（如放射性物质）。具体讲，在生产中经常可接触到的石棉(用于建造和自动化工业中的原料)，医务工作者经常接触到的放射线，在采矿或炼焦、喷漆等工作中也能遇到一些致癌物。甚至生活在工厂附近的居民在水源中也能发现有一些过量的除草剂和杀虫剂等有害物质。

8. 紫外光。紫外光诱发肿瘤多见于户外工作者和日光浴者。每年这些人群中会新产生70万新的皮肤癌患者。因为阳光中有紫外线，长期日光（紫外光）暴晒，对人类的皮肤有致癌作用，如在干燥及阳光充足或高山地区中工作的户外工作者及海员。皮肤和毛发颜色浅的白种人容易发生皮肤癌。黑人或其他有色人种，由于皮肤的防御能力强，很少发生皮肤癌。人们喜欢日光浴，因为可以健美(棕色皮肤被誉为"健与美"的象征)，但过量的日光浴，是引起皮肤癌的危险因素之一（见图13-3）。

9. 膳食。根据美国科学院调查：膳食致癌率，在女性中高达60%，在男性中可达40%。其原因：第一，长期高脂膳食会直接或间接地导致乳腺癌、直肠癌、前列腺癌和子宫癌，也会导致肥胖。这在一些发达国家尤其明显；第二，腌制食品、烟熏食品、油炸食品等会导致食管癌、胃癌；第三，亚硝基化合物是食物中的一种常见的致癌物，可在多种食品中出现，尤其是质量较差的不新鲜食品（如剩菜、腐烂的蔬菜等）。第四，霉变的大米、玉米、花生等中

图 13-3 在阳光下暴晒有皮肤癌发生的危险性

注：图13-3选自 Powers,S.K. Total Fitness,1999。

所含有的黄曲霉毒素对人和动物都有很强的致癌作用。

第三节　癌症的预防

预防癌症有赖于健康的生活方式。事实上，大约80%的癌症与不良的生活方式和环境因素有关。据美国癌症研究所报道，有健康生活方式的人，因癌症而死亡的人数远远少于生活方式不良者，其比例约为1/3或1/2。我国也有报道，不良生活方式与癌症发生有关，如吸烟与20%～30%癌症相关、饮食与35%～60%癌症相关、性行为与5%～7%癌症相关、职业暴露与1%～4%癌症相关、医药来源与1%～2%癌症相关。预防措施应从改善生活观念和行为着手，避免致癌的有关因素(见自评量表13-1)，加强营养和体育锻炼等。

一、科学饮食

细节透视 13-4

自由基是如何促进癌症形成的？

正常细胞的分裂是在DNA分子的严格控制下进行的。但当细胞的DNA被破坏，细胞就变得不受控制、"为所欲为"，即发生"癌变"。研究表明：自由基就是通过破坏DNA来促发癌细胞的形成。如果体内自由基大量形成后，自由基就会围攻细胞核，通过大量掠夺别的分子的电子，迫使这些分子再去掠夺其他分子的电子。这样的连锁反应就会使DNA的正常结构遭破坏、功能受影响，从而促进了癌细胞的形成。一旦形成癌细胞，便会快速地、无节制地分裂，最终导致癌症。

饮食是控制癌症的重要因素之一。在那些被认为有防癌作用的营养物中，维生素A、维生素E、维生素C是主要的（见营养框13-1）。因为这些物质被称为"抗氧化剂"，其能通过去除或吸收细胞中的自由基来抵消体内的自由基对细胞的破坏作用。自由基亦称为"氧自由基"，实际上是细胞内所产生的正常分子。但是当它的浓度过高时，就会损害细胞，导致癌症

营养框 13-1　营养与体能、健康的关系

降低癌症发病的饮食指导

1. 有节制的饮食习惯和有规律的体育锻炼可帮助身体不超重。因为肥胖会增加结直肠癌、乳腺癌、膀胱癌、前列腺癌、卵巢癌和子宫癌等的发生率。

2. 减少脂肪摄入量。尽量减少摄入的总脂肪量，应控制在人体总耗能量的30%以下。摄入的饱和脂肪酸量应减少到总耗能量的10%以下。因为高脂肪的饮食可增加乳腺癌、结肠癌、前列腺癌等的发生率。

3. 多吃纤维素。应多吃一定量的谷类食物、新鲜水果和蔬菜（如芹菜、韭菜）。增加纤维素的摄入量，因为高纤维素的饮食可以增加肠的蠕动，减少食物中的致癌物质对结肠和直肠的刺激，因而避免癌症的发生。

4. 膳食中应富含维生素A、维生素C和维生素E等。维生素可通过去除自由基而减少癌症的发病率。

5. 多食十字花科的蔬菜，如包心菜、白菜、花椰菜、萝卜，可以减少癌症的发生。

6. 不吃未腌透的和霉烂的食物，要少吃烟熏的、油炸的（或烧焦）食物。研究表明：多吃这些食物，会增加癌症的发病率。

7. 控制酒精的摄入量，高酒精的摄入会增加口腔癌、咽喉癌、食管癌和肝癌等的发生率。

8. 提倡食谱要广，三餐按时，进食不宜过快、过烫。

总之，低脂肪、低能量、低盐分、高纤维素的食谱是目前理想的防癌保健食谱。

的形成(见细节透视13-4)。这些新的发现使一些癌症专家有理由推荐一份富含抗氧化剂的食谱(见营养框13-2)。

二、经常锻炼

研究表明：有规律的体育锻炼有抗癌作用，如经常参加体育锻炼可减少结肠癌的发生。又有报道，妇女经常参加体育锻炼，可减少妇女的乳腺癌、子宫癌的发生。事实证明，经常参加体育锻炼能促进新陈代谢，加强消化和吸收，有利于体能增强。而体能的提高正是抗癌防病的关键。最新一项"癌症的死亡率"的调查资料显示：体能弱者的癌症死亡率高达约万分之十八；体能中等者约占万分之八；体能强者约万分之四(见图13-4)。事实上，每个人无时无刻都可能在形成肿瘤细胞，但体内的免疫系

营养框 13-2　营养与体能、健康的关系

富含抗氧化剂的食物可降低癌症的发生

健康膳食应该是能从食物中摄取大量的β-胡萝卜素、维生素C和维生素E。因为β-胡萝卜素（在体内可以转变成维生素A）、维生素C和维生素E具有消除自由基的功能，所以增加维生素的摄入量有防癌保健的作用。如多食胡萝卜、杏仁、龙须菜、甘蓝、豌豆、菠菜和西红柿等蔬菜，能获取大量的胡萝卜素；多食龙须菜、甘蓝、花椰菜、葡萄、橘子、胡椒、柑橘、西红柿等食品，能获取丰富的维生素C。而维生素E在植物油、坚果仁、种子等中大量存在。

统，在它还没来得及在数量上发展之前，就消灭了它。因此，免疫力强者能抵抗癌症的发生，而免疫力弱者则容易发生癌症。而且有实验研究证明，适宜的体育锻炼有助于增强抵抗力和减少癌症的发生。

三、戒酒戒烟

（一）酒精。酒的主要成分为乙醇（酒精），在人体内的主要代谢产物是乙醛，乙醛是已经确认的致癌物。绝大多数东方人(包括中国人)，由于种族遗传决定的酶系的关系，饮酒后肝脏及血液内乙醛的浓度较高，并且持续较久，所以饮酒致癌不是危言耸听。已有事实证明，过量饮酒可多发口腔癌、咽喉癌、食管癌和肝癌。即使中度饮酒也可能诱发癌症。所以，为预防癌症，要适量饮低度酒；在有明显的已知致癌物接触时不宜饮酒，以防二种危险因素协同作用，加速致癌。故切忌烟酒双沾，这样会加倍危险。

（二）烟草。吸烟或嚼烟都会致癌，吸烟不仅易得肺癌(有87%的相关)，而且也与口腔癌、咽喉癌、食管癌等有关。所以戒烟为有效预防癌症之良策。如果你是一位从不吸烟者，请不要尝试抽烟；如果已为吸烟者，应该少吸烟、停吸烟，争取做到不吸烟。

四、其他

（一）辐射。应尽量避免在各种辐射线下的过多暴露身体。尽管无法避免一些医用 X 光、低频率无线电波和其他一些低水平的辐射线，但也绝对应避免大量接触。要使用各种劳保用品，以防辐射。

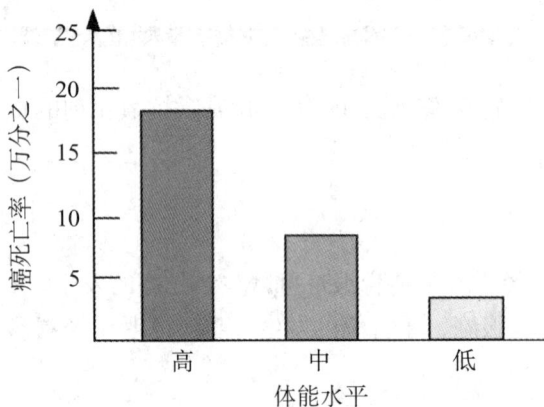

图 13-4　体能水平与癌死亡率

（二)职业性致癌物。应避免接触一切工业污染，尽量在安全的环境下工作，特别是应避免接触氡(或镭射气)、二氧化物、镍、铬酸盐、石棉、氯乙烯等致癌物。因为接触石棉、放射物会引起肺癌，如果同时进行吸烟，则两个危险因素有协同作用，可以是相加甚至相乘的效应(比一般不吸烟人群致癌率高50倍)。苯可能与白血病有关，目前在石油化学工业、制鞋工业等都在使用苯。这些事实提醒人们要避免上述致癌物。防止职业致癌的主要方法是：(1) 加强技术保护措施，减少职业的暴露和接触；(2) 不在车间内吸烟、吃饭，建立良好卫生习惯；(3) 高危职业者应进行定期的体格检查。

（三）紫外光。长期过强的紫外线照射，会增加皮肤癌的发病率。因此控制一定量的紫外光照射，无疑是避免紫外线致癌作用的一个好方法。如果不得不在阳光下工作或娱乐，最好使用防晒剂或用遮挡物来避免阳光直接照射，如戴帽、穿长袖衣等(见细节透视 13-5)。

研究表明，过多地日晒会伤害皮肤。不管是快速暴晒，还是长时间慢慢地遭受日晒，这种危害始终存在，而且可以延时，即从 20 岁开始暴晒，到 40 岁可能发生癌变。尽管皮肤癌是最常见的癌症，但一些皮肤癌如早期发现是可以早日治疗的。这里的关键仍然是自我检查，建议自我检查应该是每月一次, 而且是全面检查, 特别要检查那些容易暴露在阳光下的部位。当检查发现有如下情况, 应及时去找医生诊断。

1. 皮肤疼痛发炎而不愈合, 并有血或分泌物渗出。

2. 皮肤上有持续的红色斑点, 可能有痛或痒, 也可能根本没有不舒服感觉。

3. 皮肤上有光滑的、像上蜡似的疤痕; 具有不规则的黄色或白色边缘。

4. 皮肤上的痣突然变大, 痣中央出现硬结或痣的四周出现卫星样的微小色素斑点或结节。

细节透视 13-5

防止紫外光对皮肤的伤害

在晒太阳前30分钟左右, 应及时涂抹防晒剂, 因为有些防晒剂中有防护作用的原料需要经过几分钟后才能被皮肤吸收。防晒剂可使人们的皮肤有比那些无防护的皮肤要高出15倍的防晒能力。因此, 为帮助人们避免由于过度紫外光照射而致癌的危险, 以下几点建议供你参考。

1. 在上午十时至下午十四时内, 户外阳光的紫外光最强。

2. 如果使用包含维生素A的皮肤防护剂（如Retin A）, 就可以呆在户外阳光下。因为Retin A皮肤防护剂能避免皮肤受紫外光的损伤。

3. 避开太阳灯, 因为太阳灯晒黑皮肤同样是有害的。

4. 当在户外锻炼或旅游时, 要用有防水功能的防晒剂。

5. 限制阳光暴晒, 以防损伤皮肤。

5. 痣表面有糜烂、破溃、出血和发炎。

6. 痣的边缘本来是清晰的、光滑的圆形, 突然向周围扩展。边缘变得不规则, 与正常皮肤界限不清, 或痣的四周有红晕。

7. 痣中颜色较前明显加深, 或颜色变得不均匀, 有浅有深。

8. 原来生长的毛发突然脱落。

小　结

1. 癌症被公认为是致命性的疾病, 其发病率正在不断上升。当前, 癌症在世界上是引起死亡的第二大原因。

2. 癌症是由于细胞的异常增生而引起的。这种细胞的异常增生和分裂形成了大量的恶变细胞, 这些恶变细胞称为肿瘤细胞。肿瘤可分为良性和恶性两种, 良性肿瘤不危及生命, 恶性肿瘤的癌细胞由于会播散到其他组织并破坏器官功能, 因而会危及生命。

3. 肺癌是最常见的癌症。癌症的其他多发部位包括口腔、皮肤、结直肠、胃、肝、骨、前列腺和乳房等。

4. 当细胞内的DNA受到损伤, 导致细胞过度分裂时, 正常细胞就变成了癌细胞。

5. 遗传、种族、放射性物质、病毒感染、烟草、酒精、职业致癌物、紫外线照射及高脂肪饮食均是致癌的危险因素。你可以通过避免接触放射性物质、烟草、酒精、紫外线及职业性致癌物而降低癌症发生的可能性。

6. 大约有80%的癌症与生活方式和环境因素有关。

7. 食物因素可能是控制癌症发生的最重要因素, 食物中能提供抗癌作用的物质有维生素

A、维生素 E 和维生素 C，这些物质通过排除体内的自由基而降低癌症发生的危险。

8. 已经知道体育锻炼可降低某些癌症的发生。

思 考 题

一、如何科学地饮食才能降低癌症的发生？

二、你打算采取什么样的生活方式以防止癌症的发生？

13-1

致癌因素的自评量表

此测试的目的是为了提高你对发生各种癌症的潜在危险性的认识。用"是"或"否"回答下列问题。

	是	否
1. 你是否摄入高脂肪饮食？（即大于摄入总能量的30%）	_____	_____
2. 你的饮食是否缺少纤维素？	_____	_____
3. 你是否摄入过量的酒精？	_____	_____
4. 你是否经常吃烟熏的食物？	_____	_____
5. 你是否接触环境中的致癌物？	_____	_____
6. 你是否吸烟或经常被动吸烟？	_____	_____
7. 你是否过度肥胖？	_____	_____
8. 家族中是否有人患癌症？	_____	_____
9. 你的皮肤是否经常暴露于强烈的日光下？	_____	_____

注：自评量表 13-1 选自 Powers,S.K. Total Fitness, 1999。

上述问题如回答"是"，意味着你应该纠正你的生活方式以降低癌症发生的危险性。

第十四章 预防药物滥用和性病传播

学习目标

当学完这一章后，你应该能够解释以下的关键概念和重要问题

关 键 概 念

- ✎ 合理用药
- ✎ 药物误用
- ✎ 药物滥用
- ✎ 酒精
- ✎ 烟草
- ✎ 尼古丁
- ✎ 性病
- ✎ 艾滋病

重 要 问 题

- 📖 酒精对身体健康的危害
- 📖 吸烟对身体健康的危害
- 📖 戒烟的方法
- 📖 艾滋病的危害及其传播途径
- 📖 性病的预防方法

　　生活中，我们每个人几乎都曾因为疾病或其他原因服用过药物。药物能通过影响人体的功能或抑制病原体的生长、繁殖而起到防害治病的作用，是人类同疾病作斗争的有利武器。随着现代生物医药技术的飞速发展，药物的效用与种类正在不断增加，许多以前无法医治的疾病现在都能通过新药的使用取得较好的疗效，人类的身体健康与生活质量也随之有了提高和保障。例如，通过接种疫苗产生抗体，可以预防许多足以毁灭人类的疾病；使用抗生素能够

抵抗病毒、病菌对人体的入侵；口服避孕药对家庭和社会的计划生育都产生意义深远的作用；镇静剂与抗抑郁剂能够帮助精神疾病患者恢复正常功能，等等。药物不仅能控制疾病的发生和发展，同时也可以调整人体的功能，加速健康的恢复。但是，如果药物使用不当，也可能产生一些有害作用，甚至造成严重的不良后果。因此，我们既要看到药物的有效作用，也要注意滥用药物的不利影响。

第一节　药物的合理使用、误用及滥用

一、合理用药

当体育锻炼时发生了肌肉扭伤，你及时服用了阿司匹林或布洛芬，这会帮助你控制肌肉发炎和减少疼痛，有利于伤病的恢复。当感冒发烧时，你若按照医生的药方吃药，就会尽早控制病情，防止病情扩大。但是，当你生病时如果没有正确使用药物，你的病情将会越来越严重，有时还会危及生命。正如一个人若患了肺炎而没有服用医生给配制的药或者服用的方法不当，他将会有生命危险。然而，如果按照医嘱合理用药，他就会很快恢复健康。可见，药物的合理使用对人体的健康是多么的重要。简单地说，正确地使用药物即为合理用药，它包括药物选择正确（即对症下药）、剂量恰当和给药途径适宜。这样才会充分发挥药物的作用，尽量减少药物对人体所产生的毒性和副作用，从而迅速有效地控制疾病的发展，恢复人体健康。

二、药物误用

合理的药物被不恰当地使用，即为药物误用。误用药物，不仅不能取得应有的疗效，而且还会使病情加重。比如，在短时间内服用大剂量的阿司匹林或者吃布洛芬时没有喝大量的水，药物便会损伤组织并导致胃肠道出血。这就是药物误用。药物误用包括药物剂量、用药的时间和用药的连续性等。即使是对症下药，如果服药不当，不但不能起到好的效果，还会给身体带来其他不良的影响。

三、药物滥用

当使用不合理的药物（即非对症下药）或合理的药物用于其他非治疗目的（非药物本身效用的目的），这就是药物滥用。典型的非治疗目的的药物滥用包括使用大麻、咖啡因、海洛因、合成类固醇以及安非他明等，因为这些药物能够带来任何药品和人体自身所不能产生的快感或陶醉感。还有一些合理的药物有时也被滥用，例如盐酸呱替啶（镇痛药）、盐酸氢吗啡酮（麻醉镇痛药）和达尔芬（盐酸右丙氧芬，镇痛药）等，这些药物在医学上是用于减轻疼痛的，但是由于具有麻醉效果，有时也被非法出售。

虽然从表面上看，药物的正确使用、误用及滥用是划分得清楚的，但事实上有不少药物和它们的用法是很难加以区分的。比如烟草，我们将它归为商品，被认为是合法的，但它会

对身体有危害。又比如，含有酒精的饮料以及合成类固醇、安非他明、咖啡因等，这些药物不同的使用剂量会导致截然不同的结果。下面就将当今比较流行的、对人体健康产生直接影响的几种药物进行讨论。

第二节　酒精的副作用

一、酒精使用的概况

酒精亦称乙醇，是一个简单的二碳化合物（CH_3CH_2OH），其作用是多方面的。但长期大量饮用酒精会对身体产生副作用。然而，全世界仍有许许多多的人沉醉在酒的世界里而深受其害。据不完全统计，在美国有60%年龄在18至25岁之间的青年人是酒精的消费者。目前大约有60%的男性和45%的女性喜欢饮酒，其中占24%的男性和8.5%的女性是酗酒者，并且开始饮酒的年龄小于18岁（在美国法律规定必须满21周岁方可饮酒）。至少有四分之一的高中生平均每个星期饮酒一次。在大学校园里更不例外。1984年美国密执安州对2039名大学生的调查表明，88%的人12个月内都饮用含酒精的饮料。其中，27%的人每周饮酒2～5次，所饮酒类3～5种，23%的人饮酒类别多达6～9种。由于酒精的泛滥，导致了许多的突发事件，如打架斗殴、逃学、酒后驾车肇事等屡屡发生。

人们饮酒有许多原因，有人是为放松自己，有人是为社交应酬，还有人是为了在社交场合中手上有东西可持，从而减少压抑和害羞心理。当饮酒被限制后，通常就可能不会有那么多与酒精有关的问题产生，如在短时间内饮用大量的酒，造成酒后驾车以及工作时注意力难于集中等等。

二、酒精的副作用

日本有条谚语："先是人醉酒，后是酒吃人"。意思是：长期饮酒会害人的。事实上，长期饮酒会对中枢和周围神经系统造成损害。最典型的是导致韦尼克氏脑病和考沙科夫氏遗忘症，表现为精神混乱、眼肌麻痹、共济失调和虚构性遗忘等综合症状。长期饮酒亦可引起酒精性痴呆、小脑退化和周围神经炎等。长期饮酒还可引起肝硬化、高血压、心功能障碍、内分泌紊乱等（见表14-1）。

三、怎样控制饮酒

由表14-1可见，酒精对人体健康有诸多的危害。为了增强体能，保持良好的精神状态，并拥有较高的健康水平，所有饮酒者都应戒酒或有节制地饮酒。这就是说饮酒的量限制在每次每小时不超过0.3～0.4盎司。因为这个值是人体的肝脏每小时能够正常代谢的量，超过这个量即会对身体产生副作用。只在适当的场合喝酒，永远不要在驾车前饮酒，并且当你需要有好的判断力时要避免饮酒。

表14-1　酒精的副作用

● 神经系统	● 内分泌系统	消化道溃疡
酒精撤药症状	睾酮下降	● 血液系统
韦尼克氏脑病	LH升高	血细胞减少
考沙科夫氏遗忘症	可的松下降	叶酸维生素B$_{12}$缺乏
痴呆	甲状腺素下降	● 心理方面
小脑退化	睾丸萎缩	压抑、焦虑
周围神经炎	男子女性型乳房	个性改变
肌病	● 代谢	● 性方面
成年癫痫发作	脂代谢改变	阳痿
中心性脑桥髓鞘破坏	高甘油三脂血症	性攻击行为
营养性弱视	● 胃肠系统	● 外伤
● 心血管系统	脂肪肝	● 皮肤病
心肌炎	急性酒精性肝炎	头发减少、脸潮红
脚气病	肝硬化	掌红斑、酒糟鼻
心动过速	胰腺炎	蜘蛛痣
高血压	急、慢性食道炎	胎儿酒精综合征

至于戒酒，总是说得容易做到难。设想你的朋友或同学每次聚会喝酒都邀你参加；或者同去校园附近的餐馆，要了很多啤酒，大家围坐一圈并畅饮；或者参加某一同学的生日聚会，你能控制住自己不饮酒吗？以下策略可供你参考。

1. 倒一些饮料慢慢地喝上很长一段时间，以利于限制你喝的酒量。

2. 告诉你的朋友，你正在进行药物治疗，这期间不能饮酒。

3. 练习拒绝喝酒的技巧，如对他们说："你喜欢喝酒就自己喝，但是我是不喜欢喝的。"而且应该多说几遍，直至他们完全相信你的话而不再劝酒。

假如你决定喝酒时，应注意以下几点：

1. 有节制地饮酒。

2. 永远不要空肚子喝酒，因为胃里的食物可以帮助你放慢对酒精的吸收，同时也会减少酒精对胃的直接刺激。

3. 正接受药物治疗时不要饮酒。

4. 注意尽量慢慢地喝。

5. 用水或饮料把酒稀释后混在一起饮用。

6. 喝酒时不要吃很咸的或很辣的食物，因为咸和辣会使你口渴，这会促使你喝得更多。

许多的人身上存在着与酒精有关的问题。建议完成本章后的自评量表14-1，看一看是否有值得注意的问题。

第三节　烟草的危害

通常烟草也被称为药物，它包括香烟、雪茄、烟斗和口嚼烟草。据美国政府统计，因为使用烟草而致死的人占全美总死亡人数的六分之一。

一、烟草情况简介

18世纪，阿拉伯和土耳其国家对烟草加以严格的控制，对吸烟者要处以严刑甚至死刑。而到了20世纪的中期，吸烟却成了老成与世故的标志。今天，尽管社会在广泛宣传吸烟会给人类身体健康带来严重的危害，但是烟草的"魅力"和人们对烟草的误解仍然强烈地刺激着人们不能放弃它。烟草的主要成分是尼古丁。尼古丁是弱碱，在生理pH环境下约69%呈游离状态。尼古丁对各种中枢和周围神经系统通道都有兴奋和抑制两方面的作用。据统计，美国在1995年，有占美国总人口的29%的人是吸烟者。男性吸烟率稍高于女性，而女性近来有接近甚至超过男性的趋势。现在许多人在20岁前就习惯吸烟。如果美国的儿童以同样的百分比开始吸烟并且持续到成年，那么他们当中至少有500万人将死于吸烟而引起的疾病。据报道，美国每年因吸烟而死亡的人数将近39万，其中导致冠心病死亡的人占21%，因肺癌死亡的占87%。在吸烟者中有约占美国总人口3.3%的人使用无烟的烟草，即指湿的或干的鼻烟以及嚼烟。而且使用无烟烟草的人中男性（占6.2%）明显地高于女性(占0.6%)，并且主要是青年男子。无烟烟草的使用是很容易导致口腔癌的，对于长期使用鼻烟的人来说，其患口腔癌的概率是不使用烟草人的50倍。

既然烟草对人体健康的危害如此之大，那么为什么还有那么多人吸烟呢？有以下几点原因：（1）香烟广告的作用。广告中的模特英俊潇洒、风度翩翩，他们衣着华丽，微笑着手拿香烟，显得十分满足、幸福和富有。许多年轻人着迷于这些很"酷"的广告模特，也开始模仿吸烟。(2)吸烟者觉得吸烟时手上有事可做，感觉很好。(3)因为好朋友或者父母亲吸烟，因此也跟着吸烟。(4)大多数吸烟者认为吸烟可慰藉无聊，可以得到心理上的放松。(5)有些人以为，吸烟可以替代食物，能用于减肥。那么，你究竟为什么吸烟呢？做了本章后的自评量表14-2，你就会更多地了解自己。

二、烟草对健康的影响

吸烟者会对尼古丁产生一种依赖和撤药反应，其主要体征包括烟瘾、烦躁、焦虑、不安、

表14-2 长期吸烟的危害

● 肿瘤	膀胱	慢性梗塞性肺疾病
肺	肾	● 胃肠系统疾病
支气管	● 心血管系统疾病	消化道溃疡
唇	高血压	● 神经精神疾病
口腔	冠心病	成瘾/撤药反应
咽	心搏停止	● 母源性新生儿疾病
食管	脑血管疾病	早产
喉	主动脉病	低出生体重
胃	● 呼吸系统疾病	呼吸窘迫综合征
胰	肺炎	突发婴儿死亡综合征
子宫颈	支气管炎	

难以集中注意力、食欲降低和胃肠道不适等。吸烟引起的过早死亡的人数远比因艾滋病、吸可卡因、吸海洛因、饮酒、火灾、汽车事故、他杀、自杀等的死亡人数的总和还要多，这包括吸烟导致肺癌等肿瘤、心脑血管疾病、支气管等呼吸疾病造成的死亡。总之，烟草对人体健康的危害是广泛的（分别见表14-2和表14-3）。

表14-3　长期使用无烟烟草的危害

牙周破坏	牙　龈　炎	口腔鳞状细胞瘤	味觉障碍
牙质磨损	粘膜白斑病	成瘾/撤药反应	嗅觉障碍
口腔粘膜角化病	味觉下降	口　　臭	

三、如何戒烟

戒烟的最简单方法就是吸烟者的主动放弃，但这是说到容易做到难。有研究发现，通常一些戒烟者是在不情愿的情况下尽力戒烟的（如生病等），最后获得成功。可见，问题的关键还在于戒烟者的动机和认真的态度。

由于吸烟能在茶余饭后放松自己，而且让你在社交场合手上有事可做，这会使你戒烟多次而久未成功。但是你千万不要放弃，可以尝试以下效果很好的策略来帮助自己。你可以用目标设置的方法（见第一章）逐渐减少吸烟的数量，直至戒除为止。你也可以采取一种链式

细节透视14-1

帮助你戒烟的方法

以下一些建议可以帮助想戒烟的人放弃吸烟，以减少吸烟所带来的危害：

1. 每个小时仅抽一支烟，然后慢慢地减少，直到戒掉为止。
2. 每周只抽前一周吸烟总量的一半。
3. 吸烟时仅吸入少量的烟，不要深吸。
4. 每一支烟只抽一半。
5. 当你喷烟的时候，把香烟从你的嘴里吐出。
6. 抽那些含少量焦油和尼古丁的香烟。
7. 吸烟时要慢慢地吸。
8. 吸你平时不喜欢的牌子香烟。
9. 当你渴望抽烟的时候，叼一支烟在嘴上，但尽量不要点燃。
10. 当你渴望抽烟的时候，放其他的食物（如口香糖、水果和硬糖）在嘴里。
11. 有规律地进行体育锻炼，以取代用烟消除烦恼。
12. 多花时间在禁止吸烟的场合。
13. 每次饭后立即刷牙。
14. 改变你的行为方式，例如，避免戒烟后与有烟瘾的朋友独处；用其他的活动代替饭后吸烟。
15. 时常提醒自己要戒烟。

方法来戒烟，比如，你可以把一包香烟放在有汗臭的袜子里面，然后用胶带缠绕这个袜子，并放在远离你经常吸烟的地方且有锁的抽屉里。把这个抽屉的钥匙放在另一只袜子里，也用胶带缠绕这个袜子，并且把它放在远离放香烟位置的另一个抽屉里。这时如果你想吸烟，必须经受一大串的麻烦，这可比你从口袋里掏出香烟，不假思索地点烟要费劲得多。当然，戒烟的方法远不止这些，有许多可供你选择的方法（见细节透视 14-1）。

第四节　性传播性疾病的预防

一、性传播性疾病概述

性传播性疾病（sexually transmitted diseases, STD）是指以性接触为主要传播途径的一组传染性疾病，俗称性病。目前国际上列为性病的病种已逾20种，我国重点防治的性病有8种，即淋病、梅毒、生殖器疱疹、非淋菌性尿道炎、尖锐湿疣、软下疳、性病淋巴肉芽肿和艾滋病等（见细节透视 14-2）。引起性病的病原体有多种，包括病毒、衣原体、支原体、细菌、螺

细节透视 14-2

性病的种类和特点

1. 梅毒。梅毒是由梅毒螺旋体所引起的一种慢性性传播性疾病。病人受感染后，可累及全身各器官，并产生多种症状和体征，还可以多年无症状而呈潜伏状态。

2. 淋病。淋病通常是指由淋球菌引起的泌尿生殖系统的化脓性感染。淋病隐性感染者较多，但由于其潜伏期短（平均为3~5天），传染性强，在短期内能迅速蔓延，最终导致女性不孕、男性不育和尿道狭窄以及失明等严重后果。

3. 非淋菌性尿道炎。非淋菌性尿道炎是指由性接触传染的一种尿道炎，在临床上有典型尿道炎的表现，但在尿道分泌物中查不到淋病双球菌，因此得名。

4. 生殖器疱疹。生殖器疱疹主要是由单纯疱疹病毒Ⅱ型引起的一种性传播性疾病。此病初发症状较重，且易复发。女性感染后可导致流产和新生儿死亡，还可能与宫颈癌的发病有关。

5. 尖锐湿疣。尖锐湿疣是由某些类型的人类乳头瘤病毒引起的增生性疾病。人类乳头瘤病毒广泛存在，特别在人体温热湿润条件下最易生长繁殖，因此生殖器及肛门部位最易感染。

6. 软下疳。软下疳是由杜克雷嗜血杆菌感染引起的一种性传播疾病。本病主要流行于热带、亚热带地区，多发于经济贫困、卫生条件差的人群中。

7. 性病淋巴肉芽肿。性病淋巴肉芽肿是通过性交传染的一种急性或慢性疾病，主要表现为外生殖器溃疡、腹股沟淋巴结肿大或坏死和破溃。晚期发生外生殖器象皮肿或直肠狭窄等病变。

8. 艾滋病。艾滋病是指"获得性免疫缺陷综合征"，是由病原体HIV所引起的严重性传染病，目前对艾滋病尚无有效的治疗手段。感染后经过一段无症状期，逐步发展为持续性全身淋巴结肿大综合征，呈现多种症状，直到免疫系统被严重破坏而出现各种严重感染和恶性肿瘤，导致死亡。目前流行病学研究已经明确证实了 HIV/AIDs 传播有三大传播途径，即性接触传播、血液传播和母婴传播。

旋体和原虫等。当性病患者与健康人进行性接触时，病原体很容易侵入健康人体而致感染。但有些病原体可经过非性接触途径传染，如被病原体污染的毛巾、内衣、便器、浴盆、注射器针头等，或通过输血、注射血制品、接受器官或组织移植而感染。此外，某些性病还可以在妊娠和分娩过程中，由母亲传给胎儿或新生儿。

当前，世界上艾滋病流行迅速，至1998年末，全球累计有4 730万人感染艾滋病病毒（HIV），其中3 340万人正生活在艾滋病的发作期中。1998年，共有580万成年男女和约60万儿童成为新感染者。我国的HIV感染率虽处于较低水平，但近年来也有上升趋势。据统计，在12 000例感染者中，15岁以下儿童有69人，占0.5%；16～19岁青少年有1 100多人，占9%；在8种新患性病的632 500多病例中，20岁以下青少年占3.36%。这些都充分表明，性病已成为威胁青少年健康的重要危险因素，必须予以高度重视。

二、选择安全的性行为

安全的性行为包含很多的内容，主要是指预防性病（包括艾滋病）的传播，避免意外怀孕和其他一些危险的性行为。

"安全套"（即避孕套）是一种防止性病传播的有效方法，但以前人们只是把它当作避孕的工具。随着性知识的普及，特别是对艾滋病等性病的传播途径的了解，人们逐渐认识到"安全套"在一定程度上还有防止性病传播的功能。性行为要安全，需遵循以下几点建议：

1. 禁欲是绝对安全的。禁欲是预防感染的一种选择，但就人的一生来说，大多数人是做不到的，事实上也是不必要的。

2. 控制性伴侣的人数。在人的一生中，应忠于单一的性伴侣（配偶）。性伴侣越少，感染性病的可能性就越低。

3. 避免危险的性行为。最危险的性行为是没有保护的性交。因此，坚持使用避孕套使性交更安全。然而，性交时使用避孕套也非绝对安全，因为使用不当或性交中滑脱等情况时有发生。但是避孕套确实能降低HIV和大多数性病的传播。

关于大学生性的问题，国家教育部有明确的规定，要求学生在校期间严禁发生不正当的性行为，严禁非法同居，如有发生，将受到纪律处分。因此，每个大学生都应该按照教育部的规定去做，并遵守以上几点建议，洁身自好，这样既可以预防HIV的传播，又可以避免染上其他的性病，以期保证你的身体健康（请完成自评量表14-3）。

小 结

1. 正确地使用药物，充分发挥药物的积极作用，即为合理用药；合理的药物被不恰当地使用，这就是药物误用；当使用不合理的药物（即不对症下药）或合理的药物用于其他非药物本身效用的目的，这就是药物滥用。

2. 长期酗酒对人体健康的危害是广泛的。

3. 有许多控制自己饮酒的方法。

4. 吸烟引起的过早死亡人数比因艾滋病、吸毒、酗酒、火灾、汽车事故、他杀、自杀等死亡人数的总和还要多。

5. 戒烟有许多种方法，但能否戒烟完全靠自己。

6. 性传播性疾病指以性接触为主要传播途径的一组传染性疾病，俗称性病。性病（包括艾滋病）的感染率现在呈上升趋势（包括我国），是威胁人类健康的重要危险因素。

7. 使用避孕套是防止性病传染的一种有效方法。

思 考 题

一、如果想戒烟，你打算采用什么样的方法？如果你现在还未吸烟，你打算如何防止自己去吸烟？

二、生活中你应采取怎样的措施来预防性病的传染？

14-1

饮酒情况自评量表

按照你实际的饮酒情况，回答下面的问题，并在右边"是"或"否"的格子中打"√"。

	是	否
1. 今年比去年饮酒的次数更多吗？	☐	☐
2. 今年比去年饮酒的量更大吗？	☐	☐
3. 白天也饮酒吗？	☐	☐
4. 大口大口地饮酒吗？	☐	☐
5. 本来打算少喝，但饮酒过程中不能控制自己吗？	☐	☐
6. 饮酒的速度很快吗？	☐	☐
7. 鼓励或强迫他人陪你饮酒吗？	☐	☐
8. 本来想喝无酒精饮料，事实上喝的却是酒精饮料？	☐	☐
9. 酒后驾车或骑自行车吗？	☐	☐
10. 服药期间也饮酒吗？	☐	☐
11. 饮酒时是否有清醒的记忆？	☐	☐
12. 对饮酒的危害不太重视？	☐	☐
13. 因饮酒而使你的声誉不如从前？	☐	☐
14. 是否借酒来缓解各种压力？	☐	☐
15. 是否借酒消愁？	☐	☐
16. 是否借酒来消除自己的孤独感？	☐	☐
17. 是否为了社交而不得不饮酒？	☐	☐
18. 是否会独自饮酒？	☐	☐

注：自评量表 14-1 选自 Prentice,W.E. Fitness and Wellness for Life, 1999。

评价：

如果你在上面的回答中有"是"，说明你饮酒不当；如果有两个或两个以上的"是"，说明你有饮酒习惯，这会对你的身体产生较坏的影响。

14-2

吸烟原因自评量表

作为一个吸烟者，当你吸烟时通常有怎样的感觉？如果你不是个吸烟者，当别人吸烟时你通常又有怎样的感觉？ 通过对以下问题的回答，你会更好地了解吸烟的原因。请注意每题只圈一个答案，并回答所有的问题。

	一直	经常	偶尔	几乎不	从不
A. 我吸烟为了使自己悠然自在。	5	4	3	2	1
B. 手拿一支烟是享受吸烟的一部分。	5	4	3	2	1
C. 吸烟是既高兴又放松的事情。	5	4	3	2	1
D. 当因某事生气时我会吸烟。	5	4	3	2	1
E. 当我没烟的时候，我感觉那简直不能忍受，直到我又得到香烟。	5	4	3	2	1
F. 我机械地抽烟，甚至不知道自己在吸烟。	5	4	3	2	1
G. 我吸烟为了使自己兴奋和振作。	5	4	3	2	1
H. 吸烟的部分享受来自点燃它的一刻。	5	4	3	2	1
I. 我发现吸烟令人愉快。	5	4	3	2	1
J. 当我因为某事感到不舒服或不安时，我会点一支烟。	5	4	3	2	1
K. 当我不能吸烟的时候，我非常想抽烟。	5	4	3	2	1
L. 我点烟的时候没有意识到在烟灰缸里正燃着一支刚抽的烟。	5	4	3	2	1
M. 吸烟会带给我飘飘然的感觉。	5	4	3	2	1
N. 当我吸烟的时候，部分的享受是看着呼出的烟。	5	4	3	2	1
O. 在舒适且放松的时候，我多数会想抽支烟。	5	4	3	2	1
P. 当我感到沮丧或想远离忧愁和焦虑时，我吸烟。	5	4	3	2	1
Q. 当我暂时没有烟的时候，我会对烟产生折磨人心的渴望。	5	4	3	2	1
R. 我发现一支烟叨在嘴上，却不记得是什么时候点燃它的。	5	4	3	2	1

注：自评量表 14-2 选自 Greenberg ,J.S.,et al. Physical Fitness and Wellness, 1999。

评分

1. 把你在问卷中圈出的数字填进下面的空格，注意把回答 A 题所圈的数字填在 A 线上，回答 B 题所圈的数字填在 B 线上，并依此类推。

2. 每行三个分数相加得出你的总分。例如，你在 A、G、M 线上分数的总和就是你在刺激方面的得分；在 B、H、N 线上分数的总和就是你在处理方面的得分，并依此类推。

得　分			总　分	评　论

_____+_____+_____=_____ 11或以上的分数表明你受香烟刺激去吸烟并上瘾。为了
A　　G　　M　　刺激　戒烟，你可尝试在你烟瘾来时，去进行轻松的锻炼或散步。

_____+_____+_____=_____ 11或以上分数表示你对香烟是满意的。用一支铅笔涂鸦
B　　H　　N　　处理　或漫不经心地剪纸，可以帮助你戒烟。

_____+_____+_____=_____ 11或以上分数暗示你从吸烟中得到愉快。使用其他的行
C　　I　　O　愉快和放松　为方式（吃、社交活动、锻炼等）可以帮助你减少吸烟。

_____+_____+_____=_____ 11或以上分数表示你用吸烟去对付一时的压力和不适。
D　　J　　P　　对付紧张　使用其他的行为方式（社交活动、吃和锻炼等）可帮助
　　　　　　　　　　　　你停止吸烟。

_____+_____+_____=_____ 11或以上分数表明你心理上几乎一直对香烟渴望和依
E　　K　　Q　心理依赖性　赖。用其他你也很有兴趣的活动来打破你的抽烟习惯。

_____+_____+_____=_____ 11或以上分数表明你几乎不能从吸烟的过程中获得满
F　　L　　R　　习惯　意。逐渐地减少吸烟的量可帮助你戒烟。

14-3

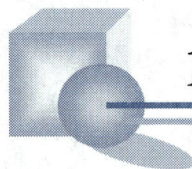

感染性传播疾病的可能性自评量表

该量表测试你感染性传播疾病的可能性。认真阅读下面的每一行，把最适合你情况的得分填在最右面的得分栏里，并计算你的总得分，再查阅评价标准来判断你感染性病的可能性。

							得分
分数 年龄	1 0~9	3 10~14	4 15~19	5 20~29	3 39~34	2 35以上	
分数 性伴侣人数	0 无	1 1	2 一个以上但不同时	4 2~4	6 5~10	8 10个以上	
分数 对性的态度	0 婚前不应有性关系史	1 只与未婚夫或妻有性关系	8 婚前的任何性行为都很正常	1 不发生婚外情	7 婚外情很正常	8 相信性自由	
分数 保护方式	1 用安全套避孕	1 用安全套防止性病	6 从不使用安全套	5 服用避孕药	4 用其他避孕措施	8 不采取保护措施	
分数 对性病的态度	3 我没有性生活	3 和性伴侣讨论性病	4 感染后会马上去检查	6 怕检查出问题而不去检查	6 不考虑感染性病的问题	6 性病无碍，可以治愈	
							总得分

注：自评量表 14-3 选自 Prentice,W.E. Fitness and Wellness for Life, 1999。

评价标准：

8 分以下，你是安全的。

9~13 分，你还是比较安全的。

14~17 分，你有可能感染性病。

18~21 分，你感染性病的可能性比较大。

22 分以上，你感染性病的可能性非常大。

第十五章 运动损伤的预防和康复

学习目标

当学完这一章后，你应该能够解释以下的关键概念和重要问题

关 键 概 念

- 运动损伤
- 过度训练
- 肌肉拉伤
- 延迟性肌肉酸痛
- 韧带损伤
- 胫腓骨疲劳性骨膜炎
- 骨折
- 肌肉痉挛
- 康复训练

重 要 问 题

- 运动损伤的分类方法
- 运动损伤的发生原因
- 运动损伤的预防原则
- 常见运动损伤的发生机制、预防和治疗方法
- 运动损伤的康复训练

　　随着社会的发展和物质水平的提高，人们日益认识到健康的重要，越来越多的人加入到体育锻炼的队伍中来。这是因为他们认识到："人虽不能享受生命的永恒，但体育锻炼却能延长生命之时钟。"然而，事物的存在和发展必然有其两重性，体育亦然。体育锻炼可以增进健康，防治疾病，延年益寿。但体育锻炼也常有运动性损伤、运动性疾病、甚至运动猝死的发

生。因此，从某种意义上讲，体育锻炼本身是一把双刃剑，运用得好，人们收益匪浅；运用不当，适得其反。这就需要我们有科学锻炼的知识和实践，从而达到参与体育是为了享受体育之乐趣的目的。这一章将主要叙述运动损伤的起因、预防和康复训练等问题，以指导你科学有效地进行体育锻炼。

第一节　运动损伤的概述

一、运动损伤的分类

体育运动过程中受到机械性和物理性方面因素所造成的伤害，称为运动损伤。运动损伤的分类方法很多，概括起来有以下几种。

1. 按损伤组织的种类分类：可分为肌肉韧带的挫伤、撕裂、挫伤、四肢骨折、颅骨骨折、脊椎骨折、关节脱位、脑震荡、内脏破裂、烧伤、冻伤、溺水等。根据北京运动医学研究所的统计，由于运动所造成的严重创伤很少，大部分属小创伤，其中以肌肉、筋膜、肌腱腱鞘、韧带和关节囊伤最多，其次是肩袖损伤、半月板撕裂和髌骨软骨病等。

2. 按运动创伤的轻重分类：（1）不损失工作能力的轻伤；（2）失掉工作能力24小时以上，并需要门诊治疗的中等伤；（3）需要长期住院治疗的重伤。

3. 按运动能力丧失的程度分类：（1）受伤后能按锻炼计划进行练习的"轻度伤"；（2）受伤后不能按锻炼计划进行练习，需停止患部练习或减少患部活动的"中度伤"；（3）完全不能

细节透视 15－1

开放性损伤与闭合性损伤

在体育锻炼中常见的开放性损伤有擦伤、裂伤、切伤和刺伤，开放性骨折也可以归在此类。对于伤口较脏的擦伤可以先用自来水冲洗伤口，然后再消毒杀菌、包扎伤口。在关节部位发生较大面积的擦伤时，注意不要用紫药水；对于大的裂伤和切伤要进行缝合处理，小的裂伤和切伤可用创可贴做简易固定；刺伤的伤口如果较深、较脏时，除了进行伤口的彻底清创、止血消炎、包扎外，还要记住去医院打破伤风抗毒素，以防破伤风；对于开放性骨折，在没有进行严格的消毒处理前，绝不能将骨折段送回体内，防止骨髓炎。

闭合性损伤包括挫伤、肌肉筋膜拉伤、关节囊和韧带扭伤、肌腱腱鞘和滑囊损伤等，其特点是皮肤、粘膜完整。由于一次暴力而引起，损伤局部有组织的撕裂、血管损伤等，引起出血、渗出、肿胀等。在闭合性损伤发生后，首先要注意检查有无合并伤，如腹部挫伤后是否合并有内脏破裂；头部挫伤后有无脑震荡等，先要处理合并伤，然后处理软组织损伤。在确定没有严重的合并伤后，在闭合性软组织损伤后的24～48小时内，要进行冷敷、加压包扎、制动和抬高患肢。伤后24～48小时后可以开始在局部做热敷、理疗、按摩等。当损伤基本恢复后，要开始适当地进行力量训练和肌肉、韧带的伸展练习。

锻炼的"重度伤"。

（四）按损伤组织是否有创口与外界相通的分类：可分为开放性损伤与闭合性损伤（见细节透视 15-1）。

此外，根据发病的缓急，还可分为急性损伤和慢性损伤；根据病因，又可分为原发性损伤和继发性损伤等。

二、运动损伤发生的原因

造成运动损伤的原因是多方面的，可分为直接原因和诱因。直接原因又可分为内部原因和外部原因；诱因可分为各项技术特点和解剖生理学特点。

（一）直接原因

A. 内部原因

1. 身体条件

（1）年龄：青少年期骨骼发育尚未成熟，因此对外力的抵抗防御能力较弱。发育中的骨和软骨与成人相比也显得软弱。骨的长径生长与骨周围肌腱发育相比，前者显得较慢，所以在骨的突起部、肌肉肌腱附着部都容易发生损伤。

关节由骨和周围的关节囊、韧带所组成。在韧带受暴力损伤时，骨和软骨往往先出现损伤。年龄偏大的人脊柱和关节的柔韧性降低，加之维持稳定的力量下降，因此，运动损伤并不少见。青少年运动损伤最多的是骨折，其次是扭挫伤，而高年龄组软组织钝挫伤占首位，骨折占第二位。

（2）性别：黄种男性身体内脂肪含量平均是体重的13%，而女性高达23%。肌肉含量女性相对少于男性，所以膝关节部的运动损伤发生率女性比男性高。此外，女性激素呈周期性分泌，若月经紊乱，会造成雌激素分泌低下，已知这是造成疲劳骨折的原因之一。

（3）体格、技能：体内脂肪多、体重重的人会使肌肉发达度减小，故身体的灵活性、耐久力相应也较差，更易造成损伤，尤其在抵御造成创伤的暴力时，体重重的人处于不利地位。屈肌群与伸肌群肌力之比是一个很重要的因素，很多情况下会造成肌肉撕裂伤。技术不熟练的锻炼者更易发生损伤。

（4）其他：在身体状况不良（慢性疲劳、贫血、感冒、痛经、睡眠不足等）的情况下，对意外事件缺乏敏锐的判断和快速准确的保护反应，就可能导致运动损伤。

2. 心理素质

从事冲撞性较强的运动（如足球）时，如果注意力不集中或集中持续时间不长，发生损伤的危险性增加。情绪不稳定、易急躁、急于求成，或在运动中因畏难、恐慌或害羞而犹豫不决的人，容易造成运动损伤。

B. 外部原因

1. 方法的因素

（1）质的因素：有些体育锻炼者由于不顾自身的条件而选择不适宜的运动项目，结果损伤的发生率提高。例如，年龄偏大的人进行足球运动，或试图采用蛙跳增强腰腿部肌肉力量，就会出现膝关节损伤；柔韧性练习时，韧带肌肉被动训练过度会造成肌肉撕脱。所以体育锻炼要科学，并选择适合于自己身体条件的运动项目。

（2）量的因素：运动时间过长、运动量过大、运动频率过高等极易导致过度训练，过度训练是运动损伤的主要原因之一。过度训练是由于锻炼者接受的负荷量太大，使机体未得到充分恢复所致，其症状表现为：静息心率加快、血压升高、睡眠不佳（失眠、多梦、易惊醒等）、食欲下降、体重减轻、无训练欲望、心情烦躁、易激怒、记忆力下降等。如过度训练不及时纠正，就会使人体免疫机能下降，这样增加了感染和慢性疲劳的发生率。

2. 环境因素

（1）自然环境：雨后路滑、光线不足、气温过高、过低或过于潮湿等，也能引起运动损伤。

（2）人工环境：锻炼者使用劣质器械，锻炼服装和鞋子不合适，缺乏必要的防护器具（如护膝、护踝、护腿等等），运动场地不平坦或有小碎石或杂物，器械安装不牢固，器械的高低、大小与轻重不符合锻炼者的年龄、性别和训练水平的特点等，所有这些都能成为受伤的原因。

（二）诱因

诱因即为诱发因素，它必须在直接原因（如局部负担量过大，技术动作发生错误等）的同时作用下，才可能成为致伤的因素。

1. 各项运动技术的特点：由于各项运动项目都有自己的技术特点，人体各部位的负担量不尽相同，因此，各运动项目都会导致人体的易伤部位。例如网球运动易使锻炼者造成"网球肘"（见细节透视 15-2），长跑运动会导致锻炼者膝外侧疼痛症候群，等等。

细节透视 15-2

什么叫"网球肘"？

"网球肘"是体育活动中最常见的一种肘关节损伤，多发生在网球、羽毛球、乒乓球、投掷、击剑等项目中。由于它在网球运动中的发病率最高，所以人们习惯叫它"网球肘"。

我们在打网球、乒乓球、羽毛球的时候，如果用力过猛，球的冲击力作用于腕伸肌或被动牵扯该肌，即可致伤。"网球肘"的主要症状是肘关节外侧剧烈疼痛，并向前臂和上臂放射。这种疼痛多在旋转前臂时加剧。例如，用手拧毛巾时就感到异常疼痛，甚至钥匙开锁也困难。

发生"网球肘"后，首先要立即停止手臂用力的某些运动，或休息三四个星期后症状可自行缓解。也可每天用热毛巾或热水袋热敷 2～3 次，每次半个小时。局部按摩也是一个很好的方法。

为了预防"网球肘"，首先在进行网球、羽毛球或乒乓球等锻炼时练习方法要得当，局部负担不宜太重；其次，锻炼前对肘关节要充分活动开，锻炼后做好局部按摩，洗热水浴；第三，平时加强肘关节的锻炼。

2. 解剖生理学特点：某些组织所处的特殊解剖位置在运动中易与周围组织发生磨擦和挤压，如肩袖。运动中由于相互间力学关系的改变，可导致负荷最大的组织发生损伤，如踝背伸60°～70°角发力跖屈时，跟腱处于极度紧张状态，但胫前肌及腓骨肌则比较松弛，若突然用力踏跳，可能发生跟腱断裂等。

综上所述，由于各项运动都有其自身的特殊的技术要求，加之解剖生理学的特点，在直接原因的作用下，各项运动中所发生的运动损伤都具有一定的特点和规律（图15-1，15-2）。

肩锁关节损伤
（体操、摔跤）

锁骨骨折（自行车、
摩托车、摔跤）

肩袖损伤（吊环、高
低杠、标枪、手榴
弹、蝶泳、乒乓球）

肘内侧副韧带
损伤（投掷、
体操）

网球肘（网球、
羽毛球、乒乓球）

腹肌拉伤
（体操）

股四头肌拉伤
（足球）

髌骨软骨病（铁
饼、篮球、排球）

半月板损伤（足
球、垒球、体操）

胫腓骨疲劳性
骨膜炎（中长
跑、体操、跑项）

足球踝
（足球、体操）

髌腱腱围炎（跳高、
篮球、排球）

跖骨疲劳性骨折
（跑、竞走、体操）

斜方肌拉伤
（链球）

肱三头肌断裂
（体操、摔跤）

棘突骨膜炎
（体操、跳水、
举重）

腘绳肌起点
伤（跨栏）

半腱肌、
半膜肌、股
二头肌拉伤
（跨栏、跑、跳）

小腿肌肉损伤
（跑跳、体操）

跟腱腱围炎
（跑、跳、体操）

腰背肌肉筋膜炎
（体操、举重）

肘骨关节病
（标枪、体操、
举重、垒球）

伸指、伸腕
肌腱、腱鞘炎
（体操）

膝外侧疼痛症候群
（马拉松、竞走、篮
球、中长跑）

腓骨肌腱鞘炎
（跑、体操）

足跟挫伤
（三级跳、体操）

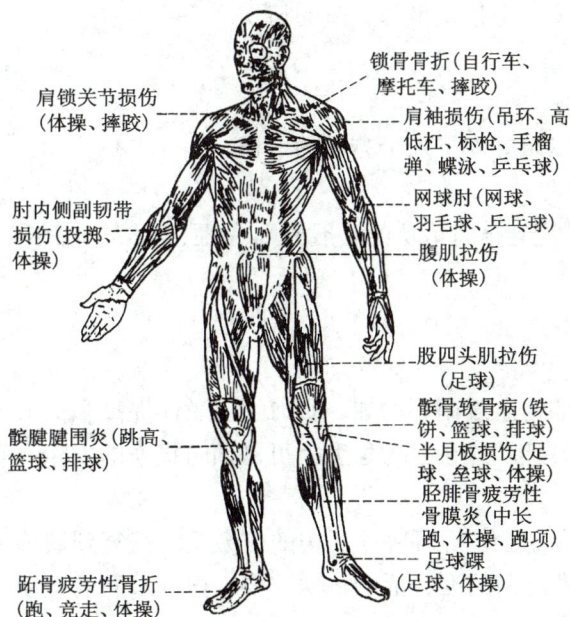

图15-1 常见运动损伤及发病规律（腹侧）　　　图15-2 常见运动损伤及发病规律（背侧）

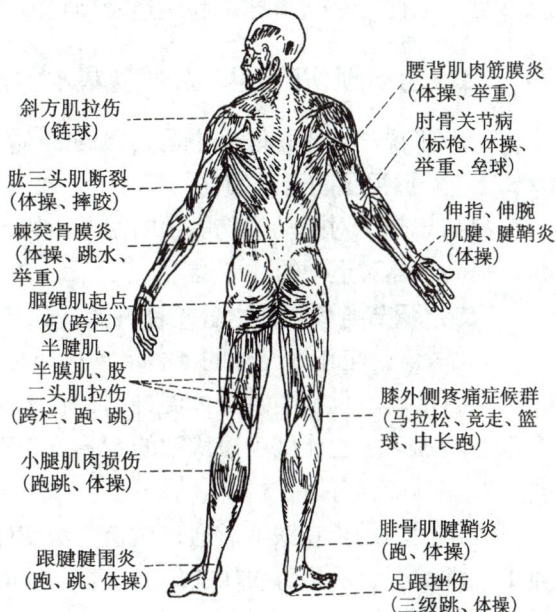

注：图15-1和图15-2选自体育保健学编写组《体育保健学》，1997。

了解这些特点和规律，对于预防、诊断和治疗运动损伤有着重要的意义。

第二节 运动损伤的预防

参加体育锻炼的目的是为了增强体能，促进身心健康，而运动损伤的发生往往会使锻炼者的身心都受到一定的损害，因此，预防于未然就显得特别重要。锻炼者应采取一些运动损伤的预防措施（见自评量表15-1），从而使体育锻炼健康安全而富有成效。

一、运动损伤的预防重点

运动损伤的种类很多，各个运动项目对人体各部位的运动伤害各不相同。根据国内有关资料显示，运动员总的来说是小损伤多、慢性多、严重及急性者少。这些慢性的小损伤者中，有的是一次急性损伤后尚未完全康复就投入训练而变成慢性损伤，但更多的运动员是由于运动量安排不当造成局部过劳，最终导致过劳损伤。因此，应注意对急性损伤作及时而正确的处理，并科学地安排运动量，以防各种组织劳损的发生。

在一般的学校体育运动中，锻炼者运动损伤的发生情况与运动员有相似之处，但也有较大差异。在体育课和课外活动中，学生急性损伤者相对较多，而劳损者较少。因此，要特别注意急性损伤的预防。但学生锻炼时也要注意合理安排运动量，以防发生劳损，其中尤以腱与骨相接部分的劳损和骨组织的劳损（如胫腓骨疲劳性骨膜炎、软骨炎等）较为多见。此外，学生锻炼时关节扭伤的发生率也较高，尤其以掌指关节及踝关节扭伤（见细节透视15-3）最为多见。因此，在从事球类和跑运动项目时应注意手指及足踝关节的扭伤。

二、运动损伤的预防原则及基本方法

一般来说，在体育锻炼中运动损伤的预防应做好以下几个方面的工作。

（一）重视预防运动损伤

要从思想上对运动损伤的预防给予重视，并遵守体育锻炼的一般原则，加强身体的全面锻炼，提高机体对运动的适应能力。

（二）调节身体，使之处于良好的运动状态

1. 锻炼前应作好充分的准备活动

准备活动不但能使基础体温升高、肌肉深部的血液循环增加、肌肉的应激性提高和关节柔软性增强等，也能减少锻炼前的紧张感和压力感，这在很大程度上可以预防损伤的发生。

2. 锻炼后应注意放松活动

放松活动是指在锻炼后通过放松方法使体温、心率、呼吸、肌肉的应激反应恢复到锻炼前的正常水平。从预防损伤的角度来看，这同锻炼前的准备活动一样重要。根据不同的运动项目进行针对性的放松运动，可以防止锻炼后出现的肌肉酸痛，也有助于解除精神压力。

细节透视 15-3

在体育活动中发生踝关节扭伤怎么办？

踝关节扭伤是体育活动中最常见的一种关节韧带损伤，多发生在篮球、足球、跳远、跳高、赛跑、滑雪和滑冰等运动项目中。其发生原因是：踝关节的准备活动未充分做开，跑跳时用力过猛，脚落地的姿势不当，地面不平，等等。

踝关节受伤后几分钟局部便疼痛、肿胀起来，伤后几天出现青紫色的瘀血斑，疼痛逐渐减轻。

踝关节扭伤后应立即停止锻炼，适当抬高患肢，12小时内要冷敷，24～36小时后需热敷。扭伤两天后，患者应及早活动下肢，练习缓慢走路，并进行按摩、理疗等措施，及早恢复脚部的功能。

为了预防踝关节受伤，要加强踝关节周围肌肉的锻炼；锻炼前要做好准备活动，特别是踝关节要充分活动开；运动中要讲究正确的动作姿势。

3. 自我保护

锻炼者除了认真作好准备活动和放松活动外，也应了解和懂得初步处理锻炼后肌肉酸痛、关节不适的方法。肌肉酸痛的早期可做温水浴、物理疗法或自然按摩。如果疼痛继续或者加重，应去医疗机构进行诊断治疗。同时锻炼中应密切注意自己的身体反应，及早发现运动损伤的早期症状，以便于早发现、早治疗、早康复。

（三）创造锻炼的安全环境

体育器具、设备、场地等在锻炼前都应进行严格的安全检查，例如，参加网球锻炼时球拍的重量、把柄的粗细、网拍绳子的弹力等都应该适合锻炼者个人的情况；女性的项链、耳环等锐利物品在锻炼时应暂时摘去；锻炼者应根据运动的项目、足的大小、足弓的高低，选

择一双弹性好的鞋子。

（四）注意科学锻炼

科学锻炼应包括五个方面，即全面性、渐进性、个别性、经常性、意识性，前三个方面对预防损伤较为重要。

全面性是指锻炼者应对体能进行全面训练，而不是单纯针对某一特定动作的反复练习。

渐进性是指锻炼者应逐步提高运动负荷和增加锻炼时间，以防机体一时不能适应而导致运动损伤。

个别性是指锻炼时必须因人而异。性别、年龄、体力、技术熟练程度不同，活动量和方法也应不同。

（五）加强易伤部位训练

加强易伤部位和相对较弱部位的训练，提高它们的功能，是预防运动损伤的一种积极手段。例如，为了预防腰部损伤，应加强腰腹肌的训练，提高腰腹肌的力量，并增强其协调性和拮抗的平衡性。

第三节　常见的运动损伤

一、肌肉拉伤

（一）肌肉拉伤的发生机制与分级

肌肉拉伤有许多种（见细节透视15-4），可分成主动拉伤和被动拉伤两种。前者是由于肌肉做主动的猛烈收缩时，其力量超过了肌肉本身所能承担的能力；后者主要是肌肉用力牵伸时超过了肌肉本身特有的伸展程度，从而引起拉伤。肌肉拉伤可能会从肌纤维的微小分离到肌纤维的完全断裂，临床上一般可分为三级。

一度：只有少数的肌纤维被拉长和撕裂，而周围的筋膜无撕裂，纤维的断裂只在显微镜下能见到。运动时感到疼痛，但仍可以进行运动。

二度：有较多数量的肌纤维断裂，筋膜可能亦有撕裂，锻炼者可能感到"啪"一声拉断的感觉。常可摸到肌肉与肌腱连接处略有缺失和下陷。在撕裂处周围由于出血，水肿可能发生。

三度：肌肉完全被撕裂。撕裂处多见于肌腹、肌腱或者在肌腱与骨的连接点上。锻炼者基本上不能再活动。受伤后首先产生剧烈的疼痛，但疼痛会很快消退，因为此时神经纤维也被损伤了，这时一般需要外科手术的治疗。

（二）肌肉拉伤的预防

肌肉拉伤的预防，主要是针对发生的原因进行的。例如，大强度运动前要做好准备活动，尤其是易拉伤部位的准备活动；体质较弱者练习时要量力而行，防止过度疲劳和负荷太重；要提高动作技能的协调性，不要用力过猛；改善锻炼条件，注意练习场所的温度。冬季在野外锻炼时要注意保暖，不可穿得太薄；要注意观察肌肉的反应，如肌肉的硬度、韧性、弹力、疲劳程度等。肌肉拉伤后重新参加锻炼时要循序渐进，切勿操之过急，并要加强局部保护，防止再度拉伤。

（三）肌肉拉伤的治疗

肌肉抗阻力试验是检查肌肉拉伤的一种简便方法。其做法是患者作受伤肌肉的主动收缩活动，检查者对该活动施加一定阻力，在对抗过程中出现疼痛的部位，即为拉伤肌肉的损伤处。

肌肉拉伤的治疗要根据具体情况而定。少量肌纤维断裂者，应立即给予冷敷，局部加压包扎，并抬高患肢，外敷中草药。肌肉大部分或完全断裂者，在加压包扎后立即去医院进行手术缝合。

细节透视 15-4

常见的几种肌肉拉伤

1. 股四头肌：股直肌是四头肌中唯一跨越两个关节的肌肉，是四头肌中常被拉伤的肌肉。常在跳跃或劲踢时，因突然偏心收缩而引起拉伤，拉伤者可感到大腿前部有撕裂并发生局部肿胀与压痛。

2. 腘绳肌：该组肌肉（即半腱肌、半膜肌和股二头肌）亦是跨两个关节。当快跑与劲踢时，小腿于减速时易发生偏心拉伤。短跑、足球运动员与关节较紧张者三条腘绳肌均有可能损伤，其中以股二头肌多见。

3. 腓肠肌：拉伤或断裂多发于内侧头，锻炼者在损伤时，会感到小腿"啪"一声或像被人打了一下。

4. 内收肌群：常在足球运动时由于用力内收而引起短收肌、股薄肌等拉伤，可在大腿上部内侧摸到肿块。

5. 肩袖：是由肩胛下肌、冈上肌、冈下肌及小圆肌等四块肌肉组成，多见于棒球、排球、网球运动者中。肩袖患者常发生持续肩痛或肩脱位现象。拉伤多位于远侧肌腱或肌与腱的连接处，尤以冈上肌拉伤为多见。发生后常经久不愈，影响继续锻炼。

6. 锻炼引起的肌肉酸痛：锻炼者常没有急性拉伤史，主要是一段时间不适应强度较大的锻炼，或一次锻炼时间过长而感到某群肌肉酸痛。有时酸痛是在运动后即刻产生，这多是由于激烈运动引起肌肉内液体堆积物升高，再加上肌纤维的微细损伤所致；有时酸痛是在一次长时期大强度运动后20～48小时内发生，24～72小时内达到顶点，5～7天后基本消失，被称为延迟性肌肉酸痛。现今的研究结论是延迟性肌肉酸痛主要是由肌纤维或结缔组织断裂所致，这种损伤会引起肌肉水肿和疼痛。

二、肌肉挫伤

（一）肌肉挫伤的发生机制与分级

肌肉挫伤是足球、橄榄球运动中最常见的损伤。伤后引起疼痛与暂时性功能丧失，需要较长时间康复治疗。典型挫伤发生于下肢，最常见的是股四头肌与胫骨前肌。

病理上肌肉挫伤的早期组织变化为血肿形成与炎症反应，与肌肉拉伤不同的是，其以后由致密结缔组织的疤痕取代血肿，疤痕中没有肌纤维再生。严重肌肉挫伤可引起骨化性肌炎并发症。局部疼痛与僵硬是骨化性肌炎最常见的症状，患者有时可触及到肿块。临床挫伤分级如下：

一度（轻度）挫伤：局部压痛，如膝关节活动度在90°以上，无步态改变。

二度（中度）挫伤：压痛较重并有肿块，如膝关节活动小于90°，受伤者有跛行，不能深度屈曲膝关节。

三度（重度）挫伤：有严重肿胀与压痛，如膝关节活动小于45°，在没有帮助下受伤者不能行走。

（二）肌肉挫伤的预防

肌肉挫伤往往在接触性的运动（如橄榄球、棒球、足球或篮球运动等）中发生，因此，可以通过穿戴保护设备来预防肌肉挫伤，如从事足球运动时可戴护腿板等。另外，锻炼前应做好充分的准备活动；练习时不要用力过猛，以防超过肌肉、关节、韧带的负荷限度。

（三）肌肉挫伤的治疗

肌肉挫伤发生后要马上停止锻炼，根据情况及时处理。如果皮肤出血，先用酒精或碘酒将伤口消毒，然后撒些磺胺结晶粉（外用消炎粉），用干净布包扎起来。如果受伤部位红肿疼痛，可先用冷水毛巾冷敷局部，防止继续出血。一天一夜后改用热水毛巾敷在局部，以活血、消肿、止疼。也可对受伤部位进行按摩，有条件的还可在受伤处涂上酒精或松节油。

经过治疗伤势减轻以后，要及时活动受伤的关节或肌肉，以便尽早恢复功能，如慢慢练习走路、下蹲、弯腰、举臂等，以防今后伤愈合关节活动不灵，甚至肌肉发生萎缩。

三、韧带损伤

（一）韧带损伤的发生机制和分级

韧带损伤是指用力过大、过度牵伸而导致不同程度的韧带纤维或其附着处的断裂。韧带附着在邻近骨端上，用以连结两骨，其深面与骨端间附有滑膜组织。韧带有较强的抗张能力，保护关节在正常范围内活动，防止关节出现异常活动。如果外力使关节异常活动超越韧带所能承受的范围时，就会发生韧带损伤。韧带损伤多发生在受力较强而组织较脆弱的部位，其损伤的程度则取决于所受到作用力的强弱与时间的长短，如果所受外力较小，作用时间较短，往往没有明显的功能丧失，因为只有少量韧带纤维断裂，即所谓的韧带扭伤。如损伤程度较重，则有更多的韧带纤维断裂，表现为一定的功能丧失。如损伤严重，则韧带完全断裂，该韧带的功能也丧失，关节的稳定性受到影响。韧带损伤时一般都有局部水肿，严重时有明显的出血血肿形成。韧带损伤愈合较慢，且不完全，如得不到积极治疗，韧带会被拉长或松弛，丧失正常的韧带张力，并容易引起再度损伤，造成关节不稳定而导致关节的退行性病变或创伤性关节炎。临床上，韧带损伤分为三级：

一度（轻度）损伤：韧带只有小部分被拉长或拉断，会产生轻微的疼痛和局部水肿，关节有较小的不稳定性，没有明显的功能丧失（见图15-3A）。

二度（中度）损伤：大量的韧带纤维被撕裂和分离，有一定程度的功能丧失，关节存在中等不稳定性，有明显的疼痛、水肿，可能发生肌肉僵硬（见图15-3B）。

三度（重度）损伤：韧带完全撕裂和分离，并完全丧失其功能，引起关节的极大不稳定性，由于神经可能受损，疼痛很快会消失，有严重的水肿（见图15-3C和D）。

（二）韧带损伤的预防

韧带损伤易发生的部位是踝关节、腕关节和膝关节，所以锻炼时可在这些部位加一些支持保护带，例如，在足球运动中运用护膝，在篮球、网球运动时运用护腕；避免在不平整的场地上锻炼；减少篮、足球运动中的一些冲撞动作；平常多做加强关节周围肌肉伸展性的练习，以增大肌肉对关节的支持力。

（三）韧带损伤的治疗

对于轻度韧带损伤，治疗方法主要是止痛与加快消肿。韧带损伤发生后，应进行局部冷敷、加压包扎、抬高伤肢。24～48小时后对伤部周围热敷或按摩。3天后对伤部热敷或按摩；中度损伤的治疗关键是制动，使韧带处在避免牵拉的位置，以便加速愈合，可用弹性绷带固定受伤处；对于重度损伤，则应在损伤早期将韧带断端进行良好的对合。

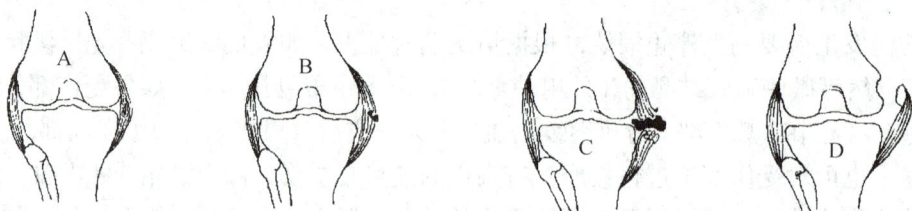

A 一度：仅有少量韧带纤维损伤，血肿很小　B 二度：韧带纤维不完全断裂
C 三度：韧带纤维全部断裂或（D）撕脱骨折

图15-3　韧带损伤分级

四、胫腓骨疲劳性骨膜炎

（一）胫腓骨疲劳性骨膜炎的发生机制与症状

初参加体育锻炼的人，其发病率较高。胫腓骨疲劳性骨膜炎的发生原因是由于跑跳的时间过长，小腿肌肉在胫腓骨的附着点受到过分的牵拉，刺激骨膜引起的非细菌性的炎症。初参加锻炼的人，下肢的肌肉还不发达，缺乏弹性，跑跳时不能协调地收缩和放松，脚落地时，也不会利用缓冲力量，致使骨膜反复受到牵拉。另外，天气较冷时，没有做好充分的准备活动，腿部的肌肉、肌腱比较僵硬，以及在硬地上跑跳时间过长，都容易引起这种损伤。

胫腓骨疲劳性骨膜炎多在剧烈跑跳十几天后发生，有时也发生在坚硬的场地上练习脚尖跑、变速跑、跨步跑、后蹬跑以及上下坡跑等场合。

胫腓骨疲劳性骨膜炎的具体症状是：疼痛、压痛、骨膜下水肿等。

（二）胫腓骨疲劳性骨膜炎的预防

对三个方面予以关注将有助于你预防胫腓骨疲劳性骨膜炎的发生：（1）初参加体育锻炼的人特别是在练习跑跳时，要遵循循序渐进的原则，不要突然加大运动量，更要防止过度疲劳。（2）脚尖着地跑要和脚掌着地跑交替进行，后蹬跑和上下坡跑要练习一会儿，休息一会儿，增强下肢肌肉的力量和弹性，使其有个适应过程。（3）剧烈跑跳前要做好准备活动，使肌肉和肌腱充分活动开。脚着地时要注意利用缓冲力，更不要在坚硬的场地上长时间跑跳。

（三）胫腓骨疲劳性骨膜炎的治疗

首先，要停止大运动量的练习，避免剧烈地跑跳，或每天用40°C～50°C的温水浸泡患处半小时，并用绷带将小腿下部包扎起来，休息几天就会好转。其次，要用热水袋或热水毛巾局部热敷，促进血液循环，加快渗出物的吸收。第三，病情严重的，要完全休息，待彻底治愈后再进行锻炼。

五、腰扭伤

（一）腰扭伤的发生机制与症状

腰扭伤在举重、跳水、投掷、体操、篮球、排球等运动中最容易发生。人体腰部的正中是脊柱的腰段，是由5个脊椎骨连起来，这5个脊椎骨称为腰椎。连接腰椎骨的有很多条韧带和细小的肌肉，人向前后左右弯腰以及腰部的伸长、缩短，都靠这些肌肉收缩来牵动。肌肉伸长虽有一定的伸展性和弹性，但也不能突然超过限度。有些体育活动腰部最吃力，如果腰部的肌肉还没活动开就猛一用力，肌肉和韧带伸过了头，就容易撕开和拉伤，造成腰扭伤。

（二）腰扭伤的预防

第一，在剧烈运动前要做好充分的准备活动，特别是要做好腰部的准备活动，如前后弯腰、左右转身、上跳下蹲等，待腰部的血液流通、局部发热后再参加剧烈活动。第二，要注意体育活动时的姿势正确，用力得当。不管从事哪一项体育活动，都要掌握一定的动作要领。腰部用力要逐渐加强，动作要协调平衡，不要过猛。第三，加强腰部肌肉的锻炼，尤其是以腰部活动为主的练习项目，能够使脊椎骨的活动度增加，韧带的弹性和伸展性增强，肌肉更加发达有力，即使在担负较大力量的情况下，也不容易发生撕裂扭伤现象。

（三）腰扭伤的治疗

发生腰扭伤后，要停止活动，立即休息。如果不休息、不及时治疗，容易反复发作留下病根，变成慢性腰腿痛。躺在床上休息时，为了使腰部的肌肉放松，腰下可垫个薄点的软枕头，以减轻疼痛。腰扭伤后，用热敷疗法较好，也可去医院接受治疗。

六、骨折

（一）骨折的发生机制与症状

骨折可分为完全性骨折（骨完全断裂为两块，如横断骨折、螺旋骨折）和不完全性骨折（骨未完全断裂，如裂缝骨折、柳枝骨折）。锻炼时发生骨折的原因有：第一种是直接暴力，如踢足球时小腿被踢伤发生的胫骨骨折，跪倒在地面引起的髌骨骨折。第二种是间接暴力，如自单杠上摔下，用手扶地时发生的肱骨髁上骨折，足球守门员扑球时摔倒引起的锁骨骨折等。第三种是牵拉力，因肌肉强烈收缩时引起，如举重时提起杠铃突然进行翻腕动作，前臂屈肌附着在肱骨内上髁处可因肌肉突然收缩而产生的撕脱骨折。第四种是积累性暴力，因劳损的积累导致疲劳性骨折（如胫骨疲劳性骨折）。

骨折后的症状一般都比较严重，主要表现为疼痛、肿胀、皮下瘀血、功能丧失、出现畸形和假关节、有压痛和震痛感等。

（二）骨折的预防

在剧烈运动中，尽量减少冲撞性的动作，尤其是作用时间短、强度大的动作是骨折发生的最危险因素，比如足球运动中腿部受到冲撞，胫腓骨极易发生骨折。进行体操动作练习时腕部舟状骨折容易发生。总之，避免剧烈运动中的碰撞，骨折的发生率将大大降低。

（三）骨折的治疗

骨折发生后要立即停止伤肢的活动，并进行急救。如果病人有休克的症状，要平躺休息，喝些热茶水，然后进行包扎。固定包扎时，动作要轻巧、缓慢，不要乱拉乱拖，以免造成严重的错位，影响整复。包扎固定后，应去医院接受进一步的治疗。

七、肌肉痉挛

（一）肌肉痉挛的发生机制与症状

肌肉痉挛，俗称抽筋，是肌肉持续不自主的强直收缩。在体育运动中最易发生痉挛的肌肉是小腿腓肠肌，其次是足底的屈拇肌和屈趾肌。肌肉痉挛原因有几点：（1）体育活动中大量排汗使体内电解质丢失。这些电解质在人体内的浓度水平与肌肉神经的兴奋性有关，当丢失过多时肌肉兴奋性增高，肌肉易发生痉挛。这种情况多见于天气炎热或进行长时间剧烈活动时。（2）运动时，由于肌肉快速的连续收缩，放松的时间太短，导致肌肉收缩与放松的协调关系遭到破坏，从而发生肌肉痉挛。（3）在寒冷的环境中若未做准备活动或准备活动不充分就进行体育活动，肌肉会受到寒冷的刺激而引起肌肉痉挛。（4）局部肌肉疲劳或有微细损伤时，也可引起肌肉痉挛。肌肉发生痉挛时，局部肌肉坚硬或隆起，剧烈疼痛，且一时不易缓解。

（二）肌肉痉挛的预防

为了预防肌肉痉挛，锻炼前做充分的准备活动，对容易发生痉挛的肌肉可事先做适当按摩。冬季户外锻炼要注意保暖。夏季锻炼时要注意适当补充淡盐水及维生素B_1等。此外，疲劳和饥饿时，最好不要进行锻炼。

（三）肌肉痉挛的治疗

常用方法是牵引痉挛肌肉，使它伸长和松弛。用力要缓慢而持续，不可使用暴力。痉挛缓解后应适当按摩肌肉，如重推、揉、揉捏、按压，以促使痉挛解除。例如腓肠肌痉挛时，先让患者平坐或仰卧，伸直膝关节，牵引者双手握住患者足部并抵于牵引者的腹部，利用牵引者躯干前倾的适度力量，将患者的脚掌和脚趾缓慢地向上扳；若足部的屈拇肌、屈趾肌痉挛，用力将脚趾向上扳，但切忌使用暴力。

第四节　运动损伤的康复训练

康复训练是指锻炼者遭受损伤后进行有利于恢复或改善功能的身体活动。对锻炼者来说，除严重的损伤需要休息治疗外，一般的损伤是不必绝对停止身体练习的。而且，通过适当的、有目的的身体练习和功能锻炼，对于损伤的迅速愈合和促进功能的恢复有着积极的作用。

一、康复训练的目的

（一）保持锻炼者已经获得的良好身体状态，使其一旦伤愈便能立即投入到正常的体育锻炼中去。

（二）防止因停止锻炼而引起的各种疾病。这是因为个体在长期的体育锻炼中建立起来的各种条件反射性联系，一旦突然停止锻炼便可能遭到破坏，进而产生严重的机能紊乱，如神经衰弱、胃扩张、胃肠道机能紊乱（功能性腹泻）等，即出现所谓的"停训综合征"。

（三）锻炼者伤后进行适当的锻炼，可加强关节的稳定性，改善伤部组织的代谢与营养，加速损伤的愈合，促进功能和结构的统一。

（四）通过伤后的康复训练，可以使机体能量代谢趋于平衡，防止体重的增加，缩短伤愈后恢复锻炼所需的时间。

二、康复训练的原则

（一）伤后的康复训练以不加重损伤、不影响损伤的愈合为前提。应尽量不停止全身的和局部的活动，而且尽可能早地开始伤部肌肉的锻炼。

（二）在进行康复训练时，要根据自己的年龄、损伤的部位和特点来选择伤后锻炼的手段和内容，安排好局部和全身的锻炼时间和活动量。

（三）康复训练时的活动量的安排，必须遵守循序渐进的原则。特别是在进行损伤愈合过程中的局部锻炼时，其动作的幅度、频率、持续时间、负荷量的大小等都应逐渐增加。否则，会加重损伤或影响损伤的愈合，甚至会使损伤久治不愈而成陈旧性损伤。

（四）康复训练应注意局部专门练习与全面身体活动相结合。在损伤初期，由于局部肿胀充血、疼痛和功能障碍等，这时以全面身体活动为主，在不加重局部肿胀和疼痛的前提下，进行适当的局部活动。随着时间的推移，损伤逐渐好转或趋向愈合，局部活动的量和时间可逐渐增加。

三、康复训练的内容和方法

（一）主动运动：是由患者自己主动完成的一种训练，它包括静力练习、动力练习和等动练习。

静力练习时肌肉的收缩方式属于等长收缩，练习时只是肌肉保持在一个固定的长度上，关节不活动。

动力练习时，关节要产生活动，收缩时肌肉缩短，其产生的活动属于等张运动。

等动练习是利用一种特殊的器械"等动练习器"所进行的一种肌肉练习法。练习时肌肉以最大的力量，做全幅度的收缩运动。该练习依靠器械的作用，将运动的速度限制在适宜的水平上，使肌肉在运动的过程中保持高度的张力，从而获得更好的锻炼效果，其兼有等长与等张收缩两者的优点。

（二）被动运动：适用于伤后的各类功能障碍。通过各种被动活动，使痉挛的肌肉得到放松，挛缩的肌肉、韧带和关节囊得到牵伸，增大关节的活动度，恢复关节功能。

（三）渐进抗阻运动：该练习可以增进肌力和耐久力，抗阻练习可以增加关节的活动范围与柔韧性，也有助于在伤愈后从事正常的锻炼时防止损伤。

小　结

1. 体育运动过程中所发生的损伤，称之为运动损伤。运动损伤可按损伤组织、运动创伤的轻重、运动能力的丧失程度、损伤组织是否有创伤口与外界相通等进行分类。

2. 运动损伤的发生有直接原因和诱因。前者又分为内部原因（如身体条件和心理素质）和外部原因（如方法的因素和环境的因素）；后者包括运动技术的特点和解剖生理学特点。

3. 运动损伤的种类很多，本章列出了几种常见的运动损伤，并分析了各自的发生机制、症状、预防措施和治疗方法。

4. 在学校中，学生运动损伤的发生情况与运动员既有相似之处，也有较大差异。学生急性损伤者较多，而劳损者较少。

5. 在体育锻炼中要预防运动损伤的发生，应该做到：重视预防运动损伤、调节身体使之处于良好的运动状态、创造锻炼的安全环境、注意科学锻炼以及加强易伤部位的训练等。

6. 遭受一般的运动损伤后，不必绝对停止身体的练习。通过适当的、有目的的身体练习和功能锻炼，对于损伤的迅速愈合和促进功能的恢复具有积极的作用。

7. 伤后的康复训练应以不影响损伤的愈合为前提，根据自己的情况来选择伤后锻炼的手段和内容，同时注意安排好活动量，并将局部练习与全面身体活动结合进行。

8. 康复训练的内容和方法包括主动运动（静力练习、动力练习和等动练习等）、被动运动和渐进抗阻运动等。

思　考　题

一、怎样预防运动损伤？

二、如何进行康复训练？

15-1

运动损伤的预防措施自评量表

此量表旨在帮助你预防体育锻炼中可能引起的运动损伤。下面列举的是预防运动损伤发生的措施。如果你对某一问题的回答为"是"，说明你在体育锻炼时已采取了这一预防措施。如果你对某一问题的回答为"否"，那么，今后你在进行体育锻炼时，就应该补上这一预防措施。

预 防 措 施	是	否
1. 穿合适的运动鞋	☐	☐
2. 锻炼前做主要运动肌肉群的伸展练习	☐	☐
3. 做准备活动	☐	☐
4. 避免过度牵拉颈部和背部肌肉	☐	☐
5. 避免脊椎同时伸展和旋转	☐	☐
6. 保持运动肌群的用力平衡	☐	☐
7. 选择适合自己的运动项目	☐	☐
8. 避免运动强度过大	☐	☐
9. 避免一次锻炼的持续时间过长	☐	☐
10. 不在坚硬的、有杂物的场地上锻炼	☐	☐
11. 做好整理放松活动	☐	☐
12. 使用支持、保护关节的用具	☐	☐

注：自评量表 15-1 选自 Powers,S.K. Total Fitness, 1999。

第十六章　高校保健班学生的体育锻炼

学习目标

当学完这一章后，你应该能够解释以下的关键概念和重要问题

关 键 概 念

- 消瘦
- 神经衰弱
- 哮喘
- 慢性肝炎
- 糖尿病

重 要 问 题

- 肥胖者参加体育锻炼时应注意几个问题
- 消瘦者体育锻炼时的注意事项
- 神经衰弱者体育锻炼时的注意事项
- 哮喘者体育锻炼时的注意事项
- 体育锻炼对慢性肝炎患者康复的作用
- 两种不同类型糖尿病患者间的差异以及各自的健身要求

高校保健班是由一些体弱多病的学生组成的，体育教师依据保健学的原理，针对学生的身心健康状况进行体育教学。保健班的体育教学目的是通过科学的、有针对性的体育手段，使学生增强体能、减缓疾病、恢复健康。保健班学生的疾病类型多种多样，但以肥胖、消瘦、伤残（见第十五章）、心血管疾病（见第十二章）、神经衰弱、哮喘、慢性肝炎、糖尿病等最为多见。研究和实践表明，越是体弱多病者，越要参与体育锻炼，但需选择适宜的锻炼方式，并掌握好运动负荷。假如你是一名保健班的学生，在决定参与课外体育活动前，应认真阅读本章（当然也包括本书的其他章节）的有关内容，这会使你的锻炼取得健体祛病之良效。

第一节　肥胖者的锻炼

一、肥胖的判断

脂肪是人体不可缺少的成分，在人体的生命活动和体育运动中起着重要的生理作用。体脂要适当，一旦你体内的脂肪堆积数量大于身体重量的正常比例，就意味着你已步入肥胖者的行列。肥胖会造成器官功能和代谢的障碍，并诱发出许多慢性疾病。但是，对于18岁的年青人来说，男性体重中大约有15%~18%是脂肪，女性则为20%~25%（其他年龄的体内脂肪比例见表16-1）。所以，人们通常依据脂肪含量与体重的比例来决定是否肥胖，其标准值是：男性脂肪含量超过体重的25%，女性超过30%，就说明他或她是肥胖者（见细节透视16-1）。这里需要说明的是，肥胖是脂肪问题，而不是体重问题。"超重"和"肥胖"不是一回事，它们有着本质的差异，超重是指体重超过某种体型的理想重量。虽然肥胖者总是超重，但超重者不一定就是脂肪多，也不一定就是肥胖者。因为肌肉发达的人也可能是个超重者，而肌肉发达的人体内可能只有少量的脂肪。减肥的目标是消除过多的脂肪，而不是针对肌肉或其他什么。体重仅仅是判断肥胖的一个参数。

表16-1　不同年龄男女的脂肪百分比

年龄	男性	女性	年龄	男性	女性
20~29	21.6	25.0	50~59	24.1	29.3
30~39	22.4	24.8	60以上	23.1	28.3
40~49	23.4	26.1			

注：表16-1选自 Powers, S.K. Total Fitness, 1999。

细节透视16-1

肥 胖 的 分 类

1. 根据体重分成3组。第1组"轻度肥胖"，指超过标准体重的24%~25%。第2组"中度肥胖"，指超过标准体重的35%~49%。第3组"重度肥胖"，指超过标准的体重的50%以上。

2. 根据肥胖的原因分成3组。第1组"先天性超重"，他们的体重并不涉及情感问题。第2组"反应性肥胖"（reactively obese），当感到压力或空虚时，他们就吃得比往常多得多，大有以生理性的暂时满足来缓解心理紧张和孤独的倾向。第3组"发展性肥胖"，他们一生都肥胖。

3. 依照肥胖者的年龄分成2组。第1组"青少年肥胖"，指在少年期或青春期即已肥胖的青少年。第2组"成人肥胖"，指在青春发育期后成年才开始发胖的人。

4. 门德尔索（Mendelso）根据情绪稳定性的复杂心理因素设计了一个肥胖连续统一体。处于最低位置的是情绪稳定的肥胖者，他们约占肥胖者的20%~25%；处于中间位置的肥胖者，常常随情绪的波动而改变其饮食量，过量的饮食往往出现在机体处于某种应激状态的时候；最高的位置是那些饮食紊乱的人，他们整天与食物为伴，时刻都想吃东西。

二、肥胖的成因

各种年龄均可能发生肥胖，但大多数肥胖出现在中年以后。引起肥胖的原因大体上可分为遗传和环境两类。

有人研究发现，父母都为正常体重的儿童，其肥胖的可能性只有7%～8%。但是，一旦父母是肥胖者时，儿童的肥胖率就立即上升为40%，这可见遗传因素的重要性。当然，除遗传因素外，亦有环境的影响，例如早期形成的饮食习惯会影响人的一生。

研究也发现，肥胖还与饮食、运动、心理、社会、文化等环境因素有关。其中，导致肥胖的主要原因是缺乏锻炼，而不是饮食及其他。身体肥胖的人通常吃得并不多，往往比其他人吃得要少，但是，他们活动却相当少。而身体偏瘦的人常常是吃得多，动得多。其他的一些研究也证明了这一观点：缺乏锻炼或活动少是造成身体肥胖的主要原因。

三、体育锻炼对肥胖者的意义

体育锻炼通过一系列复杂的新陈代谢的变化来影响人体的组成、体重和基础代谢。对减肥的效应主要表现在长期的、有规律的锻炼中。俗话说"一口吃不成胖子"，同样"一动也不会就变成瘦子"。

许多人认为节食是一种更为简便的减肥法，它不影响正常的生活起居，不需要作出太大的努力，常常被人们视为减肥的捷径。其实，最佳的减肥法是体育锻炼和饮食节制的结合，因为它们比运用一种方法更能快捷有效地减肥。从长远的眼光看，要想成功地、持久地控制体重，避免减肥后的"反弹"，必须养成体育锻炼和饮食节制的习惯，形成一个崭新的、充满着生命活力的生活方式。

四、肥胖者锻炼的注意事项

1. 要有正确的目的。减肥的目的应该是为了健康。美国著名学者列威次基博士认为，如果你并不患因体胖而引起的疾病，那么，减轻体重就不能帮助你延长寿命。

2. 正确地对待速度。减肥并非越快越好，美国莫尔豪斯博士认为，体重每周减轻1磅（1磅＝0.435 6千克）以上，简直等于自杀。迅速减肥，无异于把肉从身上撕下来，既无必要又有害。

3. 要注意锻炼的时间。不论是散步、做操，还是打球、练拳，都要持续一段时间，最好是每次30分钟左右。当然，最初的持续时间可短些，每次大约5～10分钟，以减少运动损伤的发生和缓解锻炼初期机体的酸痛反应。

4. 要循序渐进。要在机体可以承受的程度下逐渐增加运动量和锻炼时间。

5. 要注意环境的选择。因为肥胖者耐热的能力差，故应尽量避免在炎热和潮湿的环境中锻炼。

6. 要以改善心血管系统的功能为中心，不要一味追求体形的改善和力量的提高。

7. 要养成经常锻炼的习惯。

8. 要培养加大动作幅度的意识。

第二节 消瘦者的锻炼

一、消瘦的危害

人体内的肌肉、脂肪含量过低，体重低于标准体重20%以上即为消瘦（见细节透视16-2）。消瘦既是一种症状，又是一种疾病，它对人体健康有着多方面的危害。消瘦者不仅容易疲倦、体力差、兴趣低、工作和学习效率不高、自我效能低以及常有"力不从心"之感等，而且，他们抵抗力低、免疫力差、耐寒抗病能力弱，易患肺结核、肝炎、肺炎等疾病，也经不起疾病的折磨。此外，消瘦者还因羞于自己的单薄体型而有运动隐退、不愿交往之心态。显然，消瘦与肥胖一样，既不是人类健康的标志，也不是人体健美的象征，而是人类身心健康的大敌。

细节透视 16-2

标准体重计算方法

1. 成年男子标准体重（千克）＝身高（厘米）－100
2. 成年女子标准体重（千克）＝身高－105
3. 若实际体重低于标准体重15%～25%为低度消瘦，低于标准体重26%～40%者为中度消瘦，低于标准体重40%以上者为重度消瘦。

二、消瘦的成因

1. 由慢性病及器质性病变所引发，如慢性消耗性疾病、胃肠道疾病、肺结核、贫血等。

2. 由遗传、内分泌因素所形成的家族特有的"徽记"。虽然他们没有器质性病变，但有家族成员都比较瘦的遗传基因在他们身上的表现，典型地表现为：身材瘦长，颈细脖长，肩垂胸平，易患各种慢性病。

3. 由于情绪变化无常、精神紧张、生活起居不定、学习过度劳累、睡眠不足、对体型美的错误观念以及由此而产生的消耗大于营养摄入等因素所造成。

三、消瘦者锻炼的注意事项

1. 形成正确的体型观。肥胖固然不美，不利于健康，同样，消瘦也不是美的"别名"，更不是健康的标准。所以，作为消瘦者首先得要走出尚瘦时潮之误区。

2. 克服不良饮食习惯（如偏食、挑食），保证摄入使身体健壮的充足的营养。

3. 要有进行康复锻炼"持久战"的思想准备。俗话说，一口"吃"不成"胖子"，同样，体育锻炼的增强体能、强壮体魄、健美体型等功效，皆非一日之功。唯有锲而不舍、持之以恒方能见效。

4. 消瘦者的锻炼应以全身性的运动为主，以提高体能为宗旨，配合身体局部区域的健美（运动强度等参见第三章）。

第三节　神经衰弱者的锻炼

一、神经衰弱的症状

神经衰弱是一种常见的神经官能症，一般表现为精神容易兴奋、脑力容易疲劳，并伴有睡眠障碍和各种躯体不适感等症状（见细节透视 16-3）。

二、神经衰弱的成因

（一）心理社会因素

心理社会因素是诱发神经衰弱的重要原因。学习、工作的过度疲劳和紧张积累，生活规律的紊乱，消极情绪的影响等，均会导致神经衰弱的产生。从个性角度来看，神经衰弱患者常常是那些敏感、多疑、自卑、任性、好强、急躁或依赖性强的人。

（二）生理因素

个体先天和后天所形成的生理特征，亦与神经衰弱的发病有一定的联系。从先天遗传角度看，患者家族中有重性精神疾病或神经症者的比例大大超出普通人群的家族。从神经活动的特征看，那些神经活动呈弱型、低灵活性的个体，在长期的紧张工作、学习中，最易导致内抑制的防御能力的破坏，从而出现神经系统活动的紊乱。

（三）疾病因素

有脑外伤、感染、营养不良的人，因神经系统的功能在一定程度上受到削弱，也易患神经衰弱。

细节透视 16-3

神经衰弱的症状

1. 衰弱症状：患者感到脑力易疲劳、精力不足、思维能力减弱、注意力难以集中、记忆力下降、工作与学习效率降低等。

2. 情绪症状：烦躁易怒、紧张、抑郁、精神不振、感觉过敏、工作和学习中的零星琐事均会引起他们的情绪波动、自控能力降低等。

3. 兴奋症状：在工作和学习中感到兴奋，常表现出联想丰富、回忆频繁，且难以抑制自己的思绪，不能集中精力完成当前的工作、学习。

4. 肌肉紧张性疼痛：多无固定的部位，表现为胀痛或紧张性头痛，尤其在中午、下午或看书学习时症状显著。

5. 睡眠障碍：入睡困难、辗转难眠、多梦易醒，或缺乏睡眠感，或睡醒后仍觉不解乏。

6. 继发性生理、心理反应：心跳加快或减慢、血压升高或降低、耳鸣、眼花、气短、厌食、腹胀等。

三、体育锻炼对神经衰弱者康复的意义

研究资料表明，体育锻炼对于神经衰弱者的康复具有重要的作用。这是因为人体所有的组织器官都是在神经系统调节下的随意或自主活动。体育锻炼时，大脑皮层与运动有关的区域（运动区）即出现一个新的兴奋区域（兴奋灶），该兴奋灶有规律地兴奋使得大脑皮层的"兴奋—抑制"过程出现新的分配、转移，即原先负责工作、学习的大脑皮层相关区域，在体育锻炼时由于皮层运动区的工作，而得以积极地休息。因此，坚持不懈地锻炼，可以改善大脑皮层"兴奋—抑制"过程的灵活性，提高神经系统的功能，加速神经衰弱者的康复速度。所以，有人把体育锻炼比喻成"神经活动的体操"。

此外，体育锻炼还能分散、转移患者对疾病的忧虑和对工作、学习的焦虑等的注意，缓解或消除患者的烦躁、抑郁及迁怒他人他事等不良情绪，从而起到振奋精神、改善情绪状态的作用。故美国著名心脏病学家怀特说："运动是世界上最好的安定剂。"

四、神经衰弱者锻炼的注意事项

1. 要有耐心，克服立竿见影、急于求成之浮躁。只有坚持长期的锻炼，才能取得明显的效果。

2. 选择环境优美的场所进行锻炼。同时，也要注意主动地创造一个良好的生活和学习环境。

3. 形成科学的生活方式，合理安排自己的学习和休息时间，注意充分休息。

4. 时刻关注自己的感受。在运动中，一旦大量出汗、心跳加速、情绪激动，就应注意调整锻炼时的运动强度。

5. 养成对运动后恢复时间的自检习惯。若心率恢复时间超过10分钟，说明锻炼的运动强度过大，应该重做整理活动，并在下次锻炼时降低运动强度；若心率在5分钟内即已恢复到安静状态，则表明仍有逐步提高运动强度的潜力。最佳的运动强度是在运动后5～10分钟内心率恢复正常。

第四节　哮喘者的锻炼

在学生的病历中，几乎有1/3是呼吸系统的问题（包括哮喘）。哮喘是因为肺泡摄氧量骤然下降而产生的支气管痉挛或呼吸困难。平时，患者一般呼吸正常，但发作时来势凶猛，先感到胸闷，随后即咳嗽和呼哧呼哧地喘息。病发的时间，短则几分钟，长达数日。症状程度亦轻重不一，重者会出现呼吸严重困难，需急诊治疗，或每天都要发作。目前，哮喘的发病率逐步上升，特别是青少年患者增多，所幸运的是适当的医疗和科学的锻炼能抑制哮喘的发作。

一、哮喘分类

支气管哮喘有两种类型。一种是外源性的（过敏性哮喘），它可以找到某些触发患者过敏

的物质（过敏源），如空气污染、花粉、灰尘、动物气味、霉菌、食物的化学成分等。另一种是内因性的（感染性哮喘），可能由于呼吸系统感染（如感冒、气管炎等）造成，也可能因情绪因素所致。

二、哮喘的成因

引起哮喘发作的因素多样复杂，有的是过敏源的作用，有的是病毒感染的并发，还有的是药物和化学刺激的结果。它可能是冷空气、空气污染所致，可能是情绪变化的伴随产物，也可能是体育活动的"激活"。其中，运动和环境过敏源是哮喘的主要诱发因素。

三、体育锻炼与哮喘

运动是"激活"哮喘的一个重要因素。加拿大一研究者发现，在哮喘性受试者中，60%～90%是运动诱发的气管痉挛。哮喘患者在较剧烈运动早期会出现气流阻力减小，但继续运动下去气流阻力即会继发性增加。更为严重的是，剧烈运动或持久地用力所带来的急性呼吸窘迫很可能在停止运动数分钟内才会出现。在一般情况下，痉挛在剧烈运动或用力后6～8分钟到峰值，20～40分钟后会自行缓解，有时也可能会持续1小时之久。在体育活动中，耐久性项目（耐久跑、骑自行车）要比间隙性项目（球类、游戏）对哮喘的"激活"大得多。因此，体育活动还是检测潜在性支气管痉挛的一种手段。研究也表明，因运动而诱发的哮喘，是由于运动时过度通气所引起的呼吸道内水和热量丢失直接或间接地刺激平滑肌而触发的。

然而，对哮喘者而言，只要采取适当的预防措施，体育锻炼不失为一种既安全又可行的健身方法。虽然在运动开始时会有咳嗽和哮喘等不良症状，但经常地锻炼不仅能缓解哮喘病症，缩短身体不适的时间，减少运动性哮喘的发作次数，而且，体育锻炼还能提高哮喘者的机体免疫能力和适应能力。赛里格门（Seligman）等人报告，8周的集体游戏和水上游戏训练后，哮喘患者在活动平板上步行时心率比训练前降低。瓦尔克（Walker）的实验也发现，每天1小时体育活动患者的心率在安静时和在体育活动中都呈现下降趋势，机体活动的功能较以前有较大的提高，特别是肺功能得以改善。

四、哮喘者锻炼的注意事项

1. 在锻炼前，准备活动要充分，尤其是需做数分钟的呼吸准备性练习。
2. 不要用口呼吸，养成用鼻呼吸的习惯，并逐渐形成"吸短呼长"（吸与呼的时间之比约为1/2）、"呼吸轻缓"（平稳）的呼吸模式。
3. 宽衣松带，确保呼吸时胸腹轻松自由地起伏。
4. 最好不要单身一人进行运动，注意随身携带哮喘喷雾器。
5. 避免在寒冷天气和污染的环境中进行锻炼。
6. 要特别注意对呼吸肌的锻炼，如主动地开怀大笑，经常地进行吹起飘落的气球、吹灭点着的蜡烛和吹动桌上的乒乓球等锻炼。

第五节　慢性肝炎患者的锻炼

一、肝炎类型

肝炎是由于病毒引发的以肝脏损害为主的疾病，根据病原体的不同，一般将肝炎分成"甲、乙、丙、丁、戊"5 种类型（见细节透视 16-4）。肝炎不仅是令医疗卫生界颇为棘手的难题，也是影响大学生生活和学习的主要感染性疾病。

细节透视 16-4

肝炎的类型

1. 甲型、戊型肝炎　主要经消化道传播，多在冬、春季节发病，在青少年和壮年人群中较为多见。通过治疗，一般在 2～4 个月内都能恢复健康，很少会转入慢性。

2. 乙、丙和丁型肝炎　传播途径多样，主要途径是血液，无明显的季节性，往往以青壮年为多发对象，病程较长，较易转为慢性。全世界约有 20 亿人感染乙型肝炎病毒，约有 3.5 亿转为慢性，我国约占 1/3。

二、体育锻炼对慢性肝炎患者康复的意义

目前，一般认为，慢性肝炎患者在注意合理营养和必要休息的同时，还应积极地投身于体育锻炼，以促进康复速度，改善心理状况。实践也证明，慢性肝炎患者若长期休息，并不一定能促进病情好转，相反却会加重症状。这是因为长期休息（甚至完全卧床休息）缺乏必要的活动，血液循环和胃肠蠕动的速度会变慢，内脏器官的瘀血增多，这不仅降低消化吸收的功能，造成肝脏的实质性损伤，也会导致患者精神萎靡不振、情绪抑郁低落。适当的体育锻炼，不仅可以提高患者中枢神经系统的张力，改善皮层和植物神经系统对肝脏的调节功能，增强身体的抵抗和免疫能力，活跃肝脏血液循环，改善肝细胞的营养，有助于肝功能的恢复等，而且能够减轻慢性肝炎患者所常有的神经官能性症状（如神经过敏、失眠、情绪低落等）。国外运动医学专家曾对慢性肝炎患者进行功率自行车锻炼的实验（每日二次，每次 10～20 分钟），7 天后发现，患者精神愉悦、心情舒畅，血清胆红素和转氨酶明显下降。

三、慢性肝炎患者锻炼的注意事项

1. 以不引起疲劳为度。肝炎患者的耐力较差，易发生低血糖，故应在疲劳出现前结束锻炼。

2. 锻炼的时间不要太长，一般在 20 分钟左右。锻炼时不要强调运动量，心率在 100 次/分即可。

3. 养成定期(两周)检查肝功能的习惯。当病变处于活动期（低热、疲怠、食欲不振、恶心、肝区疼痛、血清转氨酶高等）不要进行锻炼。

4. 在运动时，一旦感觉到肝区疼痛、肝功能异常、发烧、恶心等，应立即停止运动。

第六节　糖尿病患者的锻炼

据报道，1980 年我国患糖尿病的人约为总人口的 0.67%，1994 年患病率上升 2.5%，目前是 7%。糖尿病是以血糖升高为主要表现特征的新陈代谢性紊乱疾病。葡萄糖是人体主要的能量来源，但葡萄糖必须依靠胰岛素来调节体内的含量。若胰岛素的作用不能正常发挥，葡萄糖就会在血液内积聚，糖尿病便随之发生。长期的高血糖会使心脏、肾和神经系统等重要器官受到损伤，并产生许多慢性并发症，这也是糖尿病致人于死地的一个主要原因，所以人们将糖尿病视为威胁人类健康和生命的第三大类疾病。

一、糖尿病的类型

（一）I 型糖尿病

I 型糖尿病又称之为"胰岛素依赖性糖尿病"。通常出现在 30 岁以下的年轻人当中，这类患者一般身体瘦弱，并典型地表现为"三多一少"（多饮、多尿、多食、体重下降）。它是由于机体免疫系统的功能衰退，胰脏受到病毒的侵袭，加上体内的易感受性，使得胰岛素 β-细胞严重受损，不能分泌出足够的胰岛素来促使细胞利用葡萄糖所造成的。这类患者必须补充胰岛素，否则会发生酮症酸中毒，并危及生命。

（二）II 型糖尿病

II 型糖尿病一般没有胰岛素问题，也不需要进行胰岛素治疗，因此被称之为"非胰岛素依赖型糖尿病"。我国 95% 以上的糖尿病属于这一类型。这一类型糖尿病通常是由于细胞对胰岛素缺乏敏感性，而使胰岛素分泌的激素转运葡萄糖的能力下降所造成的。尽管人们尚不知道该类糖尿病发病的明确原因，但是，"肥胖增加了糖尿病发病率"这一观点是大家公认的。

二、体育锻炼对控制血糖的作用

糖尿病患者的康复有三个途径：饮食控制、体育锻炼和服用胰岛素（或适当的药物治疗）。I 型糖尿病需服用胰岛素，II 型糖尿病 90% 的人可以通过适当的饮食和体育锻炼来控制血糖。即使 I 型患者也应该注意体育锻炼（见细节透视 16-5），因为服用胰岛素存在着可能用药量过大而诱发心血管疾病的危险。

有实验发现，运动 30 分钟可使血糖减少 12%～16%。因为体育锻炼能提高葡萄糖进入肌细胞的速度，并增加运动的肌细胞对糖的摄取量。尽管体育锻炼带来的这种良性反应在 I 型患者身上维持的时间不长，但大量的实验证明，非胰岛素依赖型患者（II 型）可以较长时间地保持体育锻炼的良性反应。由此可见，用体育锻炼来控制血糖，并延长运动后的良性反应，是一件十分有益的事情。

对糖尿病患者来说，体育锻炼最大的作用是控制体重。众所周知，身体超重会导致血糖和血压的升高，而通过体育锻炼来减肥则可以在不服用胰岛素的情况下帮助人体恢复正常的血糖水平。体育锻炼是糖尿病患者康复的一个不容忽视的重要方法。

除了对血糖控制外，体育锻炼还能影响糖尿病患者的心理过程。在体能和健康水平提高的同时，也能获得更多的自信和自尊，更能体验到人生的幸福。所以，体育锻炼不仅是患者生理健康的需要，也是他们心理健康的要求。

细节透视 16－5

体育锻炼对血糖的作用

体育锻炼和服用胰岛素一样，能起到减少血糖和促进血糖进入骨骼肌的作用。正常人在锻炼时不用考虑血糖水平和饮食习惯。但是，那些准备参加锻炼的糖尿病患者却不能不关心饮食和锻炼对身体的影响，因为饮食和锻炼的共同作用能极大地左右体内的血糖水平。

体育锻炼时，体内处于超常的工作状态，骨骼肌对糖的敏感程度提高，对糖的需求量增大，摄取能力也增强。所以，锻炼能清除血糖或降低血糖水平。

糖尿病患者必须注意体育锻炼的适度和科学性。那些尚不明白体育锻炼是怎样影响自己血糖水平，就轻率地投身于锻炼的患者会冒损害健康之危险，而常常会出现眩晕、困倦乏力，甚至像醉汉一样神志不清。

三、糖尿病患者锻炼的注意事项

（一）Ⅰ型糖尿病患者锻炼的注意事项

在开始锻炼前，应咨询有关医生，学习控制血糖水平的方法，并与医生一起制定运动处方，如项目的选择、运动时间的确定、运动负荷的安排等。这是患者不可缺少的一步，也是很重要的一步。并且，在体育锻炼的过程中要不断地检查自己的血糖水平，因为体育锻炼犹如一把双刃的剑，既可能有利于身体的健康，也可能雪上添霜，使病情恶化。

一般来说，Ⅰ型糖尿病患者可以像常人一样参加所有的体育活动。不过，Ⅰ型糖尿病患者更需要形成每天锻炼的习惯，每天锻炼只要有20～30分钟就可以保持运动的良性反应。具体的锻炼原则如下：

1. 要作一次全面体检，并与医生商量你的锻炼计划，征求医生的意见。

2. 要养成锻炼前、中、后自检血糖水平的习惯。

3. 要测定、了解不同运动项目对自己血糖的影响。

4. 如果医嘱锻炼前减少胰岛素剂量，那么减少的剂量应根据你所服用的胰岛素类型和你所进行的锻炼项目而定。

5. 锻炼时间应安排在进食后的1～3小时内。

6. 避免对胰岛素注射区域的肌肉进行练习。

7. 不要独自一人锻炼，不要把锻炼安排在晚上。

（二）II型糖尿病患者锻炼的注意事项

1. 锻炼的持续时间是最重要的因素，应该长于 I 型糖尿病。最初可以每天5～10分钟，一周后逐渐增加，直到每次锻炼40～60分钟为止。

2. 锻炼的频率以每周3～5天为宜。

3. 运动强度不要超过自己最大摄氧量的40%～60%。

4. 锻炼的主要目标是降低体内过多的脂肪，要关注自己的体重。

小 结

1. 缺乏锻炼被视为肥胖的主要原因，但合理的饮食和有效的锻炼是最为理想的减肥法。

2. 体内的肌肉、脂肪含量过低，体重低于标准体重的20%以上即为消瘦。消瘦者应选择全身性的运动项目（体操、武术），以提高体能为宗旨，并要有进行康复训练"持久战"的思想准备。

3. 神经衰落是大脑皮层神经中枢兴奋和抑制功能暂时失调所致的神经官能症。体育锻炼时大脑皮层运动区的兴奋可使学习、工作中枢得以积极地休息，这缓解了患者以兴奋占主导的神经活动过程，改善了神经活动过程的强度和灵活性，加快了康复的速度。

4. 哮喘是因肺泡摄氧量骤然下降而产生的支气管痉挛或呼吸困难，患者应注意对自己呼吸肌的锻炼，形成正确的呼吸方式，并选择合适的环境进行康复锻炼。

5. 肝炎是因病毒引发的、以肝脏损害为主的疾病，慢性肝炎患者在康复期的锻炼应以不疲劳为度，时间不要太长（20分钟左右），运动负荷不要太大（心率100次／分）。

6. 胰岛素的功能是将血液中的糖转运入肌细胞等贮存起来，而糖尿病正是体内缺乏足够数量的胰岛素，或体内胰岛素作用的有效性降低所造成的。

7. I 型糖尿病患者应该学会控制运动时人体的血糖水平。一旦能自我控制血糖水平，患者即可参加正常人所能选用的任何锻炼方式。

8. 与 I 型糖尿病患者相比，所不同的是 II 型糖尿病患者锻炼的持续时间一般更为持久。

思 考 题

一、体育锻炼对神经衰弱者康复的意义是什么？

二、如果你是高校保健班的一名学生，你怎样科学地安排自己的体育活动？

主要参考文献

1. American College of Sports Medicine. *Guidelines for graded exercise testing prescription* 5th ed. Lea & Febiger, Philadelphia, PA,1995.

2. American Cancer Society. 1997 *cancer facts and figures* Atlanta, American Cancer Society., 1997.

3. American Diabetes Association. *The fitness book for people with diabetes* G.Hornsby, ed. American Diabetes Association, 1995.

4. American Heart Association. *Heart and stroke facts* 1996 Statistical Supplement, Dallas.

5. Bouchrd,G.R.J.,et al. *Exercise, fitness, and health* Human Kinetice Champaign, IL,1990.

6. Barrow,M.,Heart. *talk:Understanding.cardiovascular.diseases* Cor-ED Publishing, Gainesville, FL, 1992.

7. Cheraskin, E.W, et al. *Diet and disease* 3d ed. Keats Publishing, New Canaan, CT, 1995.

8. Donatelle,R., et al. *Access to health: Brief second edition* Prentice-Hall, Englewood Cliffs, NJ, 1996.

9. Fox,E.R.,et al. *The Physiological basis for exercise and sport* Brown and Benchmark, Dubuque, IA, 1989.

10. Greenberg,J.S.,et.al. *Physical fitness and wellness* United State of American: A Viacom Company, 1999.

11. Greenberg, S.G *Comprehensive stress management* 5th ed(Dubuque, IA:Brown and Benchmark, 1996), p.134.

12. Hales, D. *An invitation to health* 6th ed. Benjamin Cummings, Redwood City, CA, 1997.

13. Howley, E., and Franks, B.D. *Health fitness: Instructors handbood* Human Kinetics, Champaign, IL, 1997.

14. Karren,K.J.,et al. *First responder:A skills approach* 4th ed. Prentice Hall, New Jersey, 1995.

15. Lee,I.,R.,et al. *Physical activity, physical fitness, and longevity* Aging-Milanl 9:2–11,1997.

16. McArdle,W.D.,et al. *Exencise Physiology:Energy,nutrition,and human performance* 4th, ed. Lea and Febiger, Malvern, 1996.

17. Melvin,H.W. *Lifetime Fitness and Wellness* 3rd edition. Copyright, 1993.

18. National Academy of Sciences. *Recommended dietary allowances* 10th rev. ed. Washington D, C: National Academy Press, 1989.

19. Neiman,D.G. *Fitness and sports medicine : An introduction* 3rd ed. Bull Publishing, Palo Alto, CA, 1995.

20. Powers, S.K., et al. *Total fitness: exercise, nutrition,and wellness* United States of American: A Viacom Company, 1999.

21. Powers, S.K., et al. *Exercise physiology: Theory and application to fitness and performance* Brown and Benchmark, Dubuque, IA, 1997.

22. Prentice, W.E. *Fitness and wellness for life* United State of American: The McGraw−Hill Company, 1999.

23. Rankin, J. *Diet, exercise, and osteoporosis* Certified News, 3:1−4,1993.

24. Rathus, S.A., et al. *Human sexuality in a world of diversity* Copyright, 1993.

25. Donatelle, R.J. *Health style:A self test* Washington,DC:Public Health Service. 1981.

26. ASlattery, M.L. *How much physical activity do we need to maintain health and prevent disease? Different diseases-different mechanisms* Research Quarterly for Exercise and Sport 67:209−212, 1996.

27. Williams, M. *Lifetime fitness and wellness* Wm.C.Brown, Dubuque, IA, 1996.

28. 林建棣等，《体育健身指南》，军事科学出版社，1997。

29. 杨锡让等，《实用体育健康医学》，北京体育大学出版社，1995。

30. 刘纪清等，《实用运动处方》，黑龙江科学技术出版社，1993。

31. 中国成年人体质测定组，《中国成年人体质测定标准手册》，中国标准出版社，1996。

32. 华明等编译，《提高人体运动能力的生理基础》，人民体育出版社，1990。

33. 季浏等，《当代运动心理学》，西南师范大学出版社，1994。

34. 申荷永，《体育社会心理学原理与应用》，暨南大学出版社，1999。

35. 陈明达等，《实用体质学》，联合出版社，1993。

36. 体育保健学编写组，《体育保健学》，高等教育出版社，1997。

37. 中国营养学会，《中国居民平衡膳食指南》，《营养学报》，1998 年，20 卷，第四期。